UNICÓRNIO VERDE-AMARELO

Paulo Veras
com Tania Menai

UNICÓRNIO VERDE-AMARELO

Como a 99 se tornou uma
start-up de um bilhão de dólares

1ª reimpressão

PORTFOLIO
PENGUIN

Copyright © 2020 by Paulo Veras

A Portfolio-Penguin é uma divisão da Editora Schwarcz s.a.

PORTFOLIO and the pictorial representation of the javelin thrower are trademarks of Penguin Group (USA) Inc. and are used under license. PENGUIN is a trademark of Penguin Books Limited and is used under license.

Grafia atualizada segundo o Acordo Ortográfico da Língua Portuguesa de 1990, que entrou em vigor no Brasil em 2009.

CAPA Estúdio Passeio
CADERNO DE FOTOS Osmane Garcia Filho
PREPARAÇÃO Joaquim Toledo
REVISÃO Clara Diament e Carmen T. S. Costa

Dados Internacionais de Catalogação na Publicação (CIP)
(Câmara Brasileira do Livro, SP, Brasil)

Veras, Paulo
Unicórnio verde-amarelo : Como a 99 se tornou uma start-up de um bilhão de dólares / Paulo Veras com Tania Menai. — 1ª ed. — São Paulo : Portfolio-Penguin, 2020.

ISBN 978-85-8285-112-8

1. Aplicativos – Programas de computador 2. Negócios 3. 99 (Empresa) 4. Start-ups 5. Transporte de passageiros 6. Transportes urbanos I. Menai, Tania. II. Título.

20-38950   CDD-338.4

Índice para catálogo sistemático:
1. 99 : Transportes urbanos de passageiros   338.4

Cibele Maria Dias – Bibliotecária – CRB-8/9427

[2020]
Todos os direitos desta edição reservados à
EDITORA SCHWARCZ S.A.
Rua Bandeira Paulista, 702, cj. 32
04532-002 — São Paulo — SP
Telefone: (11) 3707-3500
www.portfolio-penguin.com.br
atendimentoaoleitor@portfoliopenguin.com.br

SUMÁRIO

Apresentação   7

1. *Game over?*   9
2. Facilidade acadêmica, dificuldade disciplinar   12
3. A minha Tesla   18
4. Mochilando pelo mundo   25
5. A Imperdível perdeu   29
6. Referências, mentores e gurus   35
7. Ariel e Renato   40
8. Táxi é a bola da vez   46
9. A hora do iPhone   51
10. Avenida Ceci   56
11. Dedique-se de coração   60
12. Momento de investir   66
13. Mão na massa   71
14. Pagando pela corrida   76
15. Primeiro o faroeste, depois o xerife   81
16. Mais cidades, mais taxistas   86
17. *Mobile-only*   89

18. Caneladas da concorrência   92
19. Custo Brasil   99
20. 99 corporativa   102
21. Cadê o dinheiro?   119
22. O paraíso das fraudes   122
23. Sem paredes   126
24. Cabeça de dono   130
25. Risco controlado   133
26. Capital humano   140
27. Desviando de cambalachos   147
28. Saber ganhar e saber gastar   150
29. Golaço   159
30. Estou doente   165
31. *I love 99*   176
32. Didi entra em campo   181
33. Seja relevante   186
34. 2016 é ano par   190
35. De volta. Ou quase   195
36. O fim?   199
37. A Uber veio com tudo   207
38. Volta por cima   214
39. Cadê a cadeira que estava aqui?   219
40. Lidando com o governo   221
41. *Habemus* Pop   225
42. Investe, não investe   234
43. 2017 é ano ímpar   238
44. Mais dinheiro, mais espaço   243
45. Negócios da China   246
46. Freio de mão   251
47. O *call*   258
48. Vendemos   265
49. Futuro   272

Créditos das imagens   275

APRESENTAÇÃO

ESTA HISTÓRIA PODERIA GANHAR pelo menos 99 versões. Esta é a minha. Perdi a conta de quantas pessoas me pediram para registrar esta empreitada. Concordo com elas. O nascimento, o crescimento e a venda da 99 mereciam mesmo virar livro. Aprendemos tanto ao longo da nossa jornada que vale compartilhar com outros empreendedores as nossas quedas e voltas por cima.

Empreendedores são uma tribo singular, verdadeiros motores de inovação e progresso. Estamos formando no Brasil uma comunidade que se apoia, troca experiências, evolui junto. Essas atitudes fortalecem o ecossistema de empreendedorismo e a nação como um todo. O impacto positivo para a sociedade é imenso. A vida, afinal, não é um jogo de soma zero.

A 99 quebrou grandes paradigmas no Brasil. Criamos uma marca nacional em tempo recorde, atraímos *venture capital* em volumes até então inéditos para start-ups de tecnologia locais e vendemos a empresa em 2018 com status de primeiro "unicórnio" brasileiro. Este é o termo usado para start-ups que atingem, em poucos anos, um valor de mercado acima de 1 bilhão de dólares.

Para o mercado, incluindo investidores, start-ups e a imprensa, a venda da 99 foi um marco. Nossa experiência transformou o ambiente de negócios e gerou oportunidades para outras centenas de start-ups cujas trajetórias são igualmente promissoras.

Este é o meu relato dos desafios que enfrentei ao longo de cinco anos ao lado de pessoas extraordinárias, reconstituídos com a jornalista Tania Menai a partir de dezenas de entrevistas e incontáveis trocas de e-mails.

Agradeço a todos que participaram da história da 99 e que deram sua contribuição para este livro. São tantos que eu não poderia individualizar sem cometer injustiças. Minha família, sócios, médicos, amigos, equipe da Companhia das Letras e todos os *NinetyNiners*. Milhões de passageiros e motoristas.

Aos que tiverem versões diferentes de algum episódio aqui relatado, digo que faz parte. Respeito todas. Boa corrida!

Paulo Veras

1
Game over?

SÃO PAULO, MAIO DE 2016. Era uma manhã de quarta-feira. Ariel Lambrecht, Renato Freitas e eu nos sentíamos como os cavaleiros do apocalipse: diante de nós, estava a inglória missão de revelar a trinta pessoas da liderança da 99, a start-up que fundamos em 2012, que a empresa estava com os dias contados. A companhia fora criada para conectar passageiros a táxis disponíveis nas proximidades por meio de um aplicativo para smartphone com tecnologia cem por cento caseira. Atraímos investidores nacionais e estrangeiros, contratamos um time de primeiríssima linha que dava o sangue pela empresa. Crescemos Brasil afora com base em valores sólidos, beneficiando milhares de motoristas e usuários. Nossa marca era vista como jovem, digital e do bem.

Ainda assim, as finanças indicavam que a 99 quebraria em oito meses. Oito. O número estava claro, projetado no telão improvisado em uma sala da empresa. Era preciso reformular urgentemente a estratégia da 99 e seus duzentos funcionários. Naquela reunião, apresentamos um plano minucioso que, se executado com perfeição, daria nova vida à companhia. Demos à equipe, e a nós, exatos 45 dias para pagar as próprias contas e virar o jogo. Não havia plano B.

Na 99, tínhamos uma superstição: anos ímpares eram ótimos, anos pares, catastróficos. Mas 2016 superou as piores expectativas. O plano dos 45 dias começaria imediatamente e se estenderia até julho. Ele adiava a ameaça de fechar a 99 no curto prazo, mas não resolvia o desafio de longo prazo: retomar o crescimento e voltar a competir com nosso arqui-inimigo, a Uber.

Criado na Califórnia em 2010, o aplicativo de carro particular chegou ao Brasil em 2014. Nos primeiros meses, não fez muito barulho. Mas em 2016, a Uber chutou a porta, cobrando trinta por cento a menos que os táxis nas corridas e criando um mercado jamais visto. A empresa cresceu de forma vertiginosa, tirando proveito da ausência de concorrência local e da indefinição das regras do jogo. Para o conglomerado de mobilidade compartilhada chinês Didi Chuxing, com quem discutíamos uma parceria, investir na 99 era apostar no cavalo perdedor. De 2015 para 2016 a nossa liderança evaporou: a participação de mercado da 99 despencou de sessenta para dez por cento, enquanto a Uber abocanhou cerca de 85 por cento no mesmo período. Carro particular era a bola da vez. Em um ano, táxi virou coisa do passado.

Nossa sede ficava na Vila Olímpia, em São Paulo. Ali trabalhavam cerca de 160 pessoas. Contávamos com mais quinze funcionários no Rio de Janeiro e outros vinte espalhados pelo Brasil, em Porto Alegre, Recife e Fortaleza. A reunião aconteceu no terceiro andar do escritório paulistano, que ainda não tinha mobília. As pessoas estavam sentadas no chão, na laje sem carpete, e olhavam para os slides no telão. Acabei sequestrando a reunião. Ninguém esperava a minha presença. Reapareci de surpresa no escritório, depois de ter contraído o vírus H1N1 em fevereiro, doença que evoluiu para uma pneumonia gravíssima e que me deixou em coma induzido por uma semana. Passei o mês de abril no hospital, totalmente desconectado da 99. Debilitado e dez quilos mais magro, sobrevivi. Voltei para casa no final de abril e passei duas semanas em recuperação. Por ter perdido muita musculatura, tive de reaprender a falar, a comer e a andar.

Em meados de maio comecei a me reconectar com a 99. Nesse meio-tempo, o time de liderança se debruçava sobre um plano para salvar a empresa. Estávamos atrás de investimentos fazia quase um ano, mas as dificuldades eram imensas. Algumas negociações com investidores avançaram, mas não deram resultado. Num domingo, enquanto eu me recuperava em casa, Peter Fernandez, responsável pela área de Produtos na 99, me enviou um e-mail dizendo que tinha marcado uma reunião na quarta-feira seguinte para apresentar o plano de recuperação à equipe. Peter contratou a Bain & Company, uma consultoria multinacional de gestão, para ajudar na elaboração do plano. A Bain trouxe uma equipe excepcional. No entanto, como toda consultoria de ponta, o serviço custava uma fortuna. Era muito para uma empresa pequena como a nossa, com caixa sangrando. Nosso combustível estava na reserva.

Ao me enviar a apresentação, Peter se mostrou aberto a mudanças. Ele buscava a minha validação. Na época, nossos investidores eram fundos como a Monashees, a Qualcomm e a Tiger. Eles acreditavam que a única forma de competir com a Uber era lançar uma opção de carro particular no aplicativo da 99. E queriam mostrar aos outros investidores que estávamos preparados para a briga. Abri o arquivo e li os slides. Eram dezenas, bem no estilo das empresas de consultoria. Notei que o plano propunha uma série de iniciativas: "Vamos lançar o carro particular, vamos lançar isso, vamos fazer aquilo".

Ariel me pediu que revisasse o plano com atenção. Ele estava preocupado com a viabilidade de tantas ideias — e estava certo. *Isso vai quebrar a 99*, pensei. Em vez de novidades, precisávamos de um plano emergencial, de um paraquedas. Como plano de longo prazo, era ótimo. No entanto, naquele momento, tudo aquilo era o oposto do que deveríamos fazer. Se tomássemos aquele rumo, consumiríamos o restante do caixa disponível antes de colocar de pé as iniciativas.

Reli tudo e liguei para o Peter. Faltavam dois dias para a reunião. "Estamos torrando dinheiro em vez de focar em parar de pé sozinhos", disse a ele. "Não é hora de inventar novidade ou pensar em crescimento. Primeiro precisamos sobreviver." Depois de anos de trabalho duro, de desafios e algumas vitórias, vamos colocar tudo a perder? Um filme passou na minha cabeça. Precisávamos equilibrar as contas antes de pensar em futuro. Até porque não haveria futuro para a 99 se o caixa acabasse. Seria *game over*.

2
Facilidade acadêmica, dificuldade disciplinar

NASCI EM SÃO PAULO, PREMATURO. Minha mãe conta que eu não consegui esperar e ela deu à luz aos oito meses de gestação. Tive uma ótima infância ao lado de duas irmãs mais velhas, Andrea e Márcia. Somos uma escadinha com intervalo de dois anos entre cada um. Na adolescência, elas tiveram mais afinidades; eu era o patinho feio. Além disso, meus pais incentivavam a nossa individualidade e independência. Queriam que tivéssemos vida própria, cada um com seus amigos e brincadeiras.

Apesar de ninguém ser religioso em casa, estudei em horário integral no colégio Santo Américo. Criado em 1951 por monges beneditinos húngaros, é considerado um dos melhores institutos de ensino privado da capital paulista. Eu era bom aluno, gostava muito de aprender e adorava matemática. Fazia as tarefas lá mesmo, nunca levava dever para casa. Mas eu também era distraído, hiperativo e bagunceiro. Digamos que eu tinha facilidade com as matérias, mas dificuldade com a disciplina. Quem frequenta a escola em horário integral passa o dia inteiro junto aos amigos, joga bola junto, almoça junto. É uma vida diferente dos que estudam meio período. Por isso nossa turma é próxima até hoje.

Ao tentar me matricular na sétima série, minha mãe ouviu da escola que eles me aceitariam com ressalvas. Era a chamada "matrícula condicional". Meu comportamento, aos doze anos, era ruim. Caso não melhorasse, eles convidariam meus pais a procurar uma instituição mais adequada para me atender. A casa caiu. Meu pai ficou bravo, claro. "Se isso acontecer, não vou pagar outro colégio", disse. Isso não significava que eu pararia de estudar, mas que iria para uma escola pública.

Antes dessa crise, eu me sentava com a turma do fundão. Com a ameaça, mudei para a primeira fileira. Acabou-se o que era doce: parei de conversar durante as aulas e de jogar papelzinho nos colegas. No Santo Américo, quem tirasse todas as notas acima de sete ou tivesse média geral acima de oito e não ficasse em recuperação tinha o direito de matar aula. Era uma forma de premiar o desempenho acadêmico. O aluno podia escolher um terço das aulas para usar como quisesse, ler um livro, nadar. A partir daquele momento, fui premiado em todos os bimestres.

Na época, computador em casa era uma raridade. Mas um amigo meu tinha um tk85, um computador pequeno, preto, com um teclado que acoplava à televisão. Foi assim que comecei a programar. Comprávamos revistas de informática e seguíamos os passos. Levávamos uma hora para digitar os códigos de um joguinho, antes de jogar na tela da televisão.

Em meados da década de 1980, quando eu estava na oitava série, minha irmã Andrea entrou no curso de engenharia. Ela comprou uma calculadora que permitia que curiosos como eu usássemos o Basic, uma linguagem de programação de computador. Era horrível e incrível ao mesmo tempo. Com a desculpa de termos uma futura engenheira na família, pedimos ao meu pai que comprasse um computador de verdade — seria o primeiro da casa. Ele relutou (computadores custavam caro e não tinham muita aplicação no ambiente doméstico, dizia), mas acabou se rendendo aos nossos apelos.

No começo, eu usava o computador principalmente para jogar. Mas quando cansava, aproveitava para entender como aquilo funcionava.

Acabei pegando gosto por programação. Alguns amigos da escola também tinham computador, então criamos uma relação em torno do que na época chamávamos de "informática". Hoje dizemos "tecnologia".

Criei um programa para calcular quais músicas caberiam melhor em um lado de uma fita cassete de trinta minutos. Também aprendi cedo a mexer com processadores de texto e planilhas, e a programar gráficos e desenhos. Eu destrinchava a máquina, queria saber tudo que era possível fazer com ela. A tela ainda tinha aquelas letrinhas verdes feitas de pontos grandes, como o Apple II.

Meu primeiro trabalho na área de "informática" foi para o pessoal que nos vendeu o computador. Eles precisavam digitalizar o logotipo da empresa. Cobrei duas caixas de disquetes pelo serviço, uma fortuna para um adolescente sem grana. Não tinha escâner, então desenhei num programa pixel por pixel, até ficar o mais parecido com a foto. Como levei menos de duas horas para fazer o trabalho, foi um ótimo negócio.

Brinquei com o computador até entrar na Escola Politécnica da Universidade de São Paulo, a Poli, onde estudei engenharia mecânica com habilitação em automação e sistemas, ou "mecatrônica". Nas disciplinas de computação aprendi a programar mais seriamente. Também fiz um estágio em uma empresa chamada Softcad Informática, de um professor da engenharia elétrica.

De uma conversa com um médico amigo do meu pai, surgiu a ideia de informatizar sua clínica. A agenda de consultas e a busca dos prontuários médicos estavam ficando complexas. Passei alguns dias na clínica para entender as necessidades, a rotina e a forma como as informações eram organizadas. Propus a venda de um software de gestão. Ele e o sócio toparam. Gastei algumas semanas programando, e a clínica passou a rodar com o sistema que criei. Também criei algo parecido para um escritório de advocacia. O ano era 1991. Se estivesse estudando nos Estados Unidos nessa época, provavelmente largaria a faculdade, pegaria esse software e o venderia para milhares de clínicas. Mas, na época, isso não me ocorreu.

Terminei a Poli em 1994 com dedicação total. Depois me arrependi um pouco do excesso de estudo. Com o tempo, você acaba esquecendo boa parte do que aprendeu, e pouca coisa tem aplicação prática. Eu poderia ter feito um uso melhor do meu tempo. Meus amigos que fizeram outras faculdades aproveitaram bem mais a graduação para viajar e bagunçar. Eu era muito metódico e disciplinado. Estudava para todas as provas, fazia todos os deveres. Não me lembro de ter deixado de entregar um trabalho sequer.

No último ano da Poli, comecei um estágio no braço brasileiro da ABB, uma empresa sueca-suíça sediada em Zurique, líder na área de automação de usinas hidrelétricas, entre outros setores industriais. Como engenheiro da área, adorei o desafio. As minhas duas irmãs também trabalhavam em multinacionais, Andrea, engenheira na IBM, e Márcia, advogada na Monsanto.

"Que beleza", meus pais pensavam: todos os filhos trabalhando em multinacionais, carreiras supostamente vitalícias, quase asseguradas naqueles tempos, caso o funcionário não fizesse besteira. Meus pais educaram nós três para sermos protagonistas. Meu pai era empreendedor, então a gente sempre teve muita facilidade para comunicação e liderança. Essa cultura da autonomia é uma tradição talvez mais americana e europeia do que brasileira. As crianças na Europa andam até a escola sozinhas. Aos dez anos, já fazem a mochila, saem de casa e voltam depois da aula. Eles focam na independência desde cedo. Isso é raro no Brasil.

Nascido na Hungria, meu pai chegou ao Brasil aos dez anos e hoje fala português sem sotaque. Minha mãe é brasileira, também de família europeia, mas já é a terceira geração no país. Ela é uma mistura de portugueses, franceses e brasileiros. Formado em engenharia civil, meu pai empreendeu desde sempre, mas não queria que os filhos trabalhassem com ele. Suas referências de empresa familiar eram ruins, com sócios sem preparo e acomodados. Em diversos casos, as relações familiares também sofrem. Ele preferia evitar esses conflitos e avisou aos três filhos que nem cogitassem a ideia de trabalhar em sua empresa: "Quem quiser ter uma empresa que faça a sua". Combinado, pensei.

Logo depois de concluir o curso de engenharia, meu pai rumou para os Estados Unidos, onde fez uma pós-graduação em administração, incluindo um curso que abordava gestão de shopping. Voltou ao Brasil e abriu uma pequena loja automotiva. Em 1964, um vendedor entrou na loja e ofereceu algo inédito até então no Brasil: cotas do Condomínio Shopping Center Iguatemi. Meu pai se interessou e acabou comprando duas cotas por uns cem dólares cada. O empreendimento viria a ser lançado em 1966, mas só decolaria vários anos depois. O projeto era tocado por um empreiteiro visionário chamado Alfredo Mathias. O Iguatemi foi o primeiro do tipo no Brasil — até ali só havia comércio de rua. Em São Paulo, as butiques da moda ficavam na rua Augusta, e o terreno do shopping, uma chácara adquirida da família Matarazzo, ficava longe dali, na avenida Faria Lima.

A loja de carros não durou muito, e meu pai criou dois empreendimentos com sócios diferentes: uma fábrica de máquinas para frigoríficos e outra de autopeças. Essas foram muito bem-sucedidas. Certo dia, meu pai foi perguntar ao Alfredo Mathias por que o shopping ainda não havia deslanchado. Alfredo disse para ele não se preocupar, era um projeto de longo prazo, mas daria certo. Meu pai retrucou: mas já se passaram cinco anos e ainda tem diversos espaços vagos, não faz dinheiro. Então meu pai visitou o shopping, percebeu diversos detalhes técnicos que poderiam ser aprimorados, colocou numa carta e endereçou ao Alfredo Mathias. Não ouviu resposta por meses, até que recebeu um telefonema: Alfredo havia lido a carta e até implementado algumas das sugestões da lista, e os resultados começaram a melhorar. Ele convidou meu pai a compor o conselho de condôminos, do qual ele participa até hoje, décadas depois da mudança de controle para o Grupo Jereissati, em 1978.

Alfredo Mathias ainda tinha outro projeto ambicioso, um condomínio de oitocentos apartamentos chamado Portal do Morumbi. Ele incorporou o Shopping Iguatemi e o Portal do Morumbi usando muito capital próprio. Mas na época ninguém queria morar em condomínio no bairro do Morumbi, tampouco abrir uma loja em shopping. Ambas as visões nasceram antes de seu tempo. Nossa família foi uma das primeiras a mudar para o Portal, na época em que o bairro era praticamente desabitado. Alfredo quebrou e nem chegou a ver esses dois empreendimentos se tornarem um tremendo sucesso. Morreu desiludido.

Quando me formei em 1994, segui na ABB e fui designado para fazer a instalação de um projeto muito interessante na Colômbia. O país passava por uma fase complicada — quem assistiu à série *Narcos*, da Netflix, vai entender. Grupos guerrilheiros tinham o hábito de sequestrar engenheiros de multinacionais para cobrar resgate das empresas. Meu projeto era em uma hidrelétrica no meio do mato, perto de Cali, com um engenheiro colombiano que tinha sido sequestrado um ano antes junto com um brasileiro. Eles ficaram seis meses no mato com a guerrilha. Quando foi solto, ele continuou trabalhando.

Durante o projeto, dois seguranças armados com metralhadoras me acompanhavam sempre que eu estivesse fora do hotel. Depois de um mês, um sujeito na usina me disse: "Está rolando um boato na cidade de que estão vindo te pegar". Larguei tudo e saí correndo. Fui para o aeroporto de Cali, peguei um avião para Bogotá e lá fiquei até sair o primeiro voo para o Brasil. Duas semanas depois, mais tranquilo, voltei à Colômbia para terminar o projeto. Fiz os ajustes necessários, deixei a usina em perfeito funcionamento e voltei ao Brasil sem novos incidentes.

3
A minha Tesla

DURANTE MEU TEMPO NA ABB, mantive contato com dois amigos da turma da escola, Marcos Camano e Carlos Azevedo, e um agregado, Riccardo Pizzamiglio — ele também tinha um computador. Planejávamos começar um negócio juntos. Éramos três engenheiros e um advogado, o Carlos, e nosso vínculo em comum era a paixão por tecnologia, na época uma raridade. Trocávamos informações, líamos a *PC Magazine* e jogávamos os mesmos jogos. Eu já acessava a internet na USP e fiquei maravilhado com as possibilidades. Na época, as interfaces gráficas, ou *browsers*, ainda estavam na fase paleolítica. Usava-se uma chamada Mosaic. Estávamos em 1995 e eu via muito potencial naquilo.

A internet ainda não era acessível à maioria dos brasileiros, mas isso não nos intimidava. Então começamos a testar ideias. Uma delas foi traduzir softwares para crianças em formato de CD-ROM. Pensamos também em desenvolver um software com estudos para o vestibular, e um guia de estudos. Queríamos criar uma empresa em cima de um projeto fechado, para diminuir o risco da partida. Apresentamos a ideia ao cursinho pré-vestibular Anglo. Eles acharam interessante, mas o negócio não prosperou. E assim sucessivamente com outras ideias. Eu continuava na ABB e fazia esses projetos à noite e nos fins de semana.

A certa altura, a Embratel começou a distribuir senhas de internet para o público em geral. Estávamos certos de que aquilo iria mudar o mundo, mas não sabíamos como. Nos faltava experiência em negócios, mas tínhamos a visão clara e unânime de que, como ferramenta de comunicação, de acesso à informação e de conectividade, a internet seria incrível. Resolvemos entender como eram desenvolvidos os websites, para oferecermos esse serviço a outras empresas.

Criamos um projeto que batizamos de *GuiaSP*, um site útil e que podia ser atualizado constantemente, sempre com informações corretas. De cara, já podíamos resolver um problema prático: ajudar as pessoas a descobrir com um só clique os horários dos filmes nas salas de cinema. Me incomodava a forma como isso era feito, em jornal de papel. Para descobrir o horário, era preciso vasculhar o jornal, procurar as salas de cinema e descobrir os horários da sessão. Uma página na internet resolve isso com um simples hyperlink.

Mas explicar para as pessoas o que estávamos criando e vendendo era um desafio. O negócio levou dois anos para decolar, mesmo com nosso discurso afiado. Compramos todos os guias disponíveis de bares, restaurantes e programação da cidade. Programamos um banco de dados e colocamos uma funcionária para agregar as informações e alimentar o site. O *GuiaSP* foi um dos primeiros sites do Brasil. Programamos o guia no final de 1995 e o colocamos no ar em fevereiro de 1996. Com ele, passamos a ter um portfólio para mostrar aos clientes e, ao mesmo tempo, aprendemos a desenvolver uma plataforma. Mas era um projeto amador.

Nos dividimos em quatro frentes de trabalho. Cada um dos sócios fazia sua parte no computador de casa. Nos fins de semana, juntávamos os pedaços. Tivemos clientes aqui e ali, até que conquistamos um projeto mais desafiador: a Casa Cor, a mostra de arquitetura, design de interiores e paisagismo mais relevante do Brasil, que reúne ícones do setor em diversas cidades do país. O Carlos conhecia as fundadoras. Criamos uma plataforma de graça, com a condição de que elas divulgassem nosso trabalho para os arquitetos. Bolamos um pacotinho básico de sites, com três páginas para cada um, nas quais eles poderiam mostrar fotos e portfólio, por uns trezentos reais. Vinte ou trinta deles toparam, o que representava praticamente metade dos arquitetos da Casa Cor. Esse foi nosso primeiro projeto remunerado. Com ele conseguimos comprar um computador, algumas mesas e montar nosso escritório. Eram clientes pequenos, mas foi uma ótima experiência.

Tudo isso acontecia em paralelo ao meu trabalho na ABB. Até que em meados de 1996 aceleramos nossa empresa. Éramos os quatros mosqueteiros. Dividimos 25 por cento para cada um e tocamos o barco. Escolhemos o nome Tesla. Eu queria um nome que remetesse a tecnologia. Na pesquisa, resgatei dos tempos da faculdade um guia automotivo da Bosch, multinacional alemã de engenharia e eletrônica, que mostrava o funcionamento de um carro. Quando fui ao glossário xeretar nomes, passei por "Tesla". Gostamos. É o sobrenome do megainventor sérvio-americano Nikola Tesla, rival de Thomas Edison na massificação da eletricidade. Edison, nascido nos Estados Unidos em 1847, inventou a lâmpada e apostava na corrente contínua, e Tesla desenvolveu a teoria da corrente alternada. Tesla, que nasceu em 1856 na Croácia, era um visionário, inventou milhões de coisas e tinha inúmeras patentes. Representava a vanguarda. Assim como ele, sentíamos que estávamos à frente do nosso tempo. Ou seja, tentávamos vender presença digital para pessoas que não tinham computador em casa e não sabiam o que era internet. Nos identificamos. Não imaginávamos que, anos depois, esse também seria o nome de uma das mais irreverentes empresas de tecnologia do mundo. A Tesla que o mundo conhece seria criada em 2003 pelo sul-africano Elon Musk, com a missão de desenvolver veículos elétricos, virando do avesso o setor automobilístico.

Carlos e Marcos trabalhavam em tempo integral na nossa Tesla, vendendo projetos, e gradualmente precisavam mais de mim para ajudar com a programação dos mais avançados. Foi quando resolvi reunir meu pai e minha mãe e jogar a bomba: "Vou pedir demissão da ABB e focar cem por cento na Tesla". Minha mãe rodou a baiana. Meu pai ficou ali, calado. Ela olhou para ele e disse: "Você vai ficar aí, quieto? Vai deixar seu filho abandonar uma carreira promissora em uma empresa multinacional?". Meu pai respondeu na maior calma: "Ele está brincando". Olhei para ele e disse: "Não estou, papai". Então ele se juntou à minha mãe e começou a descascar.

Entrei de cabeça na Tesla, e o negócio começou a evoluir. Em 1997 e 1998, os projetos cresceram e contratamos mais gente. Antes disso, até 1996, só tirávamos leite de pedra. O Carlos e o Riccardo faziam as vendas, o Marcos cuidava de conteúdo e design e eu era o cara da tecnologia. Dois vendiam e dois entregavam. Não tinha CEO, nem discutíamos o assunto. Eram os quatro colegiados, decidindo tudo juntos. Fizemos os primeiros sites de e-commerce do Brasil, incluindo o da livraria Siciliano, lojas de flores e ingressos para shows. Fiz o código inteiro do site dos supermercados Sé, talvez o primeiro supermercado brasileiro que permitiu fazer compras cem por cento on-line.

Em cada projeto, pegávamos um adiantamento do cliente, porque ainda não tínhamos dinheiro em caixa. Com essa estratégia, conseguimos gerar renda suficiente para financiar o crescimento: contratar mais gente, comprar mais computadores e mais móveis. Nosso escritório ficava no bairro do Itaim. Alugamos uma salinha de uns vinte metros quadrados. Quando ficou pequena, alugamos a sala ao lado e quebramos a parede, nós mesmos, para fazer uma porta. Pegar uma marreta e quebrar uma parede é uma coisa libertadora. Vale por anos de terapia.

A Tesla funcionava bem, mas só o Riccardo, quatro anos mais velho do que os outros, tinha alguma experiência em negócios. Ele trabalhara na área comercial da empresa de sua família. Certo dia um representante do banco Credit Suisse bateu à nossa porta: foi o primeiro banco desse porte a nos procurar. Ele marcou uma reunião no nosso modesto escritório e me perguntou de cara qual era a minha proposta de valor. Eu nunca tinha ouvido aquele termo. *Proposta de valor? O que ele quer saber?*, pensei. Aos poucos, fui entendendo melhor e ele foi descobrindo o que a gente fazia. Era uma situação atípica.

Ele estava acostumado a investir cifras a partir de 50 milhões de dólares, e estava ali conversando com um moleque de 25 anos, sócio de uma empresa de 25 pessoas. Mas esse era o cenário corrente da bolha da internet. Os fundos eram pressionados a colocar algum dinheiro nas novas empresas digitais. Eles estavam assistindo àquela onda passar e queriam participar. Mesmo com um time pequeno, tínhamos uma das maiores empresas de internet do país. O setor estava engatinhando, mas estávamos na turma da liderança, éramos uma referência no incipiente mercado de tecnologia. O cara gostou da Tesla e perguntou se eu poderia mandar para ele um *business plan*. Concordei e pedi um prazo de uma semana. Em seguida, fui almoçar com os meus sócios e perguntei: "Gente, alguém sabe o que é um business plan?". Ninguém sabia.

Claro que o nome é autoexplicativo, mas ninguém tinha visto, muito menos feito, um plano de negócios. Encontrei um software para elaborar o nosso na internet, e bingo: "Meus problemas acabaram!". O software não chegava a ser uma máquina de inteligência artificial, era mais um guia. "Explique o negócio, os seus concorrentes e o tamanho do mercado", dizia. Escrevi e enviei. Ele me ligou de volta, dizendo que gostou do que leu, mas reparou que pedimos um investimento de apenas 1 milhão de dólares.

Acontece que eles nem conversavam quando as cifras não chegavam a 50 milhões de dólares. O banco era muito grande e não compensava espalhar o investimento em vários projetos pequenos. Valia a pena concentrar mais dinheiro em um número menor de empreendimentos. No entanto, eles sabiam que teriam que diminuir o patamar financeiro para se adequar à internet. Ainda assim, ele me disse: "Sinceramente, se o investimento for menos de 5 milhões de dólares, nem adianta me reunir novamente com você. Tem como revisar o plano e ser um pouco mais agressivo?". Disse a ele que sim, voltaria à prancheta para refazer o plano. Abri o Excel, multipliquei tudo por cinco e em literalmente três minutos estava pronto o plano para gastar 5 milhões de dólares. Só que não mandei para ele na hora, pois ficaria feio. Enviei uns três dias depois. Acabamos não fechando com o Credit Suisse. Dentre as propostas que recebemos de diversos bancos, optamos pelo JP Morgan, de Nova York, que nos ofereceu condições melhores.

Desde o início, pagávamos impostos por lucro presumido. Anos mais tarde, descobrimos que tinha sido um erro. Isso aconteceu quando o JP Morgan estava avaliando as contas da empresa, algo que faz parte do processo para investimento, e nos pediu os números. Enviamos tudo, e o banqueiro perguntou: "O que é isso aqui, lucro presumido? Você dá lucro ou prejuízo? Preciso do lucro real, para apurar despesas e entender as suas finanças e seus resultados". Estávamos em 1999, a empresa já tinha três anos e meio, contávamos com cerca de cinquenta funcionários, mas a gente nunca tinha feito a conta para saber se a empresa ganhava ou perdia dinheiro. Nos faltava experiência.

Reconstituímos a contabilidade dos dois anos anteriores com a ajuda de auditores. Foi uma tarefa árdua: semanas de trabalho revendo cada proposta fechada, olhando o *timesheet* dos profissionais envolvidos nas tarefas para ver as horas efetivamente gastas no projeto, quanto foi pago por cada cliente. Dessa fase, evoluímos para investimento. A empresa gerava caixa por causa dos adiantamentos, então achávamos que era lucro. Para piorar, descobrimos que a operação sempre tinha dado prejuízo, e recolhemos muito mais imposto do que precisávamos se a opção tivesse sido pelo lucro real.

Em paralelo à negociação do investimento do JP Morgan na Tesla, executivos da Starmedia nos procuraram no final de 1999 para comprar o *GuiaSP*. A Starmedia era um grande portal de conteúdo de países latinos, com sede em Nova York. O *GuiaSP* tinha vida própria, paralela à Tesla, com CNPJ diferente. Topamos. A venda aconteceu em fevereiro do mesmo ano, semanas antes de a bolha da internet estourar. Enquanto me via no meio das duas transações, a venda do guia para a Starmedia e de parte da Tesla para o JP Morgan, eu me preparava para me ausentar. Em setembro daquele ano eu partiria para Fontainebleau, na França, para cursar um MBA na Insead.

Na Tesla já trabalhavam mais de cem pessoas. Tínhamos comprado uma empresa de tecnologia, reforçando a equipe com mais quinze. O sócio dessa empresa me substituiu na liderança da minha equipe. Fiz um bom plano para deixar o pessoal coberto na minha ausência, mas o JP Morgan quase desistiu do negócio quando avisei que estava de viagem marcada. Os meses que antecederam a minha partida foram estressantes. Dada a nossa inexperiência em negócios, combinamos de trazer gente de "cabelo branco" para a gestão. Na época, eu já não tinha cabelo, então entendi que eu não podia ser essa pessoa. Buscaram uma empresa de *headhunters* para ajudar na escolha de um CEO com bagagem. No entanto, com a bolha estourada, em pleno ano 2000, ninguém queria trabalhar com internet. E assim permaneceu por um ano.

A assinatura da venda da Tesla aconteceu na semana em que cheguei à França, em setembro. Lembro-me de ir ao escritório da Insead, onde havia uma máquina de fax, e receber setenta páginas do contrato para assinar e devolver. Levou horas. Mas a partir daquele momento, o JP Morgan era sócio da Tesla.

4
Mochilando pelo mundo

ESCOLHI A INSEAD, uma das melhores escolas de negócios do mundo, porque era a que me parecia mais internacional e a mais promissora como experiência de vida. Além de educação de altíssimo nível, ela oferecia interação social, oportunidades de viajar pela França e Europa e conhecer pessoas e culturas. Cada turma tem no máximo uns dez por cento de alunos de uma mesma nacionalidade. Conhecida como The Business School for the World [Escola de Negócios para o Mundo], não havia nela um grupo majoritário ou alguma cultura dominante. Uma escola realmente global precisa dessa diversidade na massa de alunos e professores.

A ideia de estudar nessa faculdade era antiga. Cinco ou seis amigos da minha irmã mais velha cursaram extensão em negócios por lá, e eu ficava animado os ouvindo contar sobre suas experiências. Nem cheguei a me candidatar a faculdades americanas, que seguem a cultura do pragmatismo. Meu pai saiu do sério. "Filho, você está louco? Não vai aplicar para Harvard, para o MIT?" Nós brasileiros geralmente temos muito mais conexão com os Estados Unidos, em especial na área de tecnologia. Hoje frequento bastante os Estados Unidos. Já visitei o MIT e Harvard algumas vezes. Mas naquela época a Insead era pouco conhecida, apesar de ser uma das líderes do ranking de melhores MBAS do mundo.

Quase todos os seus ex-alunos dizem que foi uma das melhores experiências de suas vidas. No meu caso também. Aprendi muito, conheci gente interessante, me diverti, viajei. Fiz muitos amigos — cheguei a ser padrinho de casamento de um deles. Mas eu era um dos únicos empreendedores da minha turma. A maior parte vinha de bancos e empresas de consultoria, e tinham a intenção de empreender depois do MBA. Fiz o caminho inverso. Entendia pouco de negócios, cometi erros com a minha empresa e fui lá aprender a parte que faltou para me qualificar melhor na área.

Nos Estados Unidos, o espírito nesse tipo de universo acadêmico é diferente: todos trocam cartões de visita, com ares altamente profissionais, com o objetivo claro de fazer networking. Mas é bem mais difícil fazer amizades. As relações em geral são um pouco mais frias, mais utilitárias. Os americanos saem de casa aos dezessete anos e vão para qualquer estado do país para cursar a faculdade. Acabam não criando raízes. Sou bastante diferente disso. Tenho muitas raízes e ótimos amigos de infância. Até hoje nos vemos com frequência e viajamos juntos.

Voltei para o Brasil em setembro de 2001. Depois de um ano de aprendizado fora, me sentia preparado para assumir a função, ainda em aberto, de CEO da Tesla. O JP Morgan tinha uns trinta por cento da empresa, nós, setenta. Como não tinha controle, o banco não podia impor sua vontade aos quatro sócios. Consultei o Marcos, o Carlos e o Riccardo sobre a possibilidade, mas nenhum deles se convenceu. Eles contrataram outra pessoa e não demorou para eu notar que não daria certo. O novo CEO priorizava decisões desnecessárias, típicas de executivo da época da bolha da internet: mudar para um escritório maior e trocar todos os móveis, que, aliás, eram novos e bons.

Mesmo assim, insisti na necessidade de elaborarmos um planejamento estratégico. Preparei um estudo amplo e propus mudar todo o negócio. Mostrei a eles que as empresas americanas que faziam o mesmo que a gente, e eram referência no mercado um ano antes, já estavam agindo de forma diferente. "O que a gente queria ser quando crescesse não funciona mais. A maioria dos nossos benchmarks, da época em que levantamos dinheiro, já quebrou", eu dizia. Era importante repensar o futuro e fazer outro jogo, aproveitando que tínhamos caixa. Mas tampouco os convenci. Percebi que eu não tinha mais nada para fazer ali. Em dezembro de 2001, deixei tudo para trás, incluindo as minhas ações. Era um *vesting* de quatro anos, ou seja, ações intransferíveis dentro desse prazo. A empresa segue ativa até hoje.

Na virada de 2001 para 2002 o mercado estava péssimo. A bolha da internet havia estourado, e ninguém queria investir no setor digital. Observei aquela situação e pensei: *Não há o menor contexto para empreender agora*. Eu tinha alguma grana, da venda do *GuiaSP*. E lembrei que é quase impossível ter ao mesmo tempo dinheiro, liberdade, saúde e tempo. Os quatro nunca vêm juntos. Então resolvi tirar um ano sabático: "Vou-me embora pra Pasárgada".

Meu itinerário: África Central, Quênia, Uganda, Tanzânia. Subi o Kilimanjaro, um vulcão adormecido, a maior montanha africana, com quase 6 mil metros de altura. Acampei no meio do Parque Nacional do Serengeti, na região norte da Tanzânia, um lugar de safári, um descampado habitado por todos os tipos de animais. Depois, segui para a Inglaterra e me hospedei na casa dos meus amigos da Insead em outros países da Europa, convivendo com os locais e conhecendo lugares inesquecíveis.

Eu ligava antes para cada um deles, combinava minha chegada e acampava na sala. Passei pela Finlândia, Áustria, Eslováquia, Hong Kong e Cingapura. E fui para a Copa do Mundo de 2002: assisti aos três primeiros jogos na Coreia do Sul e rumei para o Japão. Lá, assisti a vários jogos, só perdi a semifinal para ir à Tailândia, onde fiz um curso de mergulho. Voltei para o Japão para ver a final. O Brasil ganhou a Copa contra a Alemanha. Dois a zero, ambos gols do Ronaldo Fenômeno. Terminada a Copa, segui para a Austrália. Mergulhei muito e conheci quase todo o país durante um mês. De lá, fui para os Estados Unidos. (Não fui pra Pasárgada, mas a minha irmã Márcia foi. E avisou que fica no Irã.)

Voltei para o Brasil, mas não para casa. Fui para o Nordeste, começando pela Chapada Diamantina, e viajei mais uma semana com meu pai. E ainda fechei o ano com chave de ouro: conheci a Fernanda, no Ano-Novo, numa viagem com amigos para a Praia de Toquinho, no Recife. Começamos a namorar e estamos juntos desde então. Essa jornada pelo mundo foi fundamental para expandir horizontes e ver que, no fim, o que importa são as relações que construímos e aquilo que fazemos — mais do que as coisas que temos.

5
A Imperdível perdeu

QUANDO RETORNEI A SÃO PAULO, no início de 2003, trabalhei por um ano em uma consultoria de gestão chamada Gradus. Eles tinham clientes como Ambev e o grupo de mídia RBS. Minha intenção era empreender novamente, mas a maré do mercado ainda estava baixa, então prestar consultoria foi uma boa opção. Deixei a Gradus na época em que a Marília Rocca, que dirigia a Endeavor de São Paulo, procurava alguém para substituí-la. A Endeavor foi criada em 1997 por americanos que se propuseram a desenvolver a cultura do empreendedorismo em economias emergentes. Eles sabiam que nesses países novos negócios carecem de investimentos e terreno fértil para desabrochar. Sediada em Nova York, a Endeavor não é um fundo nem uma incubadora. Trata-se de uma ONG global que escolhe empresas que já funcionam bem e que demonstram grande potencial de crescimento e transformação. Seus empreendedores são conectados a uma valiosa rede mundial de mentores e líderes corporativos, um contato fenomenal para impulsionar os negócios.

A Marília foi a primeira a encabeçar o escritório no Brasil depois de concluir seu MBA na Universidade Columbia, em Nova York. Ela me passou o bastão, e, em 2004, eu aceitei. Em geral, as pessoas tinham dificuldade de enxergar a Endeavor como uma ONG, pois ela reúne vários profissionais bem-sucedidos que apoiam um grupo pequeno de empreendedores que já ganham dinheiro. Recebíamos críticas dos que não entendiam o nosso propósito. Mas a visão da americana Linda Rottenberg, uma das fundadoras da Endeavor, nasceu de uma temporada na Argentina, onde ela percebeu a necessidade do empreendedorismo para o crescimento de uma nação: uma economia emergente precisa de empreendedores de alto impacto que geram renda, empregos, desenvolvimento e solução de problemas sociais.

Dirigi a Endeavor de 2005 a 2008. Disseminar o nosso conceito foi uma tarefa árdua desde o começo, e o plano sempre foi mudar a estrutura do Brasil para encorajar mais o empreendedorismo. Comprei a ideia. Era muito estimulante fazer algo para o bem do país. Durante esses anos, aliás, não tive qualquer chance de evoluir meu patrimônio. O salário pagava as minhas contas. Entrei lá com 32 anos e saí aos 36. Ou seja, dediquei alguns dos melhores anos da minha vida profissional a uma ONG. Abri mão da chance de ter um salário ou bônus mais robusto em troca de gerar impacto social. Mas com o aprendizado, pude promover algo maior. Depois que saí, continuei no conselho por quase uma década. Nesse mesmo período, casei-me com a Fernanda, e tivemos a nossa primeira filha, que nasceu em 2007, junto com o primeiro iPhone.

Hoje, na arena de start-ups inovadoras, o Brasil está muito melhor do que naquela época: há muitos empreendedores qualificados, mais acesso a capital, gente mais preparada, mais visionária e menos preocupada com o curto prazo. A Endeavor, que acaba de completar vinte anos de atuação no Brasil, teve uma importante participação nesse cenário. Por isso tenho muito orgulho do nosso papel. Além disso, essa experiência me aprimorou e qualificou como empreendedor. Tive contato com muita gente competente e vi de perto como as coisas funcionavam, justamente o que me faltava quando comecei a Tesla. Eu carecia de boas referências e mentores. E isso tinha de sobra na rede da Endeavor. Vi empreendedores crescerem como massa de bolo no forno. A cada ano, ajudávamos de cinco a quinze novas empresas. Elas eram captadas por uma equipe de campo e chegavam até mim depois de passarem por alguns filtros, tanto do time interno quanto da rede de mentores voluntários. Eu vivia o melhor dos dois mundos: acompanhava empreendedores para transformar seus negócios, aprendia muito com eles, com os mentores da rede, aumentava a minha rede de relacionamentos profissionais. E ainda ajudava o Brasil a evoluir.

Gosto de relembrar o percurso da Beleza Natural, a primeira empresa que selecionei logo que cheguei na Endeavor. A empresa fornece uma linha de produtos e serviços para cabelos crespos e cacheados. Foi criada por Zica Assis, que trabalhara como faxineira. Ela começou o negócio em casa com o marido, o irmão e a cunhada. Seu marido era taxista, mas vendeu o Fusca, seu único patrimônio, para fazer um puxadinho na casa e colocar duas cadeiras de cabeleireiro. Tudo começou ali. Os empreendedores não tinham acesso a capital, ferramentas e conhecimento para ampliar o negócio. Mas eles já contavam com 350 colaboradores, que vendiam seus produtos, e faziam 16 mil atendimentos de beleza por mês. Hoje a marca oferece treinamento e emprego a milhares de jovens mulheres em comunidades de baixa renda. São mais de 130 mil clientes atendidas mensalmente e cerca de 3 mil colaboradores nas mais de quarenta unidades de negócios em cinco estados brasileiros, no Sudeste e na Bahia.

Quando deixei a Endeavor, resolvi empreender, mas colocando ovos em cestas diferentes. Criei uma produtora de vídeo que foi vendida em dois ou três anos. Foi um negócio pequeno, mas lucrativo. Criei outro guia on-line, mais moderno, com localização e curadoria de conteúdo feitas apenas por usuários, antes mesmo de o Google vir com essa solução, mas, infelizmente, não teve público suficiente para justificar o investimento. "Não tracionou", como se diz no jargão digital.

Em 2009, ano em que a minha segunda filha nasceu, algo marcante aconteceu: visitei Nova York e naquela viagem um investidor americano da turma da Endeavor me mostrou o site de compras Gilt Groupe, de promoções por tempo limitado. "Se você está procurando alguma coisa para fazer no Brasil, eu olharia esses modelos com carinho", disse ele. Ele nunca havia visto um modelo de negócio crescer tão rápido. De fato, em 2010, o Brasil foi devorado pela onda das compras coletivas. O crescimento era acelerado, mas não havia confirmação de que aquele modelo seria viável no longo prazo. E ninguém sabia disso ainda.

Fiquei animado com a ideia. Juntei-me ao carioca Pedro Guimarães, apresentado por alguém da Endeavor, e criamos a Imperdível. Pedro ficava de segunda a sexta em São Paulo.

Começamos a empreitada na mesma época em que o restante dos sites brasileiros se propôs a surfar essa onda. Depois chamei mais dois sócios-investidores para injetarmos mais dinheiro, e em seis meses tínhamos cem funcionários pelo Brasil. Mesmo com bem menos dinheiro, a gente já fazia uma sombrinha ao Peixe Urbano, empresa líder no setor que contava com um investimento de milhões de reais. Fiz parceria com uma empresa chamada Enox, que também conheci por meio da Endeavor. Eles vendiam espaço de mídia em restaurantes e academias. Criamos um modelo para eles venderem ofertas na Imperdível em troca de comissões. Isso nos ajudou a expandir rápido, cobrindo cidades onde ainda não tínhamos equipe própria. Dizem que a mãe da criatividade é a falta de dinheiro.

Logo, entraram outros dois grandes no jogo, o Groupon e o ClickOn, e, no fim, todo mundo se espatifou, porque o modelo de negócios não parava em pé. Com menos dinheiro em caixa, a gente jogou a toalha mais cedo. De forma geral, apenas cinquenta por cento dos cupons comprados eram de fato usados, as fraudes eram frequentes e os estabelecimentos, como restaurantes e salões, não tinham capacidade financeira, física ou organizacional para servir centenas de pessoas a mais do que o usual. Acabaram oferecendo uma péssima experiência ao cliente. Em vez de fidelizar gente nova, a estratégia as afugentava. Essa experiência valeu para eu entender o real valor de um novo cliente: ele só é criado quando você traz esse sujeito para o seu negócio e o fideliza. Se o cliente veio até você só pelo desconto, foi embora e sumiu, você apenas criou uma situação oportunista, sem valor.

Quando a ficha caiu, já não havia nada que eu pudesse fazer. Foi duro. Se eu terminasse a empresa naquele momento, precisaria queimar tudo o que tinha guardado no banco só para pagar o custo de demissão dos funcionários e o encerramento de contratos e operações. Teria que começar do zero aos 38 anos, com uma família para sustentar. Em março de 2011, acabei vendendo a minha parte para os outros sócios, que ainda não tinham desistido. Com a continuidade da operação da empresa, não houve demissões, então não precisei colocar mais dinheiro. Alguns meses depois, Pedro também se convenceu de que não tinha saída e vendeu sua parte para os outros dois sócios. Eles tinham outros negócios e uma ideia de juntar diversos sites numa plataforma única, para explorar sinergias entre as operações e otimizar os custos. Não funcionou. Eles quebraram em dezembro de 2012, quase dois anos após a minha saída da sociedade.

Quando propus fechar a empresa, estava disposto a colocar a maior parte do meu patrimônio para fazer tudo direitinho, pagar as multas e não deixar pendências fiscais e trabalhistas, mas os dois sócios que ficaram com o negócio depois da minha saída e do Pedro não cumpriram os compromissos básicos. Não pagaram funcionários e várias outras contas, gerando uma série de dívidas.

Compras coletivas não funcionaram nem para os graúdos: o Peixe Urbano foi retirado do fundo do poço pela chinesa Baidu, queimando milhões de dólares de fundos que apostaram na empresa. O Groupon não faliu, mas desde que abriu capital em 2011, avaliado em 16 bilhões de dólares, perdeu 95 por cento de valor de mercado. No Brasil, juntou-se com o Peixe Urbano, mas continua caçando algum modelo que dê certo. Foi um péssimo negócio para os investidores que não saíram a tempo. O Brasil chegou a ter 2 mil sites de compras coletivas, e a maioria evaporou. No meu caso, perdi dinheiro, mas honrei todos os meus compromissos. Adquiri novos aprendizados que viriam a ser extremamente valiosos nos anos seguintes. Ainda fiquei com um pezinho de meia para a próxima aventura.

No Brasil, costumamos rotular de "fracassadas" pessoas que lideraram projetos que não vingaram. Achamos que se a iniciativa falhou, é porque o sujeito é incompetente. Aqui, dá-se pouco valor ao aprendizado e a quem se arrisca a colocar um projeto de pé. Mas é preciso levar em conta que noventa por cento das start-ups dão errado. Muitas vezes por falta de preparo ou por causa de gafes cometidas pelos empreendedores. Mas em outros casos o jogo foi bem jogado, e mesmo assim o negócio não evoluiu como esperado. Empreender sempre envolve assumir riscos. As estatísticas estão sempre contra os empreendedores. É uma chance de dez para um.

Olhando para trás, sinto orgulho do que Pedro, eu e o restante da equipe da Imperdível conseguimos construir juntos em tão pouco tempo e sem investimentos significativos. Se o modelo de negócio fosse mais sólido, tenho confiança de que poderíamos ter construído algo grande. Batemos na trave. A jornada foi rica em lições. Foi a primeira start-up que fiz do zero que cresceu num ritmo de Vale do Silício, ainda que por um breve período. Sinto que completou minha formação para a empreitada seguinte, a 99.

6
Referências, mentores e gurus

Aos 22 anos, eu não tinha referências de caras geniais. Hoje, tenho diferentes inspirações, como Steve Jobs, Bill Gates e Elon Musk, em vez de querer ser como um único deles. Acho difícil encontrar todas as características numa mesma pessoa. No Brasil, foi um enorme privilégio trabalhar com o Beto Sicupira e o Jorge Paulo Lemann durante minha jornada na Endeavor, onde eles fizeram parte do conselho da organização. Ícones do mundo dos negócios são os nomes por trás de instituições como Ambev, Burger King, Lojas Americanas e 3G Capital. Além dos feitos sem precedentes na história do Brasil, trouxeram imensos benefícios à nossa sociedade por meio de inúmeras iniciativas sem fins lucrativos de altíssimo impacto, como Endeavor, Fundação Estudar, Fundação Lemann, Fundação Brava e tantas outras. Tenho uma profunda admiração pelo marco que eles deixaram e por seu papel na qualificação dos empreendedores brasileiros.

A visão de gestão desses dois brasileiros ajudou a formar o maior número de lideranças competentes que já vi, e isso é extremamente difícil de fazer na prática. Não conheço no mundo inteiro outro grupo de empresários que tenha moldado tanta gente boa, engajada, comprometida, exigente, talentosa. Elevaram o sarrafo do Brasil inteiro, incentivando uma nova geração jovem a ser muito melhor do que as anteriores e a buscar fazer mais pelo país.

É o caso do Carlos Brito, CEO global da Ambev por vários anos. Na década de 1980, ele bateu na porta do Jorge Paulo e disse que tinha sido aceito pela Universidade Stanford, mas não tinha dinheiro para estudar lá. Jorge Paulo começou ali a semente da Fundação Estudar. Brito prometeu voltar ao Brasil depois de Stanford, conseguir um emprego e devolver o dinheiro. Jorge Paulo falou que ele não precisava retornar o investimento, apenas assumir o compromisso de pagar para uma outra pessoa, o que em inglês se chama *to pay it forward*, pagar adiante. Dessa forma, eles ajudaram muitas outras pessoas a estudar fora e a mudar de patamar de vida.

Essa dupla, junto com o Marcel Telles, sócio em grande parte das empreitadas, é também singular em gestão de capital humano. Já conversei com muita gente de diversas de suas empresas. São sempre pessoas afiadas, bem preparadas, competentes e antenadas. É de tirar o chapéu. Contratar gente desse nível é algo que tento replicar. Há quem os critique por serem duros, extraírem até o último centavo de cada negociação com fornecedores, colocando em jogo a sustentabilidade do negócio, ou por focarem menos em inovação do que em eficiência operacional, dizendo que precisam rever seu modelo de atuação para o mundo atual e do futuro. Críticas fazem parte. Acredito mesmo que a 99 não teria chegado aonde chegou se eu não tivesse tido a chance de aprender com ambos, ainda que atuemos em áreas bem diferentes.

Pensando nesses modelos e nessas pessoas que me inspiram e tiveram forte influência na minha carreira, entendi que não preciso copiar um único pacote completo. Posso pescar as coisas que admiro e inventar o resto. É claro que não existe um modelo de CEO perfeito. Para mim, é como uma colcha de retalhos. Pego um pouco de cada um. Acho que isso ajudou a formar o Paulo de hoje: focado em aprender em vez de rotular ou desqualificar. É uma forma mais construtiva e efetiva de evoluir como empreendedor e criar uma visão própria.

REFERÊNCIAS, MENTORES E GURUS

* * *

Vou abordar um dos maiores aprendizados em gestão de gente, algo que comecei errando e aprendi a fazer melhor copiando dos outros: se você pegar uma pessoa de surpresa ao demiti-la, você errou como gestor. Essa pessoa já deveria ter sido avisada de que seu desempenho era insatisfatório. Ela deveria ter sido orientada sobre suas falhas, sobre como podia melhorar e quais as expectativas da empresa dali em diante. Um dos papéis do gestor é fazer as pessoas saberem se estão indo bem ou mal e oferecer a elas chances de melhorar e evoluir. Uma pessoa pode ter cometido diversos erros, pode não ter entregado o resultado esperado, pode não ter se encaixado na cultura, pode até ter culpa no cartório. Mas se ela é pega de surpresa, a culpa é do gestor. Admito que em alguns casos eu mesmo pisei na bola. Demorei para perceber o problema e, quando vi, alguns funcionários já haviam perdido completamente o controle sobre seus subordinados.

Desligar alguém é sempre uma tarefa difícil, emocionalmente carregada. Ninguém gosta. Mas é bem mais fácil demitir alguém que já foi advertido do que demitir alguém a quem não se deu uma segunda chance. O funcionário tem direito a um feedback claro, assim não se surpreende com as decisões dos chefes. Ninguém fica feliz com uma demissão, mas todos têm o direito de entender os motivos. E quem não está pronto para demitir não pode comandar, porque, apesar de dolorosa, é uma parte importante do trabalho.

Na época da Tesla eu me considerava um bom chefe, porque me esforçava para motivar e engajar os subordinados. Queria montar um time excelente e que as pessoas adorassem trabalhar na minha empresa. Hoje tenho a plena consciência de que eu não era bom em gestão de pessoas: eu sempre levantava o moral de todos e "dourava a pílula". Achava que meu feedback deveria deixar a pessoa animada. Caso contrário, ela iria pedir demissão. Aprendi, ao longo do tempo, que essa é uma forma de perpetuar o problema. Ser apenas legal e ter boas intenções não ajuda as pessoas a entender em que precisam melhorar, e tira o foco do desempenho. Todo feedback precisa ser construtivo, e tem que ser dado de forma absolutamente honesta e transparente. Sim, há quem saia chateado. Mas, nesses casos, há duas opções: ou a pessoa se apega à frustração e segue reclamando da vida, ou ela mata no peito e bota a bola em jogo novamente. Já vi ambos os comportamentos ao longo da minha carreira.

Há quem passe a vida culpando os outros pelos seus problemas: "Foi meu chefe que não entendeu", "Foi o cliente quem causou a situação difícil", "É o comercial que não sabe vender". E há aquelas que assumem a responsabilidade e correm atrás para melhorar. É uma questão de atitude. O importante é descobrir como alcançar uma solução melhor. Quem busca se aperfeiçoar, em vez de culpar o outro, chega mais longe. Em meio a todos esses dilemas, ter experiência faz diferença. E isso não significa apenas tempo de carreira, mas também exposição a situações diversas, boas referências, bons mentores. Isso é pouco valorizado no Brasil, ao contrário dos Estados Unidos, onde a cultura do *mentorship* e do networking sempre existiu.

Há profissionais que acumulam dez anos de experiência e permanecem estagnados. Passam uma década fazendo a mesma coisa. Talvez tenham aprendido bastante nos seis primeiros meses, mas depois pararam de aprender. Um profissional fica mais sólido quando passa por uma gama de experiências, com colegas, mentores e chefes diferentes. Isso vale mais do que vinte anos na mesma função, com a mesma equipe. Para crescer, é preciso enfrentar novos desafios.

Desse ponto de vista, os jovens de hoje estão mais preparados do que a minha geração, que se formou nos anos 1990. Em geral, os alunos da engenharia, até mesmo os de uma instituição tradicional como a Poli, não tínhamos vínculo com o mundo empresarial. Hoje não é mais assim. Até quem se forma em tecnologia já é mais informado sobre o universo dos negócios, lê mais, tem uma visão ampla sobre o assunto. Também é mais curioso sobre temas fora de sua área de atuação. Estão mais engajados, antenados e têm mais propósito. Há muitos jovens competentes querendo melhorar o país, entrando para a política. Não havia isso na minha geração. Quando me formei, o pessoal era especialista no que fazia e ponto. Hoje as crianças estudam no quarto ou quinto ano o que eu estudava no sétimo. A escola abraça temas mais amplos em relação à diversidade, à política e à cidadania.

REFERÊNCIAS, MENTORES E GURUS

Criei a Tesla aos 22 anos, mas até os 25 eu praticamente não tinha olhado para o lado. Eu podia ter levado as minhas dificuldades para um amigo ou conhecido e pedido ajuda. Podia ter questionado sobre gestão de pessoas e contabilidade. Mas eu não tinha esse modelo. E, para ser sincero, a ideia nem me ocorreu. A gente fez aquelas atrocidades, como passar quatro anos apurando imposto por lucro presumido, até descobrir que tínhamos tido prejuízo todo ano. Foi absoluta falta de referência. Havia uma ideia machista de achar que pedir ajuda para alguém é sinal de fraqueza.

Hoje, um cara de 22 anos que monta uma empresa está bem mais preparado do que eu estava quando tinha a mesma idade. Isso não significa que esse jovem esteja pronto. Mas hoje ele sabe que não precisa resolver tudo sozinho e admite que não sabe quase nada. Ele não tem vergonha de pedir uma dica nem medo de se expor. A minha geração receava fazer perguntas na aula porque achava que ia fazer papel de bobo. A atual é extremamente encorajada a levantar questões em classe, porque sabe que para aprender é preciso tirar dúvidas. Esta certamente será uma geração que chegará mais longe que a minha.

7
Ariel e Renato

DESDE PEQUENO, ARIEL, UM DOS MEUS futuros sócios na 99, era um tanto *geek*. Ele nasceu em Buenos Aires em 1982, filho de argentinos, mas se mudou com a família para o Brasil quando tinha apenas um ano. O pai é engenheiro químico e foi transferido para cá para montar um escritório da empresa na qual trabalhava. E a mãe, médica e psicanalista, teve de refazer a faculdade de medicina em São Paulo para validar seu diploma. Aos seis ou sete anos, quando visitava os bisavós na Argentina, Ariel construiu uma casa na árvore e, já aos dez ou onze anos, queria montar um carro. Colocaram uma pedra na ideia, prometendo que ele poderia realizar o desejo somente aos dezoito anos. Por sorte ou por azar, isso acabou não acontecendo.

Seu primeiro video game, ainda na infância, foi um Master System, conectado à televisão, que na época era uma caixa, e não uma tela plana. Um belo dia, ele resolveu desmontar a TV: fez um buraco na parte de cima da madeira que revestia o aparelho e enfiou o Master System dentro dele. Ele simplesmente queria inventar uma TV com video game. Hoje ele tem total consciência de que poderia ter morrido se tivesse encostado no capacitor da televisão. O pior é que o protótipo funcionou.

Ariel era o rei da gambiarra. Certa vez, alguém disse a ele que queria colocar um microfone externo em um gravador. O menino não viu nenhum desafio naquilo: abriu o gravador, trocou uma pecinha e fez o aparelho funcionar. Na escola, ele fez um carrinho com controle remoto: ao andar, o carro fazia girar uma bailarina acoplada, com direito a luzes que piscavam. Os pais de Ariel, em vez de se preocuparem, o incentivavam. Compravam Lego e jogos de montar de ferro, incluindo casinhas pré-moldadas em miniatura.

Quando Ariel estava terminando a oitava série, acabou seguindo o curso de magistério, recém-implementado em sua escola. Insistiu naquela rota por quatro anos, mas não era a sua praia. Em suas palavras, ele era "um engenheiro enrustido", e no magistério teve de estudar filosofia, história da educação e história da arte. Ele enlouqueceu. No vestibular, não sabia o que fazer. Trancou tudo e foi fazer teste vocacional — na verdade, era uma espécie de terapia na qual, ao final, a própria pessoa tinha de desvendar sua vocação. Deu engenharia.

Ele então seguiu para cursinhos, e ali se descobriu. Sentava-se na primeira fila, engajava-se, fazia perguntas. E passou no vestibular da Poli, com foco em engenharia mecatrônica — na segunda chamada, mas passou. Ele sempre fora um bom aluno e gostava das matérias práticas, do tipo em que dava para montar carrinhos. Ele é um sujeito mão na massa. No quarto ano da faculdade, partiu para a Alemanha com uma bolsa de estudos da Technische Universität, em Darmstadt, perto de Frankfurt, uma ótima faculdade de engenharia mecânica. Lá, estudou por um ano e estagiou por seis meses na Opel, uma das principais montadoras alemãs. Na volta ao Brasil, teve de refazer o quarto e quinto anos inteiros por questões de incompatibilidade curricular. Foi difícil. A turma dele tinha passado de ano, e ele ficou para trás.

A salvação de Ariel, numa turma em que ele se sentia um peixe fora d'água, foi um cara chamado Renato. Ele também havia repetido diversas vezes a matéria mais chata de todas: termodinâmica. Ariel fez duas vezes e Renato, quatro. Juntos na mesma turma, em vez de prestarem atenção, inventavam coisas. Quando o professor falava de um tipo de aço especial, Ariel divagava: "Quero fazer um aço mais resistente, molinho". As pessoas piravam com suas ideias. E por causa dessas ideias, eles eram sistematicamente reprovados.

Renato nasceu em 1983 e se considera um "nerd". Essa é uma das características que, segundo diz, fez dele um empreendedor. Sempre foi uma criança curiosa: desde pequeno fuçava em tudo para descobrir como as coisas funcionavam. Mas diz que se tornou oficialmente um nerd quando, aos doze ou treze anos, a família adquiriu o primeiro computador da casa, do qual se apoderou. Na época, em meados da década de 1990, ter computador particular ainda era raro.

Entrou na onda de desmontar computadores, e em pouco tempo conhecia cada rebimboca que havia lá dentro. Mesmo sem internet, que viria alguns anos depois, começou a programar com um software chamado QBasic, para linguagem Basic, e adorava video games. Um deles era um jogo simples, parecido com Angry Birds, no qual um macaquinho atirava bananas em outro. Ele se apaixonou por aquilo e sabia adivinhar o que estava por trás do jogo. Ali ele começou, e nunca mais parou.

Renato trabalhou na empresa do pai, uma metalúrgica pequena, dos catorze aos 25 anos. Começou como office boy, foi motorista, e passou a organizar a fábrica e a cuidar das finanças. Foi uma grande escola: numa empresa pequena, o dono faz de tudo, desde a compra de suprimentos de escritório e papel higiênico até emissão de nota fiscal, demissão de funcionários, cálculo de férias e de impostos. Ele aprendeu bastante e brigou bastante também. Trabalhar com o pai pode ser difícil. Ao mesmo tempo, Renato sempre teve um bom exemplo de empreendedorismo, algo de que nem todo mundo dispõe. Quando ele se formou, especialmente na nossa área, não se falava em empreendedorismo como se fala hoje.

Renato optou pela engenharia já no colegial. Ele tivera contato com a área na fábrica do pai, o que combinava com seu lado geek. Fez cursinho e passou na Poli. Nos primeiros períodos da faculdade, todos os alunos cursavam as mesmas matérias. Mais tarde, escolhiam suas áreas definitivas. Renato e Ariel foram da mesma turma no primeiro ano, mas só se esbarraram quando o Ariel voltou da Alemanha. A época coincidiu com a chegada da banda larga ao Brasil.

Tiveram de se virar para aprender tudo sozinhos. Normalmente, os alunos trocam anotações feitas em sala. Mas, sem amigos na turma, não contavam com esse suporte. Se fosse possível compartilhar as anotações de aula na internet, o problema deles — e de muita gente — estaria resolvido. Foi assim que em 2006 nasceu o EbaH, uma rede social onde os alunos compartilhavam anotações e provas antigas. Bastava escanear e colocá-las no site. Logo em seguida, alguns estudantes, entre eles o Ariel, passaram a levar laptop para as aulas. O nome nasceu por acaso, quando o Ariel, ao fazer um teste em um layout, escreveu EbaH no topo da página, sem qualquer motivo. Eles gostaram e se empolgaram mais ainda ao notar que poderiam remeter ao nome eBay. A primeira versão do logo do site era idêntica ao do site de leilões, trocando Y por H e a ordem das cores. Depois, para evitar problemas, mudaram toda a identidade visual.

Quando se formou, Ariel seguiu para Londres. Quis repetir a experiência de viver no exterior, e como sua namorada também estava disposta a trabalhar na capital inglesa, fizeram as malas e embarcaram em julho. De lá, Ariel passou a trabalhar com Renato à distância, enquanto procurava emprego. Em outubro de 2006, seu currículo, que estava disponível no site Monster.com, foi pescado pelo Google da Irlanda. Quando atendeu a ligação do RH do gigante de tecnologia, sentiu um frio na espinha. E assim passou os quatro anos seguintes de sua carreira em Dublin, entre 2007 e 2011, conhecendo gente e absorvendo conhecimento. Seu time fazia malabarismos com os algoritmos para que empresas aparecessem no topo dos resultados quando alguém buscasse algo relacionado a uma delas.

O Google de Dublin era a central europeia da empresa, por ali circulava gente de todos os países. No time do Ariel havia oitenta pessoas, duas de cada país europeu. Uma pluralidade cultural incrível. Ali, aprendia-se a respeitar as diferentes religiões e dietas. Era um caldeirão cultural. Ariel trabalhava de dia no Google, e à noite, em casa, ia para o Skype, colocava o fone de ouvido e seguia a labuta com Renato.

O estalo para o Ariel voltar ao Brasil ocorreu quando ele assistiu ao filme *A rede social*, sobre a história do Facebook. Ele percebeu o impacto que poderia ter em seu próprio país, fazendo o EbaH crescer. Obviamente, foi difícil pedir demissão do Google e fazer as malas. Ao chegar a São Paulo, Ariel nem tinha onde morar. Os pais viviam em Jundiaí, no interior do estado. Ficou algumas semanas com a irmã, que morava na capital, mas ele queria um canto seu. Então ele pediu permissão a Renato, pegou sua cama e se alojou na casinha onde funcionava o escritório do EbaH, na avenida Ceci, número 2117, um lugar pouco, ou nada, glamoroso. É uma área residencial, mas tradicionalmente também local de prostituição. À noite ficava sombrio: havia muita "atividade" na frente do escritório.

A casa foi batizada de Ceci. Nas palavras do Ariel, "tinha um quartinho no fundo junto com as baratas e os ladrões que vez ou outra entravam". Um conforto só. Mas foram se ajeitando, colocaram carpete de gramado, uma grande alegria para o Ariel. Ele trouxe até um taco de golfe e umas bolinhas para brincar em momentos de descompressão. Também trouxeram redes de deitar, pufes e luminárias. Até hoje a dupla se complementa bem. Renato é o engenheiro que escreve os códigos e faz milagres com pouco. Ariel tem o dom da empatia. Ele entende muito bem o que os usuários sentem ou de que precisam. Ariel concebe a ideia, e Renato codifica. Eles são diferentes, mas se dão bem. Inclusive, eles têm uma maneira própria de discutir, aparentemente dura. "Parece briga, mas não é", diz Ariel. Quando termina, fica tudo bem.

Uma das formas de tornar o EbaH mais robusto foi apresentar a empresa para a Endeavor. Um amigo de Renato convidou os dois para uma apresentação para investidores. Eles passaram por uma pré-seleção feita pela equipe da própria Endeavor. Era 2011 e eu já não trabalhava mais lá, mas estava na banca para julgar os candidatos. Apesar de terem treinado bastante, Renato gosta de contar que eles foram massacrados naquela apresentação, porque estavam completamente despreparados. A sala era um pequeno anfiteatro — o palco na parte inferior e a audiência elevada — para umas cinquenta pessoas.

Ao recordar o episódio, Renato admite que eram juniores na área de negócios. A banca queria saber sobre tecnologia, negócios, produto. Eles se saíram bem no quesito tecnologia, mas não sabiam ganhar dinheiro: até então, só entrava alguma grana no EbaH quando eles colocavam anúncios no Google. Depois da apresentação, Renato e Ariel saíram da sala e a banca deliberou. O veredicto foi unânime: "Os garotos são feras, mas o negócio não dá escala". Eles passaram por um triturador de carne, mas levaram a experiência de forma bastante humilde, e se mostraram abertos ao feedback, que Ariel resume em uma frase: "Desencana, isso aí não vai sobreviver".

Mas nem tudo estava perdido. Ao final da apresentação, fui procurá-los e dei minha opinião: o negócio não parecia ter muito potencial, mas eu me dispunha a ajudar a melhorar e monetizar o modelo. Passei a me reunir com a dupla uma ou duas vezes por mês, no escritório da Ceci. Queria ajudá-los a ganhar dinheiro, mesmo tendo alguma dúvida sobre a viabilidade do negócio. Tentamos diversos caminhos, sem grandes resultados, mas a experiência serviu para nos aproximar. Ninguém imaginava que juntos criaríamos algo tão grande num futuro próximo.

8
Táxi é a bola da vez

AO DEIXAR A IRLANDA MESES ANTES, Ariel estava ciente de que abandonar tudo poderia ser traumático. Para amenizar a transição, ele montou uma agência de consultoria de SEO (Search Engine Optimization, ou otimização de engenharia de busca) com um sócio alemão e um português, ambos ex-colegas de Google. Eles faziam o conteúdo de empresas aparecer bem no site de buscas, utilizando a ferramenta da forma correta. Tinham um escritório na Alemanha e outro no Brasil, e Ariel dividia seu tempo entre o EbaH e a agência. De vez em quando, ele ia para Munique a trabalho. Numa dessas viagens, em janeiro de 2012, seu sócio lhe mostrou o aplicativo MyTaxi, o primeiro do gênero no mundo. O aplicativo achava um táxi nas redondezas para quem pedisse via smartphone. Ariel teve um estalo. O Brasil precisava de algo assim. No mesmo dia, ele passou horas no chat conversando com Renato sobre a novidade.

Em 2012, cinco anos após o lançamento do iPhone, o uso do celular já era disseminado no Brasil. Mas a divisão era clara. Os mais ricos usavam smartphones com plano 3G. Os menos afortunados usavam telefones celulares convencionais, que só permitiam fazer ligações e enviar mensagens de texto. Assim como aconteceu em outros países emergentes, como a Índia, a população de baixa renda do Brasil pulou a compra de computador e foi direto para a telefonia móvel, assim que ela começou a oferecer mais funções.

O usuário brasileiro de táxi, por sua vez, era alguém com maior poder aquisitivo. Usava smartphone com internet e tinha cartão de crédito. Por isso, nosso trabalho maior foi com os motoristas. O GPS já existia em alguns carros, mas separados do celular. E embora a banda larga tivesse começado a penetrar no Brasil em 2010, ainda era cara. Ao mesmo tempo, a cultura do ponto de táxi era antiga e sólida, em São Paulo e diversas capitais. Mas não no interior, onde o táxi era um sistema ineficiente, um jogo de gato e rato, com motoristas rodando em busca de passageiros e vice-versa. Um passo em direção à conveniência eram as cooperativas com centrais telefônicas. Mas a demora em hora de pico era tal que as pessoas já pediam o táxi da volta assim que chegavam a seus compromissos. O carro demoraria tanto que daria tempo suficiente para fazer o trabalho.

Na verdade, o jogo de gato e rato era mundial. Os primeiros a solucionarem o quebra-cabeça, já em 2009, foram dois empreendedores em Hamburgo, na Alemanha: Niclaus Meses e Sven Küpler. Naquele ano, o smartphone já era popular na Europa. Meses e Küpler tiveram a visão: bastaria tirar o celular do bolso e chamar um táxi rodando nas proximidades. Assim criaram o MyTaxi, que desde 2014 é uma subsidiária da multinacional alemã de automação Daimler AG e hoje, rebatizado de Free Now, tem operações em cerca de setenta cidades de onze países europeus, Chile, Peru, Colômbia e México.

A primeira preocupação do Ariel era o nome do novo aplicativo: precisava ser memorável e representativo do negócio. Com o EbaH, Renato e Ariel já tinham batalhado um pouco essa questão. As ideias iam surgindo, mas nem sempre o domínio para o website estava disponível. Outra preocupação era criar um nome internacional, para ser usado e entendido globalmente. Eles sabiam que táxi é uma palavra universal, assim como números. Então pensaram em 100 Táxis. Mas pensaram de novo e se deram conta de que o nome seria uma piada pronta, soa como "sem táxis".

Aí veio o ovo de Colombo: subtraíram um, e fecharam com 99Taxis. Anos antes, eles haviam usado para o EbaH uma plataforma de designers gráficos chamada 99designs. O nome soava bacana. Mas nesse caso, seria melhor táxi no singular ou no plural? Taxi 99 ou 99 Taxi? Começar com um número faria com que a empresa aparecesse no topo de qualquer lista em ordem alfabética, dando uma ligeira vantagem sobre os concorrentes. E assim nasceu a 99Taxis. O nome funcionou bem, pegou rápido, e ajudou a popularizar a empresa. Anos mais tarde, o Ariel descobriria que 99 é um número da sorte na China. Em chinês, o número nove representa longevidade.

Como bom nerd, Renato estava animadíssimo com o aplicativo. Ariel voltou da Alemanha e em quarenta dias eles já tinham um protótipo pronto. Mas, dessa vez, decidiram não cometer o mesmo erro que no EbaH. A dupla precisava de alguém de negócios para ajudar a tocar a ideia. Eles tinham contato na Monashees, um dos maiores fundos de *venture capital* no Brasil: haviam apresentado o EbaH para eles e Ariel já havia feito consultoria de SEO para o fundo. A dupla marcou uma reunião com os investidores para mostrar o protótipo do aplicativo de táxi. Considerando um trabalho feito em apenas quarenta dias, estava bom, funcional, bem pensado. Os investidores gostaram, mas reforçaram a necessidade de alguém da área de negócios. Então vieram falar comigo.

Na verdade, nossa reunião a princípio era sobre o EbaH. No final disseram que queriam me mostrar algo novo — um protótipo. Era a primeira versão do aplicativo, uma para o motorista e outra para o passageiro. Já tinha um bom nível de sofisticação, como escolha da forma de pagamento (crédito, débito e dinheiro). Estava feiinho, mas bonitinho ao mesmo tempo. Eles colocaram celulares na mesa e disseram: imagina se esse é o celular de um motorista de táxi e esse de um passageiro que quer encontrar um táxi. Eles me mostraram o aplicativo já em pleno funcionamento, com a infraestrutura definitiva na nuvem, quase pronto para colocar na rua. Faltavam apenas alguns ajustes.

A apresentação deles não era um PowerPoint indicando como seria o produto: tudo já estava programado e pensado. Renato e Ariel não dormiram até acertar todos os ponteiros — ainda que de forma rudimentar, eles fizeram em quarenta dias o que outros times levariam três meses com uma equipe de cinco ou seis pessoas. Gostei, mas fui sincero: disse a eles que eu conhecia algumas pessoas que já estavam interessadas nesse mercado e que eles teriam muita concorrência. Seria bem difícil se diferenciar e ganhar o jogo. Teríamos que jogar de forma distinta.

No final de junho de 2012, o protótipo estava bem redondo. Em julho, fizemos mais ajustes e fomos para a rua começar a instalar o aplicativo no telefone dos taxistas. O objetivo era lançar a 99 no primeiro dia de agosto, a mesma data que Ariel e Renato lançaram o EbaH. Mas para isso acontecer, a gente queria pelo menos cem taxistas rodando com o aplicativo na rua, esperando por corridas. Acreditávamos que era o número mínimo para garantir que uma corrida aconteceria quando um usuário acionasse o aplicativo.

É um modelo de marketplace bastante difícil de começar. O melhor aplicativo do mundo, se não tiver nenhum motorista, não tem valor para os passageiros — e vice-versa. Trata-se de um serviço on-line to off-line (O2O). Começa no seu telefone e acaba dentro do táxi. Foi bastante difícil convencer os motoristas porque eles não tinham smartphone, usavam celulares incompatíveis com aplicativos. Antes de ter o aplicativo, teriam que comprar um telefone. A pergunta que os taxistas nos faziam era: quantos passageiros já estão cadastrados? A gente respondia "nenhum". Então eles rebatiam: "Então por que vou gastar dinheiro comprando esse negócio?". Foi uma partida difícil.

Renato lembra que convencer os motoristas que tinham smartphone a instalar o aplicativo era outro desafio. Chegamos a sugerir alguns modelos de telefones para que eles pudessem procurar nas lojas. Era engraçado — eles de fato compravam, mas vários depois voltavam na sede da 99 com a caixinha do celular novo nos perguntando o que fazer. Um motorista contou que seu celular não fazia chamadas. As pessoas ligavam e ele não conseguia atender. Testamos e descobrimos que ele não sabia fazer o "swipe" com o dedo na tela para atender as chamadas. Renato lhe ensinou e até hoje conta essa história em suas palestras. Essas experiências fizeram com que a gente desenhasse um produto melhor. A primeira pergunta que Renato e Ariel se faziam era: "É fácil usar esta tela e este aplicativo?". A resposta tinha que ser sim. A pergunta seguinte era: "É difícil de errar nesta tela?". A resposta também tinha que ser sim.

    Fizemos sessões de treinamento na hoje extinta livraria Fnac, no bairro de Pinheiros, em São Paulo. Alugamos mais de uma vez aquele espaço para ensinar os motoristas a usarem o smartphone. Era uma sessão de inclusão digital. Mostramos Google Translator, Google Agenda, Waze, e como o smartphone é uma ferramenta para a vida de um motorista de táxi. Eles ficavam impressionados. "Como assim? Estou falando com um gringo e o aplicativo traduz a conversa?" Foi aí que começaram a enxergar o valor da tecnologia na prática. Episódios assim permearam a história da 99. Sempre fomos muito próximos dos motoristas. Foi também nessa época que integramos o Waze na 99 e os ensinamos a usar. Desde o começo, acreditávamos que o melhor produto era a base para vencer a concorrência.

9
A hora do iPhone

PARA DIVULGAR O APLICATIVO, Ariel e Renato imprimiram panfletos explicando o funcionamento da 99 e foram às ruas abordar os motoristas. Compramos um espaço de meia página no jornal *Folha do Motorista*, o mais lido pela classe. Foi um de nossos pequenos investimentos com capital próprio. O jornal era recheado de anúncios, então a gente achava que mais um não saltaria aos olhos dos leitores. Então Ariel e Renato criaram algo diferente: contrataram um ilustrador para fazer tirinhas.

Uma delas era assim: numa bela noite, uma mocinha tenta pegar um táxi, mas não acha. Enquanto isso, o motorista dirige seu carro vazio. A ilustração mostra o mapa onde está um e onde está outro. Eles não se acham. Solução: 99Taxis. Realmente fez efeito. Motoristas começaram a se cadastrar. Ariel atendia cada um deles, tomava café com eles, mostrava o aplicativo e os ensinava a usar. Ele lembra que os motoristas adoravam falar sobre a vida deles. É uma profissão solitária. Quando você dá atenção, eles falam bastante. Receber feedback dos próprios motoristas era fundamental. Quando eles iam embora, o Ariel voltava para suas outras funções, incluindo o EbaH.

Desde o começo éramos meticulosos na conferência da documentação do motorista e do carro. Ninguém foi adicionado à nossa plataforma sem checagem da papelada, incluindo o alvará da prefeitura e a habilitação profissional. Se não tivesse o checklist completo, não estava liberado para buscar passageiros via 99. Ainda fazíamos um "nada consta" para detectar algum ilícito. Era uma missão quase impossível no Brasil, porque as fontes onde constam os passados criminais não estão interligadas. Ainda tem muita coisa em papel. Não há um banco de dados confiável que cruze informações de todos os estados. É preciso investigar, e, mesmo assim, o processo não é perfeito. Mas queríamos garantir o máximo de segurança. Era uma prioridade. Eu pensava nas famílias que usavam o aplicativo. Vários motoristas que dirigiam para concorrentes no Brasil não passaram no pente-fino da 99.

Paralelamente à 99, o EbaH já era um site nacional, não mais restrito à USP. Ele registrava 2,1 milhões de alunos e 152 mil professores cadastrados em todo o país. Estavam disponíveis ali 141 mil arquivos acadêmicos enviados pelos usuários, incluindo apostilas, anotações de aulas, listas de exercícios e monografias. O site recebia, na época, 10 milhões de visitantes por mês de todo o Brasil e de outros países de língua portuguesa. Mas o orgulho de Renato é que o site é autossuficiente, consegue atender todo o público sem que ninguém precise tomar conta. E ficou rodando de forma autônoma durante a vida da 99 — o EbaH foi vendido quase na mesma época em que vendemos a 99.

Ariel e Renato têm dez anos a menos que eu. Quando fundamos a empresa, eu tinha quase quarenta anos, Ariel, trinta, e Renato, 29. Eu brincava que meu papel na 99 era ser o adulto, garantir que as crianças não aprontassem demais na casa. Eric Schmidt, CEO do Google por diversos anos, definia o seu papel da mesma forma: "adult supervision". A referência era divertida. Schmidt tinha a experiência de lidar com investidores, de vender empresa, algo que Larry Page e Sergei Brin, os fundadores, não tinham. Minha passagem pela Endeavor me expôs a esse mundo, além das cinco empresas que eu criei antes da 99.

No lançamento da 99, no dia 1º de agosto de 2012, havíamos conseguido pelo menos cem motoristas rodando com o aplicativo por São Paulo. Com essa pequena frota nas ruas, começamos a divulgar a 99 por meio das redes sociais e de amigos: "Pessoal, lançamos a 99Taxis. Em vez de ligar para o ponto ou cooperativa, baixe este aplicativo, aperte este botão e o táxi vai aparecer para te buscar". No começo, as corridas ocorriam a conta-gotas. A gente monitorava e registrava.

Para Ariel, que sempre teve dificuldade para dormir, o aplicativo era mais um motivo de insônia. Ele tem o sono leve e começa a trabalhar cedo. É perfeccionista, quer que tudo esteja tinindo para o usuário. Não se satisfaz com o mediano. Passou aquelas noites em claro.

Em geral, quem trabalha com tecnologia são os primeiros usuários desses produtos. São conhecidos como *early adopters*. Conheço muitos. Então eu conferia a lista de passageiros para ver se algum conhecido meu tinha usado o aplicativo, ligava para a pessoa e perguntava como tinha sido. As pessoas perguntavam como eu sabia que elas haviam pegado o táxi. Eu contava que tinha criado a 99Taxis, estava acompanhando a qualidade do serviço e pedia feedback.

No começo, bastava se cadastrar com nome, telefone e e-mail, e o aplicativo rodava apenas no sistema operacional Android. Aquele era o tipo de celular que Renato e Ariel usavam, assim como a maior parte dos seus amigos. Eles estavam acostumados com o tipo de programação, principalmente a linguagem Java. O iPhone era novidade, e eles teriam que aprender do zero. No entanto, metade do nosso público usava iPhone. Era um problema que tínhamos que resolver rápido. Nessa época, o time de engenharia era o Renato, e só. Ter essa competência de tecnologia dentro de casa, um sócio assim, é de valor incalculável, porque ele vai virar duas noites e resolver o problema. Se você contrata um fornecedor, ele nunca vai fazer isso por você.

A linguagem do iPhone é totalmente diferente, não dava para reaproveitar nada do trabalho anterior. Os conceitos e a lógica de funcionamento são outros. É como escrever um livro em alemão e outro em francês. O conteúdo e a ideia são os mesmos, mas a forma de escrever é outra. Havia uma gambiarra para fazer o aplicativo para iPhone que Renato queria testar. Passava por utilizar uma tecnologia relativamente nova, o HTML5, algo como JavaScript. A proposta parecia interessante, porque rodava em qualquer smartphone, seja Apple, Google, Microsoft ou Nokia. Então Renato desenvolveu a 99 em HTML5 e subiu para a loja de aplicativos da Apple. Acontece que a Apple analisa os aplicativos, e se avalia que a experiência do usuário não é boa, não autoriza a venda. Foi inapelavelmente rejeitado. E tinha razão: o zoom do mapa dava uns trancos. Não era uma transição suave.

Na época, Mark Zuckerberg, CEO do Facebook, usava bastante o HTML5. O Facebook passava por uma grande transição, do desktop para móvel. Fizeram um investimento maciço no HTML5 para criar um aplicativo mais fácil de usar em todas as versões de celulares, com diferentes sistemas operacionais como Android, iOS e outros. Não deu certo. Ele resolveu jogar todo o conhecimento fora e reescrever tudo nativo, ou seja, unicamente para cada plataforma de smartphone. Numa ótima entrevista, ele falou que a experiência no HTML5 não era otimizada para cada aparelho, e isso não proporcionava a melhor experiência ao usuário. Ajudava a otimizar o custo dos desenvolvedores, criando uma plataforma única para todos os aparelhos, mas os prejudicados eram os usuários, que tinham uma experiência genérica, que não estava plenamente integrada ao seu aparelho. Isso não pode ocorrer numa empresa centrada no consumidor.

A experiência do usuário sempre deve ser o ponto de partida para a tomada de decisões. Zuck conclui: "Cara, o problema do custo é meu. Tenho que entregar a melhor experiência possível para todos os usuários em todas as plataformas. Mesmo que isso signifique ter cinco equipes diferentes para cada uma aqui dentro". Zuck abandonou o HTML5 e nós também. Fomos direto para o nativo, dobrando nosso esforço de desenvolvimento. Renato teve que aprender toda a plataforma do iPhone e desenvolver o aplicativo com essa linguagem.

Depois de lançarmos a versão para Android numa quarta-feira, corremos para fazer a do iPhone. Renato não sossegaria enquanto não tivéssemos um aplicativo decente para publicarmos na loja. Do dia em que foi rejeitado até a publicação da nova versão, não dormiu. Foram cinco dias intensos, começando tudo do zero. Ele baixou ferramentas da Apple e passou 72 horas aprendendo a programar, escreveu o código inteiro do aplicativo de passageiro, subiu o para a loja da Apple e foi dormir. Acho que ele só foi acordar uns dois dias depois, prazo que a Apple tinha para avaliar o aplicativo. Aí sim, aprovaram de primeira.

Em start-ups de tecnologia, você vai passar por esse tipo de situação em algum momento. E só o dono é capaz de resolver dentro do prazo.

Na terça-feira seguinte ao lançamento da 99, o aplicativo de iPhone estava pronto. A versão que Renato colocou na loja ficou quase um ano disponível, até formarmos uma equipe. Para o Renato, essa história simboliza muito do que fizemos na 99: dedicação integral ao trabalho para alcançar o que queríamos. Normalmente, demora-se para aprender uma plataforma nova. Ele não aprendeu a plataforma toda, mas o necessário para desenvolver o aplicativo. Mesmo assim, foi uma conquista gratificante para ele e para a 99.

Entrei oficialmente na 99 meses depois. Eu dava assistência e pitacos, mas decidi mergulhar de cabeça mais para o fim de 2012. Mesmo me dedicando em tempo parcial, investi algum dinheiro e dividimos as contas por três. Combinamos de ficar dessa forma até segunda ordem, e depois discutiríamos o que fazer. Eu estava voltando da Imperdível, decepcionado e frustrado. Não queria nem podia investir pesado. Na 99, eu tinha a liberdade de aparecer uma vez por semana, com um olho em outras oportunidades em paralelo, e deixar para rediscutir minha contribuição depois. Mas isso não aconteceu. Nos empolgamos, o produto funcionou e nem fizemos a reavaliação. Foi natural. Naquela época, cadastrávamos dois ou três motoristas por dia. Em alguns dias, nenhum.

10
Avenida Ceci

COMEÇAMOS AS OPERAÇÕES DA 99 no endereço onde Ariel e Renato já alugavam para tocar o EbaH, na Ceci. Era quase como a casa da canção do Vinicius de Moraes: "Não tinha teto, não tinha nada". A localização em São Paulo era boa para os taxistas pela proximidade do aeroporto de Congonhas e da avenida 23 de Maio. Ou seja, não era o endereço mais badalado da cidade, mas cumpria uma boa função.

Na época em que Ariel trabalhou no Google, em Dublin, ele acumulou 12 mil euros. "A minha pequena fortuna", lembra. Com esse dinheiro, começamos a fazer propaganda no Facebook e a gastar dinheiro em marketing. No fim, cada um dos três colocou por volta de 10 mil dólares no negócio. Foi todo o capital que entrou na 99 nos primeiros doze meses de operação. Tínhamos uma planilha determinando quem pagaria qual conta.

Pagávamos despesas, como a hospedagem da plataforma na Amazon e o disparo de SMS para validar números de telefone. É uma prática comum em projetos digitais. Primeiro o produto testado e, se ele começar a funcionar no mercado e tiver usuários, cria-se a empresa para explorar a oportunidade. Rodamos o aplicativo por alguns meses antes de abrir a 99. Não tínhamos receita, funcionários, nem imposto para recolher.

* * *

Quando eu estava na Imperdível, pedi conselhos a um mentor. Ele me disse algo óbvio mas útil: "Paulo, não sei se esse negócio de compras coletivas vai dar certo, não sei se é uma moda que vai passar ou se vai ser uma nova forma de fazer marketing para pequenos negócios. No entanto, uma coisa posso falar: se você está fazendo o mesmo jogo que o Peixe Urbano e o Groupon, mas com bem menos dinheiro, já sei que você vai perder. Te digo isso mesmo não sabendo se eles vão ganhar. Ou você levanta mais dinheiro que eles, e aí você ganha por ter mais recurso para investir, ou você joga um jogo diferente. A sua estratégia atual é suicida. Jogando o mesmo jogo com menos dinheiro, você certamente vai perder". Ele não podia estar mais certo.

Levei esse aprendizado para a 99. Fui derrubado na empreitada de compras coletivas. Cachorro mordido por cobra tem medo de linguiça. O pesadelo da concorrência excessiva me desanimava. Por isso, conversei bastante com Ariel e Renato para elaborarmos uma estratégia distinta, para que no prazo de seis meses não fôssemos pegos de calça curta com outros aplicativos fazendo a mesma coisa, mas com mais dinheiro. Isso já estava acontecendo no exterior. Era crucial começar o negócio com um diferencial. "A gente vai se espatifar quando chegar um pessoal mais endinheirado. Se nós não tivermos alguma vantagem competitiva, vamos perder", disse a eles.

Tecnicamente falando, um aplicativo de táxi é difícil de executar. Ambas as versões, de passageiro e de motorista, eram complexas. Era preciso desenvolver um sistema para conectar as pontas de maneira eficiente. A barreira de entrada era mais alta. Compras coletivas, por sua vez, era muito fácil — tanto que surgiram milhares de sites pelo Brasil. Um aplicativo de táxi requer um investimento maior e um time mais qualificado. É mais custoso do que criar uma página na internet para vender cupons.

Ao olhar para o mercado, vimos motoristas e passageiros. Em vez de investir no óbvio, ou seja, colocar anúncios no Facebook, divulgação e outras campanhas para captar usuários, optamos por encantar e fidelizar os motoristas. Era uma estratégia que demandava menos dinheiro

— mas exigia mais sola de sapato, mais carinho. Era preciso escutar e entender os taxistas. Íamos de ponto em ponto, parávamos o carro, descíamos e trocávamos um dedo de prosa. Mostrávamos o aplicativo, e começamos a criar um relacionamento com eles. Essa fidelidade foi um dos pilares que fez a 99 dar mais certo do que os outros. Os concorrentes não faziam isso. Focar no motorista nos trouxe diversos benefícios, incluindo o cuidado com o aplicativo que eles usavam. Os concorrentes focavam mais no passageiro e se esqueciam da versão do aplicativo para o motorista. Nós deixamos tudo bem funcional para o taxista. Por isso preferiam a 99.

Até onde sei, o primeiro concorrente que montou operação no Brasil, já em 2012, se chamava SaferTaxi. O fundador vendeu essa ideia nos Estados Unidos para lançá-la no Brasil, na Argentina e no Chile quase ao mesmo tempo. Ele começou a rodar primeiro em São Paulo, enquanto a EasyTaxi estreou no Rio de Janeiro. O empreendedor da SaferTaxi, Clemens Raemy, fez MBA em Harvard e levantou dinheiro de gente bacana do Vale do Silício e da Kaszek, fundo criado por fundadores do Mercado Livre.

Na época, surgiu também o TáxiJá, depois comprado pela UOL. Ainda tinha o Vá de Táxi, aplicativo da seguradora Porto Seguro. O mercado era bem competitivo desde o começo. Tínhamos uns quinze concorrentes. Nunca navegamos sozinhos, sem concorrência. Ainda surgiu a Resolve Aí, uma empresa do Rio, que focou nas cooperativas. Ao abordar cada uma, eles imediatamente aderiam seiscentos motoristas na plataforma. Para nós era uma estratégia errada, porque a grande sacada da tecnologia era justamente eliminar o intermediário, a central — ou seja, a própria cooperativa. De fato, a abordagem deles não deu certo.

Tinha também o TaxiBeat, de um grego que levantou dinheiro de diversos investidores, incluindo um brasileiro. Era um aplicativo que havia conquistado as mulheres no início porque o modelo de seleção do motorista, além da proximidade, mostrava a foto. Ao escolher o motorista, elas tinham uma sensação de segurança. Elas, certamente, escolhiam o mais bem-apessoado ou que tinha um carro melhor. Aquilo parecia promissor, mas estava fadado ao fracasso: se a passageira for escolher o motorista mais arrumado, mas que vai levar quinze minutos para chegar, o aplicativo não consegue atender tanta gente, e o negócio não adquire escala. A mágica é "vou clicar um botão e aquele motorista, dentre os 35 mil licenciados da cidade, que estiver mais perto de mim vai me pegar, e em dois minutos estou dentro de um carro".

Um aplicativo que deixa o passageiro escolher o motorista aniquila a razão de existir. Por exemplo: muita gente tinha motoristas de confiança, mas quando ligava para ele, descobria que estava do outro lado da cidade e demoraria quarenta minutos para chegar. Isso não faz sentido. A plataforma do aplicativo foi criada para oferecer um bom motorista perto de você. A curadoria deveria ser feita pelo aplicativo com as notas e avaliações dadas pelos próprios usuários. Mesmo com essa imensa concorrência, nossa estratégia, nosso produto e nosso time nos fizeram ganhar escala mais rápido do que os outros. Em meio a diversos outros aplicativos, grandes marcas, dinheiro, milhares de clientes na carteira, não estava óbvio que a 99 iria se destacar e liderar o mercado.

Um motorista podia rodar com todos os aplicativos se quisesse. E nós, na 99, tínhamos como saber. Do nosso aplicativo podíamos ver quais concorrentes estavam instalados no mesmo aparelho. Então a gente mapeava a concorrência e construía uma inteligência competitiva. O motorista recordista tinha dez deles instalados em seu celular. Era uma boa forma de analisar a penetração dos demais aplicativos, o aumento ou a diminuição de preferência de cada empresa do segmento, e como a 99 estava indo em relação a elas.

Quem nunca empreendeu em geral não descobriu que o verdadeiro valor da empresa está na execução, nos anos de trabalho árduo e na criação de um time excepcional. Em geral, recomendo às pessoas com ideias "incríveis e inéditas" uma simples busca no Google ou nas lojas de aplicativos: elas logo se dão conta de que a "sua" ideia já está sendo executada por dezenas de times de empreendedores no mundo todo.

11
Dedique-se de coração

A EASYTAXI PAGAVA BEM SEUS FUNCIONÁRIOS, certamente melhor do que a 99. Mas o ambiente de trabalho parecia conturbado. Muitos reclamavam da falta de propósito da empresa. Apesar do nome, a EasyTaxi nasceu no Brasil. Para entendê-la, tenho que falar da alemã Rocket Internet, uma espécie de fundo de investimento que criava suas próprias empresas dentro de casa. Em geral, copiavam modelos de países desenvolvidos e os lançavam em países emergentes. Contratavam então um "fundador" ou CEO, que recebia um bom salário para começar uma empresa do zero, mas com um aporte financeiro relevante.

Neste caso, o empreendedor — na verdade, um funcionário com opção de ações — não assume grandes riscos. Ganha um salário de partida, tem toda a estrutura, know-how e dinheiro fornecidos pela Rocket. Ou seja, apesar do título de fundador, ele não é como o empreendedor que abre mão de toda remuneração e até arrisca seu patrimônio para colocar uma companhia de pé. Esse modelo faz sentido para pessoas inexperientes que querem aprender a construir um negócio novo com segurança.

A Rocket injetava altas cifras para escalar rápido e depois tentava vender a empresa para o peixe grande, o americano endinheirado que inventou o modelo, mas não teve tempo de expandir sozinho para o resto do mundo. Eles criaram a empresa de compras coletivas CityDeal na Alemanha, um clone do Groupon na Europa. Conseguiram vender para o Groupon e ainda montaram a operação de compras coletivas no Brasil. Usaram esse mesmo modelo em vários outros negócios em diferentes países. Mas a cultura sempre foi alvo de críticas do mercado e dos próprios funcionários, tanto na sede alemã quanto no Brasil.

No mercado de táxi foi um pouco diferente. Como eles não tinham conhecimento de aplicativos móveis, resolveram comprar o controle da recém-criada EasyTaxi. Viraram donos da companhia logo de saída, quando o aplicativo tinha poucos usuários, deixando apenas um percentual pequeno para os fundadores. Um deles era o mineiro Tallis Gomes, que a Rocket juntou com um de seus executivos, Dennis Wang, que já tinha experiência em outros negócios do grupo, e depois expandiu o restante do time. Injetaram milhares de dólares na empresa, enquanto a gente tinha levantado 1 milhão de dólares, entre a Monashees, a Qualcomm e alguns investidores-anjos. A diferença era imensa. A EasyTaxi tinha dinheiro para fazer campanha e divulgação — nós não. Mesmo sem uma injeção de investimento comparável, tínhamos um ativo sem preço: um time melhor e mais comprometido. Por lá imperava uma cultura mais comercial, focada na remuneração.

Na 99, a equipe compartilhava do nosso sonho. Buscava, de verdade, construir uma história a longo prazo. Boa parte do time abriu mão de salários mais polpudos para se juntar a nós. A gente ralava muito, dava prioridade aos clientes, às relações com todas as pontas envolvidas na start-up e a todas as questões do negócio. Adoro o título do livro de Howard Schultz, então CEO da Starbucks: *Pour Your Heart Into It* [Dedique-se de coração]. O compromisso de "despejar o coração" naquilo que se faz não prevalecia na EasyTaxi. Na 99, montamos uma equipe nesse perfil. Agregamos gente jovem, talentosa, engajada e alinhada aos nossos valores. Essa filosofia acabou fazendo a balança pender a nosso favor, compensando a escassez de recursos.

As start-ups de tecnologia têm uma dinâmica de gestão completamente diferente das empresas tradicionais. Essa forma de trabalhar foi difundida pelos desenvolvedores de softwares. Sua preocupação com agilidade e eficiência contagia a empresa inteira. Para entender, voltemos um pouco na história. Há vinte anos, a criação de um software partia com um processo detalhado e demorado chamado análise de requisitos: era preciso entender as necessidades dos usuários e chegar a um acordo entre todos os envolvidos. Levava meses de reuniões infindáveis.

Com o mapa definido, partia-se para o desenho do banco de dados. O que se guardaria ali? Endereços dos usuários, ficha cadastral do produto, a tabela das transações com datas de compra dos produtos. Depois, codificar na linguagem do software. Assim, há duas décadas, a criação de um sistema complexo como o da 99 exigia um ou dois anos. E ainda havia a infraestrutura para rodar tudo: a quantidade de servidores para armazenar o banco de dados, a compra e instalação dessas máquinas, a configuração do backup, o nobreak para impedir interrupções bruscas de energia. Era um negócio colossal, caro e lento.

Quando o software estava pronto, dois anos depois, já não servia para nada. A fila tinha andado, as pessoas queriam outras coisas, o negócio tinha mudado. Era um modelo irracional, caríssimo e ineficiente. Esse era o statu quo para grandes projetos de software, que acabavam gerando mais problemas do que soluções. Então os desenvolvedores começaram a discutir novas alternativas e a criar metodologias diferentes.

No fundo, é uma questão de simplificar o processo e acelerar sua execução, de dividir problemas grandes em menores e resolver uma coisa de cada vez, antes de seguir para a etapa seguinte. Dessa forma, usa-se mais tempo na execução do que no planejamento. O ciclo do processo passa a ser rápido: em vez de se arrastar por checkpoints anuais, pensa-se em trimestres, meses, semanas ou até dias. Na 99, listávamos as prioridades da semana e atacávamos uma a uma. Numa semana a tarefa era "armazenar todos os endereços", noutra, "instalar um novo meio de pagamento". Sempre havia mais a ser feito, e às vezes não era possível liquidar uma determinada tarefa em sete dias. Mas a disciplina de atacar problemas pequenos a curto prazo permite que a equipe chegue mais rápido a um protótipo funcional.

Esse estilo de trabalho fez com que a indústria de software ficasse mais eficiente, produtiva e rápida. Por sua vez, muitas empresas tradicionais ainda caminham no ritmo do passado, com planejamentos plurianuais e orçamentos anuais, indicando quanto podem gastar e quem vão contratar. Em setembro ou outubro do ano anterior, o time de gestão propõe um plano, que deve ser aprovado pelo conselho gestor da empresa. Ali estão incluídos investimentos, contratações, metas e bônus. O processo leva semanas ou meses. Chega primeiro de janeiro a cada ano, tem-se o plano "perfeito" com tudo que deve ser executado até 31 de dezembro. Não deve ser modificado de forma alguma.

As start-ups de tecnologia, incluindo a 99, perceberam que esse modelo de gerir a empresa inteira é lento, burocrático e complexo demais. As decisões são tomadas por quem está longe da linha de frente. As start-ups de tecnologia absorveram do time do software a cultura da agilidade, de trabalhar com equipes pequenas e multidisciplinares em vez de grandes e compartimentadas. Nos anos 1980, a Microsoft alocava cerca de quinhentos funcionários para fazer o Windows. O Google raramente trabalha com um time de mais de cinco pessoas para resolver determinada questão. Eles quebram um grande problema em dezenas de problemas menores e destacam cinco pessoas para atacar cada um deles. Nos últimos dez a quinze anos as start-ups de tecnologia passaram a copiar essas metodologias para todas as outras áreas do negócio: marketing, planejamento financeiro, recursos humanos, a operação inteira.

Eu costumava repetir para o time da 99 que a gente iria refundar a empresa a cada três meses. Aquele era quase o horizonte máximo de planejamento. Tínhamos planos para o futuro, mas o quebrávamos em trimestres para que as equipes definissem suas prioridades e prazos. Dessa forma, a empresa responde com maior agilidade ao mercado, aos problemas, e está constantemente em teste. A única certeza é que tudo muda, por isso flexibilidade é essencial. Uma hora você tem dinheiro, outra não tem mais? É hora de ajustar os planos. O produto que você achou que iria pegar não vingou? É preciso replanejar. Mudanças na concorrência? Vamos readaptar a estratégia.

A tecnologia sempre foi uma área de excelência da 99. Mas há, por exemplo, uma grande diferença entre um aplicativo de jogo, que é um negócio cem por cento digital, e um aplicativo de táxis. O nosso negócio é uma ponte entre o mundo digital e o real. Trata-se de uma empresa híbrida, cuja porção digital é forte. Mas não é um negócio apenas de tecnologia. Há uma operação grande, muita gente em campo cadastrando motoristas, além de toda a conferência de documentação envolvida. Há uma parte off-line pesada e fundamental para a operação. Por fim, há o controle de qualidade do serviço final, que é prestado pelo taxista, não pela 99. Quem dirige o táxi são motoristas cadastrados pela prefeitura.

Quando o passageiro pedia um táxi pelo aplicativo, a tecnologia da 99 mandava um chamado para todos os cinco motoristas mais próximos. O motorista tinha trinta segundos para aceitar a corrida. Ao final dessa janela o desempate era feito pela estimativa do tempo que cada motorista levaria para chegar ao usuário. Para o motorista, a fórmula era ótima, porque ele rodaria vazio por menos tempo até o passageiro. Apesar de ser um desafio de design e programação, esse princípio reforçava o foco nos motoristas, que também achavam esse sistema mais justo. Não faz sentido atribuir uma corrida para um motorista que está a vinte quadras do passageiro se outro está ao lado dele. Quem está mais perto leva.

Desenvolvemos um algoritmo mais inteligente para fazer essa escolha, e isso nos permitia que, com a mesma frota, chegássemos ao passageiro mais rápido do que a EasyTaxi. Eles desenvolveram um modelo bem mais simples de executar, que também mandava chamada para vários motoristas. O primeiro que clicasse ganhava a corrida, mesmo se estivesse a dois quilômetros do passageiro e o outro estivesse a cinquenta metros. Era um sistema pior: a competição era pela rapidez de apertar o botão.

No início, o passageiro da EasyTaxi tinha que esperar quinze minutos em vez de quatro ou cinco na 99. Isso resultava em um número maior de cancelamentos na plataforma da EasyTaxi, o que era um problema. O passageiro acabava encontrando alternativa antes de o táxi chegar e cancelava a corrida. E o taxista, que já estava a caminho, ficava bastante chateado. Muitos acabavam pegando um passageiro na rua, com medo de rodar mais dez minutos até chegar no passageiro do aplicativo e não o encontrar.

Problemas de GPS, como margens de erro no endereço enviado, ocorrem em todo lugar. Mas encontramos uma solução. O GPS estimava a localização do usuário; se a estimativa fosse imprecisa, podia ser corrigida manualmente. Uma vez que esse número fosse ajustado, o aplicativo era esperto o suficiente para guardar o endereço sempre que o GPS passasse por ali, mandando a informação correta para o motorista.

Conseguimos fazer tudo no primeiro ano da empresa com pouca ajuda externa. Isso nos diferenciava da concorrência, que muitas vezes tinha que terceirizar fornecedores. Na 99, quando havia qualquer problema com o aplicativo, não era necessário "falar com o departamento de tecnologia": o time de tecnologia ainda eram Renato e Ariel, que usavam o produto diariamente. Não existia um fluxo de "ter que pedir para fazer" porque eles acompanhavam o que estava acontecendo. Antes de lançar para o público, eles circulavam de carro pela cidade testando a 99, um com o telefone do motorista e o outro com o do passageiro. Como se diz no mercado de tecnologia: *Eat your own dog food* [coma sua própria comida de cachorro]. Seguimos o lema à risca.

Quando a empresa começou a expandir, mantivemos o hábito como parte da cultura. Nossos funcionários também usavam a 99 como passageiros, avaliando o aplicativo e os motoristas. Até oferecíamos um desconto para incentivar o uso. Com essa prática, nasceu uma lista gigantesca de melhorias e recursos a implementar, que chamamos de *product roadmap*, o itinerário de desenvolvimento do produto.

Como em qualquer start-up, ou mesmo em empresas maiores, a lista de afazeres só fazia crescer. Lançávamos uma versão nova do aplicativo por semana. Qualquer coisa que atrapalhasse a experiência do motorista e do passageiro era corrigida rapidamente. O Ariel não cansava de ler os reviews de passageiros no site da Apple. O desafio não era ter ideias novas para o produto, mas priorizar e atacar as pendências da melhor maneira possível.

12
Momento de investir

EM JANEIRO DE 2013, O MOVIMENTO de taxistas cresceu na 99 — apareciam vinte cadastros novos por dia. Foi quando o negócio decolou. Ou, na linguagem das start-ups, tracionou. O passageiro fazia o cadastro pelo celular e mandávamos um sms com o código de validação. Para evitar o gasto de cinquenta centavos por sms, adquirimos um plano de celular pré-pago com sms de graça.

Ariel recorreu a um telefone Android, da época do Google, e Renato o programou para disparar os sms. Toda vez que alguém se cadastrava, a notificação chegava nesse celular, que disparava a mensagem para os usuários. Os motoristas também se cadastravam dessa forma, embora em ritmo menor. Nosso plano foi cancelado porque a operadora entendeu que era um volume muito grande de mensagens de texto para uma pessoa física. A solução, então, foi pegar mais uns quatro ou cinco chips e alternar entre eles, o que funcionou por algum tempo. Mas o sistema caía, e perdemos clientes porque o usuário não conseguia se cadastrar. Começamos a usar um serviço que cobrava quinze centavos de dólar por sms enviado. Essa era a maior conta que tínhamos na 99.

Em março, avaliamos que a 99 estava caminhando bem e resolvemos apostar no longo prazo. Aqueles 10 mil dólares que cada um dos três fundadores havia investido nos permitiram iniciar as operações em São Paulo e desenvolver o produto. Mas já não eram suficientes. Expandir pelo Brasil sem dinheiro? O caminho natural era buscar *venture capital*. Na verdade, primeiro precisávamos de um CNPJ para contratar funcionários e fornecedores, e para recebermos investimentos de fundos. Sem CNPJ é possível receber dinheiro de amigos e da família, mas não de fundos de investimento. Isso requer um grande grau de formalismo. O gestor do fundo representa o dinheiro de um grupo de investidores e é obrigado a garantir certos requisitos, incluindo que a empresa esteja constituída. Em maio, tínhamos nosso CNPJ em mãos.

Mesmo com dinheiro aplicado na conta, o banco não quis fornecer cartão de crédito para uma empresa com CNPJ tão recente. Alegamos que não queríamos uma linha de crédito vultosa, apenas um cartão de crédito para pagar pequenas despesas como os vinte dólares da hospedagem do site da 99. Mas não tinha conversa. Tivemos que ficar reembolsando despesas por alguns meses. Hoje existem cartões pré-pagos, algo que teria funcionado muito bem na época.

Quando sugeri buscarmos investidores formais, Renato e Ariel torceram o nariz. Achavam que *venture capital* só daria trabalho e traria ingerência e cobranças excessivas. Entendiam que seria útil ter mais dinheiro, mas não a dor de cabeça que o acompanhava, então queriam o mínimo de exposição. Eles só concordariam se eu negociasse tudo, coordenasse com os advogados e levasse apenas uma página de papel para eles assinarem. Não seria um problema. Eu já estava acostumado a lidar com investidores e tenho jogo de cintura: consigo extrair uma boa contribuição deles preservando a agenda da empresa e um bom relacionamento entre todos. Concordei que era melhor a dupla ficar focada no negócio e deixar essa questão a meu cargo.

Eu já tinha um bom relacionamento com a Monashees, o fundo de *venture capital*, desde os tempos de Endeavor. No fim do meu mandato, eles estavam iniciando seus negócios. Cheguei a conhecer o Eric Acher, um dos criadores do fundo, na época. Vale lembrar também que foi para eles que Ariel e Renato apresentaram o piloto da 99. No Brasil, havia bem poucos fundos de *venture capital* com a mentalidade do Vale do Silício. Hoje existem mais — no entanto, o número é incomparável à disponibilidade nos Estados Unidos. Um dos principais fundos que investem na América Latina é o Kaszek Ventures, que apostou na SaferTaxi, então não serviria para a 99 naquele momento. A Redpoint Ventures veio em seguida, e talvez seja o único fundo da Califórnia a ter montado uma operação estruturada com dinheiro e diversos sócios locais operando no Brasil para o longo prazo. A Astella, fundo brasileiro criado mais recentemente, também faz um ótimo trabalho. Alguns outros surgiram no país nos últimos dez anos.

A Monashees teve um papel relevante no aquecimento do ecossistema de empreendedorismo de alto impacto no Brasil. Seus investidores sofreram muito no início, pela escassez de empreendedores qualificados, mas agora estão colhendo bons frutos do pioneirismo. Carlo Dapuzzo, um dos sócios da Monashees, estava buscando oportunidades para investir em *marketplaces*, e procurou Ariel e Renato para ver o que estavam aprontando. Fui à reunião com eles.

As condições de investimentos de *venture capital* são sempre muito duras para os empreendedores. O investidor tem preferências, então em alguns casos ele pega o dinheiro de volta e deixa o empreendedor a ver navios. Há motivos para oferecer proteções ao investidor. Um deles é evitar salários desproporcionais aos valores do investimento ou ao momento da empresa, ou que empreendedores mudem a natureza do negócio ao enfrentarem dificuldades de implementação ou desavenças entre sócios. Ou seja, é natural que o investidor tenha alguns poderes de veto.

Recebemos a carta de intenções da Monashees. Falei para Ariel e Renato que eles precisavam entender o básico dos termos. Eu não podia resolver isso por eles. Era necessário estar conscientes dos nossos compromissos, saber do que estávamos abrindo mão, quais os direitos dos investidores e que preferências eles teriam em relação a nós. A decisão deveria ser tomada em conjunto, pois teríamos que conviver com suas consequências durante toda a vida da empresa. Gastaríamos algumas horas para todo mundo estar na mesma página. Caso contrário, dentro de um ou dois anos, eles me questionariam: "Como aconteceu aquilo?". Não era preciso ler as cem páginas do contrato — apenas as três ou quatro que detalhavam os principais direitos e deveres de cada um. Toparam.

Não havia muitas opções e já gostávamos da Monashees e da reputação que eles tinham. Eles acreditavam na nossa equipe e no potencial do mercado. Além disso, promovem alguns eventos em que colocam diferentes empreendedores em contato. Há uma grande troca de informação quando aparecem problemas similares entre eles. É uma ajuda muito bem-vinda.

Os termos da Monashees eram razoáveis para os empreendedores, dentro do contexto convencional para esse tipo de transação. Expliquei isso a Ariel e Renato, contratei um advogado e assinamos a carta de intenções. Um mês e meio depois, o acordo estava fechado. Na verdade, atrasou um pouco por alguma burocracia operacional. Com a demora, faltou caixa. Então emprestei 100 mil reais para o caixa da 99 para pagar os salários. Logo que entrou o dinheiro da Monashees no mês seguinte, resgatei o empréstimo e tudo ficou mais tranquilo.

Os nossos dois primeiros contratados foram jovens que trabalharam em atendimento e assumiram a linha de frente, recebendo e cadastrando os taxistas, e instalando o aplicativo em seus telefones. Em julho de 2013, trouxemos o Pedro Somma para a 99. Pedro era conhecido do Ariel. Ele ingressou na Poli, mas se desencantou, mudou o rumo e acabou se formando em Relações Internacionais. Foi estagiário na Natura, chegou a ser efetivado, mas preferiu seguir a carreira mais próximo ao empreendedorismo. Então seguiu para a EasyTaxi. No entanto, essa experiência durou exatos 28 dias. Não concordou com os valores da empresa. Saiu e resolveu tirar uns dois ou três meses para descansar. Mas isso também não durou muito. Ariel já tinha me falado do Pedro, quando ele ainda estava na EasyTaxi — na época, eu não tinha nenhum interesse de falar com ele. Mas quando soubemos que ele tinha saído, mandei um e-mail. Aquela era a primeira semana de folga dele. Ou seja, seus planos de férias foram por água abaixo. "Oi, sou o Paulo, fundador da 99, e gostaria de conversar com você", escrevi. Estávamos buscando alguém para ajudar com questões básicas de operação, administrativas e financeiras. A empresa só tinha umas dez pessoas, e, assim como todos naquela fase, o Pedro era qualificado demais para as tarefas de curto prazo.

Ao receber meu e-mail, Pedro, de apenas 26 anos, entrou em pânico. Tinha gente na EasyTaxi que pintava a 99 como um bicho-papão sem escrúpulos. Conversar comigo era quase impensável. Após a resistência inicial, ele ingressou na nossa empresa, abraçou a nossa cultura e aos poucos seu medo deixou de ser "se iria gostar da 99 ou não" para virar "se a empresa iria dar certo ou não". Ele viu logo a diferença de diretrizes: estávamos ali sem grana, pensando num produto incrível e criando bons relacionamentos com os funcionários, motoristas e passageiros.

Gostei do Pedro. Não buscávamos um cara com dez anos de experiência ou mesmo com um diploma de MBA. Evitávamos burocratas, que demandam mundos e fundos, além de exigirem uma equipe para executar qualquer tarefa, sem garantir bons resultados. As empresas grandes pecam em não avaliar a capacidade de resolução de problemas de seus candidatos. E o ambiente de start-ups é desafiador: não tem suporte, não tem secretária, não tem nada. O bem-feito é muito melhor do que o bem explicado. É o contrário da mentalidade de que "não dá para fazer", "precisa de muito mais dinheiro para chegar naquele resultado", ou "não dá para expandir o negócio por dez cidades em três meses", típico dos profissionais que criam um PowerPoint à prova de balas só para provar que "não dá para fazer". Enquanto isso, há quem vá lá e faça. É o tipo de gente que "sem saber que era impossível foi lá e fez".

São formas diferentes de olhar os problemas e gerir um negócio. As start-ups que dão certo são assim, inclusive as do Vale do Silício e dezenas de brasileiras. Isso não é exclusividade da 99. O modelo de gestão segue a filosofia de dar autonomia às pessoas. Todo mundo é um pouco dono da sua área. É um modelo descentralizado, pouco hierárquico, em que se delega o poder de resolver problemas.

13
Mão na massa

NOS PRIMEIROS ANOS, TODO MUNDO FAZIA de tudo na 99. O trabalho era simples, mas já procurávamos trazer gente jovem e capacitada para erguer uma empresa especial. No longo prazo, precisaríamos de profissionais qualificados — embora ainda não soubéssemos para quê. E tinham que ser pau para toda obra. Pedro, por exemplo, não tinha rotina. As atividades mudavam semanalmente. As tarefas se sofisticavam, contratávamos mais pessoas na medida da necessidade.

Embora o gargalo de expansão da empresa fosse o cadastro de taxistas, jamais abrimos mão de conferir minuciosamente a documentação, ao contrário de alguns concorrentes. Pedro chegou a comentar que a 99 sacrificava seu crescimento em nome de atender bem cada taxista. Tínhamos que checar inúmeros tribunais regionais. Há pessoas que têm duas carteiras de identidade, em estados diferentes. Descobrimos uma então pequena start-up brasileira, a IDwall, que proporcionava formas inovadoras de validação de documentos. A 99 foi um dos clientes que mais ajudou essa empresa a crescer. Identificação de pessoas e checagem de antecedentes são um mercado em ascendência. Infelizmente no Brasil ainda temos uma dificuldade enorme em checar informações.

* * *

O investimento também permitiu a expansão para outras cidades. Trouxemos Juliano Fatio, que trabalhou na empresa de comércio eletrônico b2w e no e-commerce da editora Abril, para a empreitada. Sua história era singular: ele havia passado os dois anos anteriores viajando pelo mundo só com uma mochila. Quando o dinheiro acabava durante a viagem, ele limpava barcos em marinas para ganhar uma graninha e continuar. Isso foi antes do Airbnb. As pessoas ofereciam o sofá de casa para viajantes, na maioria das vezes, de graça, pelo prazer de ter gente nova em casa. Ninguém em sã consciência contrataria um sujeito que havia acabado de voltar de dois anos de diversão. Mas ele era exatamente o perfil de que a gente precisava: cara de pau, Juliano se desvencilha de problemas e se vira em qualquer situação. Ele era perfeito para expandir a 99 por diferentes cidades.

"Juliano, o negócio é o seguinte: precisamos fincar bandeira nas dez maiores cidades do Brasil em três meses. Esse é o seu desafio inicial", eu disse.

"Quais são os recursos? Quem é a minha equipe?", ele me perguntou.

"Os recursos são você. Vamos te dar um celular e você vai. Passa uma semana na cidade, contrata alguém lá, treina a pessoa durante essa semana na rua. Mostra para ele como recrutar um motorista, já cadastra um monte deles, e parte para próxima cidade", expliquei. "Você assistiu *Guerra nas estrelas*? Se lembra do Ataque dos Clones?", perguntei.

"Claro!", ele respondeu, como quem gostava da história.

"Então, é o que precisamos fazer. Cria um clone seu em cada praça, e o exército dos clones vai dominar o Brasil todo!"

"O.k. Por qual cidade eu começo?"

"Não faz a menor diferença a ordem das cidades. Vai para onde você tem amigo, onde você tem sofá. Você precisa fazer dez cidades em três meses, incluindo Rio de Janeiro, Porto Alegre, Curitiba, Belo Horizonte, Salvador, Recife e Fortaleza."

"Estou perguntando sério, por onde começo?"

"É sério. Tanto faz a ordem, precisamos operar nas dez cidades em noventa dias", reforcei.

O Juliano adorava contar essa história porque soava maluca. Como é que a empresa prioriza a expansão a partir das cidades onde ele tinha conhecidos? Mas foi assim mesmo. Não gastávamos tempo com besteira. Contratamos o Juliano numa terça-feira e no dia seguinte às seis da manhã ele já estava no carro do Ariel para ir ao Rio de Janeiro colocar um estande da 99 no aeroporto Santos Dumont para recrutar os taxistas. Eles ficaram uns dias por lá, depois Ariel voltou e Juliano continuou por semanas. Deu supercerto.

Expandimos pelo país por um custo baixíssimo, sob o comando de um mochileiro atirado, que não sabia patavinas de tecnologia, e não tinha ideia de como usar um smartphone. Na verdade, nem perguntamos isso na entrevista de contratação. Para mim, era dado que um cara de 27 anos dominasse o aparelho. Mas não era o caso. No primeiro dia no aeroporto Santos Dumont, Ariel pediu a ele que mostrasse um smartphone para uma rodinha de taxistas ver como funcionava o aplicativo. Mas o próprio Juliano não sabia. Aprendeu.

Esse foi um dos meus maiores aprendizados nos tempos de Endeavor, colocado em prática com toda força na 99: gente jovem, motivada e talentosa, aprende rápido. Não tem tempo ruim ou desafio insuperável. Com brilho nos olhos, encara a tarefa, encontra os caminhos e resolve. Eu ficava imaginando que alguns concorrentes levavam semanas, diversas reuniões e um monte de apresentações para definir o plano de expansão. Enquanto isso, desbravávamos o Brasil sem investir quase nada.

Esperávamos juntar um bom número de motoristas antes de divulgar aos passageiros. Certa vez, o Juliano instalou o aplicativo para um motorista. Enquanto ele testava, o aplicativo apitou: já havia um passageiro. O motorista saiu dali e foi buscar seu primeiro cliente da 99. Depois de uns quinze minutos, o motorista ligou para Juliano para dizer que tinha um passageiro "de verdade" esperando por ele. Ele não acreditava que fosse possível, que aquilo fosse real. O motorista estava maravilhado. Parecia mágica — para o motorista e para o passageiro. Certa vez, inclusive, alguns motoristas reclamaram de passageiros que pediam táxis repetidamente. Descobrimos que tratava-se de uma criança, que achava que o aplicativo era um game.

Chegamos a mandar o Juliano para Lima, no Peru, para fazer um piloto. Ele fez a viagem da mesma forma: chegou em Lima, foi para a rodoviária e em poucas semanas já tinha contratado um gerente geral, além de cadastrar mil motoristas no aplicativo da 99. Imagina que a TaxiBeat chegou no mesmo mês que a gente e ficou catando escritório na cidade. Dane-se o escritório!

As prioridades eram completamente diferentes. O jeito tradicional de pensar é defasado, ainda mais no meio digital. Enquanto um empreendedor mapeia o que realmente precisa "agora" — no nosso caso, cadastrar motoristas —, o outro vai atrás de contratação de escritório de advocacia, constituição de empresa, busca de sede. Depois contrata um gerente local para definir a estratégia. Nada disso é prioridade para um empreendedor. Ao expandir, dizíamos que queríamos "novas Cecis". Até inventamos uma sigla: Ceci, Centro Especial de Condutores. Tinha Ceci Rio, Ceci Porto Alegre, Ceci Fortaleza e por aí vai. Enquanto Juliano expandia nossa presença pelo Brasil, Ariel e Renato ficavam no quartel-general, melhorando o aplicativo.

Os pilares de uma start-up se resumem à combinação, ou convergência, dos valores dos fundadores. Quando trabalhamos lado a lado, na mesma sala, esses valores e comportamentos se propagam rapidamente, porque o time observa como os fundadores tratam os demais, resolvem problemas, falam ao telefone, atendem aos motoristas. O desafio começa quando o time aumenta, quando passamos de uma sala para duas, depois três. Quando há dois escritórios, o problema aumenta. Com duas cidades, piora. Dois países, nem se fala.

Ainda assim, é fundamental fazer o possível e o impossível para manter esses pilares intactos, sobretudo em um modelo que dá muita autonomia para o time e incentiva a equipe a decidir de forma independente e valoriza o funcionário que se mostra capaz de dominar sua própria área, tudo combinado à capacidade de *accountability*, de prestar contas. Não é possível prever todos os problemas, mas antes de eles surgirem é fundamental ter uma base sólida sobre as quais as pessoas possam tomar decisões consistentes. Entre o certo e o rápido, priorizar o certo. Diferentes pessoas abraçam diferentes valores, mas é fundamental que, dentro de uma empresa, haja consistência. Os mesmos valores têm que ser seguidos por todos.

14
Pagando pela corrida

DESDE O INÍCIO DA 99, ARIEL, Renato e eu sabíamos que era importante construir uma boa relação com o governo, embora não tivéssemos experiência com isso. A abordagem da 99 era clara: ser proativo e construir juntos. Em 2013, fui à prefeitura, procurei o chefe do departamento de transporte público, apresentei-me e expliquei o que a gente fazia.

"Estamos constituídos aqui em São Paulo", eu disse. "Estudamos o regulamento de táxi. Todo motorista cadastrado no aplicativo passou pela nossa checagem referente à regulamentação da prefeitura, garantindo que ele está autorizado por vocês a prestar o serviço. Quando há algum documento com data vencida, falamos ao motorista para renová-lo antes de voltar a usar o aplicativo da 99. Quem não renova é suspenso da plataforma."

Sempre fomos caxias. Para nós, era uma questão de segurança pública. Cada cidade tinha um padrão diferente de registro e documentação, mas sempre exigimos a validação de toda a papelada antes de liberar o motorista na plataforma.

Forma de pagamento no táxi também era outro assunto em pauta. Dinheiro era a forma preferencial dos motoristas, mas desde cedo incluímos no aplicativo a opção de cartão de crédito ou débito. Só enviaríamos a esses passageiros táxis com as maquininhas. Em São Paulo, apenas um quarto da frota recebia dessa forma. Nas outras cidades, a proporção era ainda menor. Fomos o primeiro aplicativo a listar os táxis que dispunham dessa opção. Era simples de fazer, mas de grande valor ao passageiro. A equipe de tecnologia da EasyTaxi levou meses até conseguir nos copiar. Isso ajudava a migrar mais passageiros para a 99.

Antes da 99, pagamento com cartão de crédito no táxi gerava desconforto e desconfiança aos motoristas, talvez pela incerteza de quando eles seriam pagos. Além disso, diversos taxistas reclamavam das taxas cobradas pelas empresas de cartão. No mesmo ano, 2013, buscamos integrar o pagamento no aplicativo — ou seja, o pagamento das corridas iria passar pela 99. Nós iríamos fazer a ponte entre o passageiro e o motorista. Conversamos com muitas empresas que capturam pagamentos para e-commerce, incluindo a Cielo e a Rede, mas, até aquele momento, nenhuma tinha uma boa solução para celular. (Aliás, até hoje são insatisfatórias.)

As melhores plataformas tinham um índice de aprovação de transação que beirava os oitenta por cento. Apesar de esse ser um benchmark para e-commerce naquele ano, significava que a cada cinco pessoas que pagavam o táxi via aplicativo, uma não conseguiria efetuar o pagamento. Para nós, isso era desastroso, completamente inviável. Nenhuma plataforma disponível na época atendia a nossa necessidade. Então decidimos resolver a questão internamente com uma lógica própria e usar a PayPal apenas para processar cobranças no cartão de crédito. Com isso, jogamos um monte de riscos para dentro de casa. Dizíamos aos motoristas: "Se você receber uma corrida da 99 com pagamento eletrônico, a 99 garante o pagamento, caso não haja fraude". Todas as transações eram efetuadas por nós, e para isso desenvolvemos bastante o nosso modelo antifraude. Mas o risco era todinho nosso: quando não conseguíamos cobrar o cartão do passageiro, o prejuízo ficava com a 99.

O banco e as adquirentes de cartão (as instituições que processam pagamentos em nome do comerciante) classificam as transações em dois tipos: cartão presente ou cartão não presente. Quando o cartão é inserido na maquininha e o usuário digita a senha, o banco garante a transação. Dessa forma, a empresa que recebeu aquele pagamento não corre risco de estornar o valor e perder a receita. Mas nos casos de cartão não presente, como em todos os aplicativos no celular, o sistema financeiro joga o risco para a empresa cobradora, no caso a 99. Digamos que alguém recebe a fatura do cartão de crédito e não reconhece a cobrança de uma corrida da 99 (o cartão pode ter sido clonado, por exemplo). O banco, então, estorna a quantia ao dono do cartão, mas não paga à 99. Se o banco porventura já pagou o tal valor à 99, ele o desconta de futuros pagamentos. Basicamente, o risco de uma transação de cartão não presente fica sempre com o comerciante ou prestador de serviço. E na 99 levamos essa questão até um limite maior, incluindo transações que, eventualmente, o banco não aprovaria. Queríamos aprovar 99 por cento das transações efetuadas nas corridas. Assim garantiríamos a melhor experiência possível aos usuários.

Ouvi de um executivo de uma grande empresa de pagamentos: "Se você lançar esse pagamento do jeito que está me explicando, você vai quebrar a sua empresa. Vocês não entendem de pagamento. E no Brasil tem muita fraude. Se você resolver internalizar esse risco para a 99, a empresa vai por água abaixo". Eu respondi: "O que vai quebrar minha empresa é colocar o sistema de vocês para rodar. Porque se vinte por cento das corridas não conseguirem ser pagas, aí teremos um problema muito maior". Disse que preferia lidar com um, dois por cento de fraude do que com vinte por cento de clientes irritados por não conseguirem pagar. E assim foi. Tomamos essa decisão arriscada, mas bem informada. Mas sabíamos que dali em diante precisaríamos aprender rápido sobre prevenção a fraude.

Fizemos um sistema de pagamento inovador. Quando pedimos comida por aplicativos, precisamos digitar o código de segurança do cartão, o cvv, que fica no verso. Mas ninguém sabia esse número de cabeça. Os dados do cartão estavam armazenados no aplicativo, mas na hora de pagar, exige-se o tal código de segurança. É um transtorno para o cliente, que precisa pegar o cartão na carteira para checar o tal número. Isso era 2013, quando poucos sabiam sobre código de segurança do cartão. Então criamos um outro recurso de proteção, com os três primeiros dígitos do CPF, algo que qualquer brasileiro sabe de cor. A gente só pedia todos os algarismos do CPF quando o usuário cadastrava a forma de pagamento no aplicativo, uma exigência do Banco Central para pagamentos eletrônicos. Para quem não tinha CPF, criamos uma trilha alternativa.

Nossa plataforma era bem desenhada, melhor do que todas as opções no mercado. O pagamento eletrônico dos concorrentes exigia ações nos aplicativos do motorista e do passageiro. Quando o passageiro digitava o código de segurança, a informação ia para a nuvem e voltava para o celular do motorista. Ele recebia uma mensagem dizendo que a corrida estava paga. Mas isso era sujeito a falhas: às vezes o passageiro não tinha bateria no celular, ao contrário do motorista, que normalmente circula com o aparelho plugado na energia, ou no final da corrida um dos celulares estava sem conexão à internet. Antes mesmo de toda a tecnologia, o próprio sistema de pagamento de táxi já era um problema, porque às vezes o taxista não tinha troco, às vezes o passageiro queria pagar com cartão e o taxista não tinha a máquina, ou a máquina não estava funcionando. A gente ouvia todo tipo de relato, até cenas em que o motorista tinha que dirigir até um posto de gasolina para o passageiro sacar dinheiro no caixa eletrônico e pagar a corrida.

Quando introduzimos o pagamento via aplicativo na 99, passamos a avisar ao motorista sobre a opção solicitada pelo passageiro. Deixamos claro ao usuário que, ao pagar o motorista, o número de cartão de crédito não era revelado. O passageiro precisava estar ligado a uma rede de internet na hora de pedir o táxi, claro. O aplicativo do celular do motorista, então, recebia um código de confirmação do passageiro. Esse código era invisível ao taxista e ficava armazenado em memória. Naquele momento, o pagamento já estava garantido, mesmo se a bateria do celular do passageiro acabasse no meio da corrida. Na hora do desembarque, o motorista digitava o valor final do taxímetro. O passageiro deveria conferir o valor e então digitar os três primeiros números de seu CPF no celular do motorista. Essa solução funcionava mesmo sem conexão de internet em nenhum dos dois celulares.

Enquanto isso, a gente ouvia casos na concorrência de briga entre motoristas e passageiros, por causa de problemas com o pagamento eletrônico. Na 99 não tinha confusão. Fomos inovadores no Brasil e conseguimos os almejados 99 por cento de aprovação das transações. O número de fraudes se manteve relativamente baixo por cerca de um ano, até que precisamos revisar o modelo.

Criamos também um sistema para motoristas e passageiros se comunicarem entre si. Para evitar que o motorista digitasse ao volante, criamos um conjunto de frases predefinidas. O sistema também contava com tradução automática. Se um estrangeiro escrevesse *"five minutes late"*, o taxista recebia a mensagem em português ("cinco minutos atrasado"). Fomos os primeiros a criar esse sistema, e as pessoas adoravam. Essas mudanças foram ocorrendo ao longo do tempo, como parte do nosso *roadmap*.

Lembramos também que taxistas no Brasil muitas vezes não têm crédito para minutos de voz no celular, apesar de estarem com o plano de dados ativo. Então criamos uma opção de mensagem de voz, como no WhatsApp. O modelo se chama PTT — *Push To Talk* [aperte para falar]. Funciona como um walkie-talkie e permite mandar mensagens faladas usando apenas a rede de dados. Essa opção serve para quando o usuário está, por exemplo, no shopping e precisa dizer ao motorista que está na saída tal. O time da 99 virou noites criando soluções diferentes.

15
Primeiro o faroeste, depois o xerife

RENATO SEMPRE CONTA EM SUAS PALESTRAS que 2013 foi o ano dos aplicativos de táxi: pipocaram cerca de quinze concorrentes. Ele lembra que até os nomes se esgotaram. Chegou-se ao cúmulo de ter aplicativos chamados ZipTaxi e ZapTaxi. Em meio a tantos apps, a 99 resistiu principalmente por causa de sua excelência tanto no mundo on-line quanto no off-line, real. A maioria dos concorrentes tinha uma coisa ou outra: ou era uma empresa de tecnologia que achava que bastava fazer um aplicativo e publicar na loja, ou era uma cooperativa ou empresa de táxi que tinha operação, instalou um aplicativo e achou que tudo fosse acontecer magicamente. Nenhum dos dois modelos engrenava, porque não conseguia juntar os dois mundos. A 99 juntava.

Dessa forma, tivemos um ano de crescimento, mesmo com menos dinheiro que o concorrente. Levantamos 3 milhões de reais, enquanto a EasyTaxi fechou o ano tendo levantado uns 20 milhões ou 30 milhões de dólares. Eles cresceram mais nas outras cidades (além de São Paulo e Rio de Janeiro) e países porque tinham esse dinheiro em caixa, e nós tínhamos praticamente só o Juliano. Cadastrávamos motoristas, mas os passageiros só ouviam falar de EasyTaxi. Salvo engano, em São Paulo, nossa sede, a EasyTaxi nunca chegou a ter maior volume de corridas do que a 99. Mas no resto do Brasil a situação era bem diferente.

Ao contrário dos Estados Unidos, onde o sistema de GPS é preciso, no Brasil ele nem sempre ajuda: às vezes acerta a rua, mas não o número do prédio. Para facilitar, criamos alguns recursos básicos. Além da correção manual de endereço, incluímos um sistema para salvar endereços (como "casa" ou "trabalho"). É curioso como pequenos detalhes fazem tanta diferença na usabilidade. O usuário nem sempre sabe o que foi feito nos bastidores, mas percebe que o aplicativo flui melhor.

No começo o aplicativo não pedia destino, só a origem. O mercado todo funcionava assim. Tempos depois, começou-se a pedir o destino para aprimorar a inteligência, ajudar a precificar a rota e oferecer outras opções. Ainda criamos opcionais como motorista mulher, taxistas que aceitam animais e carro acessível para deficientes físicos. Eram opções boas e relativamente fáceis de incluir — e que a concorrência não oferecia.

A EasyTaxi levantou dinheiro bem mais cedo e investiu pesado em comunicação. Não por acaso, foi o primeiro aplicativo de transporte da maioria dos usuários. Mas ao entrar no táxi, muitos motoristas tentavam convencê-los a chamar a 99 da próxima vez, porque preferiam a nossa plataforma. Nossa ideia de focar no produto e nos motoristas, desenhada bem no comecinho da 99, estava funcionando. Obviamente, em algum momento futuro, todos os aplicativos iriam cobrar alguma taxa dos motoristas. No entanto, achávamos que primeiro era preciso estimular a fidelidade do cliente, provando a eles o nosso valor, e só depois cobrar.

Na nossa visão, o motorista pagaria tranquilamente uma comissão para a 99, ao perceber que o aplicativo gerava mais de 2 mil reais por mês. Pagar duzentos ou trezentos reais para a 99 não seria um problema. A EasyTaxi fez o contrário. Logo começou a cobrar uma taxa aos motoristas. Foi um tiro no pé. Para nós foi ótimo, porque os motoristas já preferiam a 99 — esta foi apenas uma razão adicional para eles nos promoverem para mais passageiros.

Além disso, o sistema de cobrança de motoristas da EasyTaxi era péssimo: o motorista tinha que entrar num sistema com login e senha, baixar um boleto bancário em PDF, encontrar um lugar para imprimir o tal boleto e pagar no banco. Dava um trabalhão. Pior ainda, os motoristas inadimplentes poderiam ser suspensos até quitarem a dívida. Vários não conseguiam pagar, o que resultava na diminuição de frota. Todo esse conjunto de erros da EasyTaxi nos ajudou bastante.

Na 99, decidimos implantar a cobrança apenas no dia em que conseguíssemos chegar a uma forma que não desse trabalho ao motorista, e evitasse inadimplência. Parece impossível, mas não é. Como se diz no mundo digital, é preciso remover o atrito, deixar o processo fluir. A cobrança deveria ser um desconto em valor cheio. Por exemplo, se a corrida fosse trinta reais, a taxa para a 99 seria de três reais. Essa era a lógica do aplicativo em tudo. Outro exemplo: nunca exigimos senha para o passageiro entrar no aplicativo. Ao instalar o aplicativo, ele recebia um SMS com um código de quatro dígitos, inseria o tal número apenas uma vez e destravava o aplicativo para sempre. Este é o modelo que funciona no WhatsApp. Outros aplicativos pediam senha. Quando o passageiro a esquecia e precisava reinstalar o aplicativo, era um transtorno a mais.

Conheci muitas pessoas que passaram pela EasyTaxi. Principalmente o Dennis Wang, que já trabalhava em outros projetos da Rocket. Um amigo em comum nos apresentou. Tínhamos uma certa troca, conversávamos de vez em quando. Gosto de bater papo com o concorrente. É sempre útil para abrir o canal, principalmente quando estamos criando uma indústria nova. Normalmente faz sentido montar uma associação para defender os interesses da categoria, como criação de regulamentação, enquadramentos fiscais, então precisamos construir estas pontes. Por mais que disputemos a clientela, há uma agenda comum. Até empresas de cerveja que disputam pontos de venda se unem em associações para brigar por causas compartilhadas. Em muitos casos, é importante criar uma agenda em bloco para obter mais resultado, ou que uma associação de classe represente o grupo de maneira institucional em certas situações ou tipos de processo judicial.

A EasyTaxi foi competente em criar uma narrativa que encantava o público em geral: a de um jovem brasileiro que bolou um negócio único e inovador e ganhou o mundo. Só que a EasyTaxi tinha sido comprada pela Rocket antes da expansão, e já havia dezenas de start-ups em diversos países perseguindo o mesmo modelo de negócio. Mas como a imprensa adorava a história, rendia bastante mídia gratuita. Na 99, optamos por focar no Brasil. Eu comparava as trajetórias e brincava com conhecidos que provavelmente a turma da EasyTaxi nunca havia jogado War quando eram pequenos. No jogo de tabuleiro, a pior estratégia é colocar um exército em cada país e achar que dominou o mundo. Você se espalha demais e fica fraco em todos os lugares. Quem expandiu dessa forma dificilmente vence aquele que concentrou esforços em poucas posições. O futuro viria a comprovar essa teoria, mas, naquele momento, eles eram os nossos maiores concorrentes e estavam bem mais adiantados no *funding*.

Nosso time desenvolveu uma área de inteligência competitiva. Fazíamos pesquisa de mercado regularmente. Enviávamos times a campo com questionários para avaliar quais aplicativos os motoristas usavam, e suas opiniões. Pedíamos autorização para os motoristas para darmos uma olhada em seus celulares. Todos deixavam. O nosso pesquisador via todos os aplicativos de transporte instalados — 99, EasyTaxi e outros — e contava o número de corridas feitas por semana em cada um deles. Com isso, tínhamos uma amostra relevante da quantidade de corridas em cada cidade. O custo dessa pesquisa, que levava cerca de uma semana, não era alto. No início, o próprio time que cadastrava motoristas na cidade se encarregava da tarefa — sequer tínhamos custos extras com terceiros.

Gosto de dizer que progresso implica desordem, cruzar os limites da organização, executar coisas nunca feitas, estimular todos a se esticarem e tomar algum risco. A organização encaixotada e metódica não evolui rápido. O único lugar onde ordem e progresso convivem pacificamente é na bandeira do Brasil. São conceitos conflitantes. Uma organização inovadora e de crescimento acelerado precisa tolerar certa desordem — e necessita de esforço para se organizar. Caso contrário, não consegue avançar. É preciso gerenciar a tensão, e não a neutralizar. Também é necessário focar no crescimento e tirar os problemas da frente. Um conselheiro na Endeavor disse uma frase boa sobre o início de uma start-up: "Primeiro você cria o faroeste, depois chama o xerife". Se começar já com o xerife ali, não tem história, não tem filme, porque ninguém consegue fazer nada. Infelizmente, o Brasil dificulta demais a vida de quem empreende. Tudo é mais complicado do que precisa ser. Atrapalha, em vez de ajudar.

A questão do cartão de crédito corporativo para funcionários da 99 foi emblemática. Nessa época, muitas das contas da empresa ainda eram pagas por pessoa física. Juliano viajava pelo Brasil usando seu próprio cartão — e a gente reembolsava. Sabíamos que a questão contábil e fiscal seria um pouco mais trabalhosa por causa disso, então fomos bastante rigorosos desde o começo. Fora isso, tínhamos que reembolsar na hora, porque ninguém ganhava muito. De alguma forma, conseguimos com o banco um cartão de crédito, para pagar anúncios no Facebook e Google. Antes disso, usávamos o do Ariel. Quando Pedro pedia o cartão para algum pagamento, Ariel imediatamente abria a carteira e o jogava em cima da mesa. Não fazia perguntas. Esse tipo de postura, lembra Pedro, fazia muita diferença.

Certa vez, por causa de um erro, atrasamos o vale-refeição e o vale-transporte dos funcionários. O atraso foi de apenas um dia, só que o atendimento inteiro, onze pessoas, sentou-se na frente de Pedro e disse: "A gente não vem trabalhar amanhã". Então ele tirou o dinheiro do próprio bolso, que não era nada fundo, e cobriu as despesas daquele dia. Nem falou comigo, achou que era responsabilidade dele resolver o problema. Só me contou depois, para pedir desculpas pelo atraso. Atitudes como essa viravam grandes exemplos e contribuíam para formar a nossa cultura.

16
Mais cidades, mais taxistas

A CADA CIDADE QUE DESBRAVAVA, Juliano contratava um representante regional, que servia como nosso embaixador. Assim foi em Belo Horizonte, Fortaleza e outras cidades. Mas esses novos funcionários ficavam um tanto perdidos, isolados à distância. Então Pedro passou a liderar essas operações, tornando-se o ponto de referência para os "regionais", como passamos a chamá-los. Dávamos a eles um material de suporte e um discurso pronto para ajudá-los. O resto era com eles.

Alguns taxistas trabalham por hora. Mas, em geral, muitos o fazem por meta financeira. Adaptávamos o argumento de acordo com o freguês: quem queria juntar dinheiro para trocar de carro ou comprar uma casa ganhava mais dinheiro. Quem tinha meta de dinheiro por dia trabalhava menos horas. De qualquer forma, o aplicativo trazia mais produtividade para todos. Não há nada pior para um taxista do que carro vazio. Além disso, já que não tínhamos dinheiro para fazer marketing em escala, também focamos na propaganda boca a boca. Precisávamos dos taxistas para divulgar o aplicativo. Ninguém melhor do que eles, dentro do táxi, para convencer o passageiro de que chamar pela 99 é melhor do que parar um táxi na rua, ou do que o aplicativo concorrente.

* * *

Quando os preços das corridas são ajustados pela prefeitura, o efeito é imediato. No entanto, os motoristas geralmente têm um mês para atualizar o novo valor nos taxímetros. Enquanto isso não acontece, eles circulam com uma tabela colada no vidro. Ao final de cada corrida, o motorista confere o valor no taxímetro e faz a conversão para o valor corrigido.

Numa dessas viradas, o gerente da equipe de São Paulo teve uma ótima ideia. Pedro a aprovou e veio falar comigo. "Paulo, já que estamos tentando trazer mais taxistas para o nosso escritório, por que a gente não imprime a nova tabela e fala para eles passarem aqui para pegar? Assim aproveitamos e já cadastramos os novos na 99." Descobrimos que o sindicato dos taxistas estava vendendo a tabela a dez reais, e cada motorista era obrigado a comprar duas para fixar nos vidros laterais — ele pagava vinte reais do próprio bolso. Era um preço exorbitante considerando que duas folhas de papel custavam cerca de dois centavos.

A tabela é publicada no Diário Oficial, ou seja, é um documento público. Então ligamos para a prefeitura — seria uma forma de apoiá-la. "Podemos imprimi-la para distribuir aos taxistas?", perguntou Pedro. O funcionário da prefeitura respondeu que sim. "Mas tem de ser a mesma tabela publicada no Diário Oficial, sem tirar nem pôr", avisou. Pedimos, então, que ele nos mandasse o arquivo da imagem oficial, assim não haveria margem para erro. Em quinze minutos ele nos enviou por e-mail, e repassamos o arquivo para a gráfica. Encomendamos 40 mil tabelas, e no dia seguinte comunicamos aos motoristas que elas estavam disponíveis sem custo na 99.

Muita gente apareceu no escritório. Recebemos uma ligação da advogada do sindicato, procurando pelo Pedro. "Ouvi dizer que vocês estão distribuindo tabela do reajuste de preço. Vocês não têm autorização para isso", disse ela. Pedro respondeu: "A gente não precisa de autorização, dado que o documento é público. Conversamos com a prefeitura, estamos usando exatamente o que foi publicado no Diário Oficial". Era quase como se ele tivesse cortado do Diário Oficial e colado na janela.

Não havia nenhuma regulamentação sendo infringida. Mas a advogada insistiu, xingou o Pedro, ameaçou destruir a 99 e explodir o mundo. Calmamente, ele respondeu que a própria prefeitura enviara o arquivo da tabela para a 99. Mas a advogada insistiu, exigindo uma permissão por escrito. Pedro disse que não era necessário, e desligou o telefone.

Em seguida, recebemos a ligação do presidente do sindicato, com graves ameaças. Pedro começou a ouvir a trilha de *O poderoso chefão* na cabeça. Ele então me chamou para decidirmos o que fazer. Não queríamos comprar briga com os diretores do sindicato. Não que quiséssemos agradá-los. Nosso compromisso era com os taxistas, não com o sindicato. Afinal, a maior parte dos motoristas sequer o reconhecia como liderança legítima da categoria. Quinze minutos depois, Pedro recebe mais uma ligação, dessa vez da prefeitura — o mesmo que tinha mandado o arquivo da tabela por e-mail.

"Pedro, conversei com o sindicato, e realmente queria pedir para vocês pararem de distribuir as tabelas." Pedro perguntou por quê. "Porque vocês não têm autorização da prefeitura", ele respondeu. "Veja bem", Pedro respondeu, "foi você quem autorizou." "Você tem a autorização por escrito?", perguntou o funcionário. "Não, mas você falou, mandou um e-mail e o arquivo da tabela", esclareceu Pedro. Então ouviu que e-mail não era documento oficial, portanto não valia. "Pare de distribuir a tabela", ordenou o funcionário. Obedecemos, para evitar briga. Essa história durou um dia. Como as tabelas do sindicato tinham acabado, enviamos as nossas para eles e deixamos por isso mesmo. Vida de start-up tem muitas batalhas diárias — é preciso focar a energia no que nos ajuda a ganhar o jogo. A atitude de Pedro nesse episódio foi um bom exemplo.

17
Mobile-only

APRENDI NA ENDEAVOR QUE A CAPACIDADE de trabalho das pessoas pouco tem a ver com a idade. A cultura convencional diz que você precisa trazer gente acima de uma determinada idade para cargos importantes. Vi na prática que uma coisa não tem nada a ver com a outra. Comecei a 99 aos quarenta anos e orientei o time a não contratar qualquer pessoa acima de trinta nos primeiros anos de empresa. Essa era a faixa etária de Ariel e Renato. Então declarei que esse era o teto de contratação na 99 até segunda ordem. Estávamos criando um negócio novo, então não existia gente com histórico para o nosso plano. Alguém mais velho, como um CFO (Chief Financial Officer), pode ser importante para situações específicas, claro, mas não funciona para um aplicativo que nunca foi feito. Um time mais velho, em geral, carrega paradigmas, vícios, tem mais barreiras para lidar com a alta velocidade de tomada de decisões que uma start-up exige. Para um negócio inovador, é bom trazer sangue novo com muita flexibilidade e nenhum ranço.

Precisávamos de pessoas capazes de aprender rápido. Não havia tempo para explicar. Além de ser um negócio inédito, estávamos vivendo a transição do computador para o celular. Algo híbrido. As primeiras empresas com foco no aplicativo de celular foram chamadas de *mobile first*: o site existia, mas a maioria das pessoas interagia pelo celular. A nossa empresa já era uma das poucas na categoria *mobile-only*, exclusiva para o celular. Só nos relacionamos com os consumidores por meio do celular. Por isso, era crucial contratarmos jovens que já se relacionavam com o mundo digital dessa forma. Na época, essas pessoas tinham cerca de 25 anos, não mais de trinta.

Há também o que chamo de oposição entre missionários e mercenários. Os jovens tendem a ser mais missionários. Vejo muita gente da minha idade reclamando dos millennials, a geração nascida entre o começo da década de 1980 e o fim da década de 1990. Dizem que são descompromissados, largam tudo no primeiro desafio e que falam dos seus propósitos da boca para fora. Mas na 99 criamos uma combinação bem-sucedida: peneiramos millennials com brilho nos olhos e comprometidos. Uma vez que eles compram o projeto, ficam inabaláveis. São alinhados com a missão e com o time. O resultado foi uma combinação perfeita. Dedicados e envolvidos, trabalhavam como verdadeiros donos da empresa. Muitos se tornaram acionistas através do programa de *stock options*, ou opção de compra de ações. Todo mundo tinha que ralar, mostrar resultado. Nada vinha de mão beijada.

Nosso processo de contratação levava de semanas até seis meses, dependendo da área. Isso não significava que o candidato ficava seis meses sendo entrevistado, mas que a vaga ficava aberta por esse tempo. A regra era: "Se você achar uma pessoa mediana, não contrate. Continue procurando". Isso é desafiador quando há demanda em caráter de urgência, e todas eram assim na 99. É um dilema. Há uma tendência a contratar qualquer um, porque a vaga precisa ser preenchida. Mas isso não dá certo. Quando você reduz as exigências e contrata alguém menos capaz, mais pratos vão cair. Uma solução impensada cria novos problemas. Quando a pessoa certa chegar, ela terá o dobro de trabalho corrigindo os erros da anterior.

O processo meticuloso de contratação era custoso para a empresa, mas fazia uma grande diferença. Os bons candidatos viam que a empresa valorizava o jogo deles. Dessa forma, conseguíamos tirar pessoas excelentes de outras empresas, e fazer as mais resistentes entrarem de cabeça na 99. A formação acadêmica não era um fator determinante para contratação, especialmente na área de software. Quando abordávamos alguém do mercado e conseguíamos trazer a pessoa para a entrevista, muita gente chegava lá sem saber o que fazíamos. Tinha tanta gente boa, comprometida e animada para falar da companhia, que o entrevistado ou entrevistada logo queria fazer parte da turma.

18
Caneladas da concorrência

NO FINAL DE 2013, ESTÁVAMOS EM DEZ CIDADES — um marco importante. Nessa época, contratamos um profissional de tecnologia, Ricardo Lázaro, para assumir a área de pagamento via aplicativo. Na 99 e nas empresas onde trabalhou, Ricardo é conhecido como Jack. É um apelido da época de faculdade, no Instituto de Matemática e Estatística da USP. Lá, ele tinha um grupinho de amigos em que todos se chamavam de Jack. Para facilitar, criamos as contas de e-mail ricardo@, lazaro@ e jack@. As mensagens iam para a mesma caixa de entrada.

Foram uns três meses intensos até o sistema de pagamento ganhar corpo e criar formas de coletar receita. Ao longo do tempo, Jack ganhou nossa confiança e passou a cuidar de todo o sistema. Antes, essa área *core*, central, era apenas do Renato. Mas quando precisamos escalar e resolver emergências, Jack entrou em campo.

Certa vez, numa semana em que Renato estava ausente, São Paulo foi tomada por fortes temporais. Segundo Jack, quando começava a chover, um mundo de gente solicitava táxi e "vinha aquele aperto no coração". A quantidade gigantesca de pedidos em poucos minutos fazia o sistema despencar. Ele passava o dia se desdobrando com o Ariel e mais alguns desenvolvedores. Foi o caos, mas ele mostrou a que veio. Assumiu compromissos maiores e passou a se sentir mais proprietário da 99. Seu time tinha de dez a quinze pessoas, todas fiéis à missão da empresa.

No começo de 2014, com o aumento de motoristas cadastrados, precisávamos profissionalizar ainda mais o atendimento aos taxistas. Contratamos a Lídia Gordijo. Lídia trabalhou por quase onze anos na TIM — e estava cansada do mundo corporativo. Seu olho arregalou quando um amigo lhe contou sobre uma vaga para montar o Departamento de Atendimento numa start-up. Ela chegou para a entrevista toda arrumada, mas foi cordialmente convidada a sentar numa almofada gigante. Nem sabia achar uma posição. Depois de conversar com Pedro, Ariel, Renato e eu, foi contratada. No entanto, teve de enfrentar a reação da família. Como assim, largar uma carreira estável na TIM para trabalhar numa start-up cuja sobrevivência é incerta, e ainda com uma filha de treze anos para criar?

Eu disse a ela que não sabia montar um sistema de atendimento e não tinha ideia de quantas pessoas precisaria. O público-alvo eram os taxistas. O trabalho seria também de formiguinha, presencial, não era só uma central de atendimento. Ela teria de instruir o taxista, ajudá-lo a criar uma conta de e-mail e baixar um aplicativo no smartphone, ouvir o que ele teria para contar. Era preciso pegar na mão de alguns e ensiná-los a digitar e apertar os botões no aplicativo. Trazê-los para o mundo digital pela primeira vez. Para ela seria tranquilo: na TIM, ela chegou a liderar quinhentas pessoas.

No atendimento da Ceci, rapidamente fomos de quatro pessoas para quinze, chegando a trinta. Algumas pessoas dormiam na casa: chegavam a virar madrugadas para cadastrar os motoristas. Elas tinham o que a Lídia chamava de "cansaço feliz". Ela dizia que as pessoas pegavam "o problema no colo" e iam para a rua conversar com os taxistas. De fato, o atendimento era crucial para a 99. O escritório abria às oito da manhã. Lídia chegava às sete e quinze e se deparava com três ou quatro taxistas na porta. Ao longo da manhã, a fila crescia. Tinha gente de todas as gerações, incluindo aqueles que viam o táxi como sua empresa.

O atendimento recebia mensagens bem bacanas, de taxistas nos contando que deixaram de "bater lata" ou "queimar gasolina" na rua e passaram a atender um passageiro em seguida do outro. As mensagens recebidas fizeram com que notássemos que o ponto de táxi, que antes era uma base fixa para ganhar dinheiro, já estava perdendo valor. Fizemos uma bagunça no mercado. Percebemos ainda que os motoristas que não largaram seus pontos eram os senhores de mais idade.

Certa vez, em pleno bloco de carnaval, Lídia cruzou com um sujeito que trabalhava numa concorrente. Papo vai, papo vem, a pessoa lhe contou um segredo: alguns funcionários da tal empresa entravam no site Reclame Aqui e nas lojas de aplicativo da Apple e do Google para dar nota ruim para a 99 e diminuir nossa reputação. Além disso, eles mesmos criavam solicitações falsas no site. Há alguns anos, o site de reclamação tinha tomado ciência dessa prática e chegou a apurar as denúncias — entenderam que algumas empresas estavam manipulando os resultados. Inclusive disseram que havia uma empresa do nosso segmento. De fato, um ex-funcionário da tal empresa nos disse certa vez que um diretor prometera premiar com uma bicicleta o funcionário da central de atendimento que escrevesse mais reviews negativos da 99. Diversas pessoas confirmaram essa história, e outras semelhantes.

Orientávamos nosso time a não bater de volta. Não era assim que se ganhava o jogo. Um ou outro retaliou, mas advertimos para que evitasse esse tipo de comportamento. Também falamos direto com o Google e com a Apple. Na verdade, nenhum dos dois gigantes do mercado de tecnologia sabia como evitar a manipulação de resultados. Era um problema novo para eles também.

Os taxistas nos contavam ainda que quando chegavam no escritório da concorrente com o adesivo da 99, o pessoal o arrancava. Adesivos eram uma mídia quase gratuita, porque eram baratos de produzir e não tinham custo de veiculação. A gente distribuía aos motoristas nos próprios centros de atendimento. Dizem que eles davam bônus aos funcionários que batiam meta de adesivos da 99 arrancados.

A Lídia conta ainda que o pessoal dessa empresa rondava a casa da Ceci. Uma vez um sujeito parou ali e ficou observando a casinha da 99. Perguntava aos taxistas como era o trabalho e como o aplicativo funcionava. Alguém avisou à Lídia que se tratava de um gerente de operações da concorrente. Ela imediatamente entrou no LinkedIn para confirmar. Era ele mesmo.

Sempre tivemos cuidado no atendimento. Mas cometemos erros. Como crescemos rápido demais, muitas vezes a linha de telefone não aguentava, principalmente quando fazíamos promoções. Não tínhamos estrutura suficiente para atender estes picos. Mas sempre tivemos a preocupação de corrigir nossos erros e melhorar o serviço. Olhávamos com bastante atenção para o Reclame Aqui, tanto que tínhamos uma reputação muito boa no site. Procurávamos conversar diretamente com nossos usuários, motoristas e passageiros.

Para saber se tudo ia bem, eu mesmo ligava para o atendimento de vez em quando, sem me identificar. Fazia muitas perguntas e deixava o pessoal atordoado. A Lídia conta que as pessoas às vezes reconheciam a minha voz. "Você não acredita, acabei de falar com o Paulo Veras!" Era alegria geral. Havia episódios felizes, como o de uma grávida em trabalho de parto em casa. Seu marido não teria tempo de sair do trabalho para buscá-la e levá-la para o hospital. Para não perder tempo, ele disse à esposa que chamasse a 99 e fosse para o hospital, que ele a encontraria lá. Deu tudo certo. O pai do recém-nascido nos mandou um e-mail muito simpático, agradecendo. Fizemos uns sapatinhos de tricô com o logo da 99 e mandamos para eles. Ele adorou e postou a foto nas redes sociais.

Para manter alto o padrão de atendimento dos taxistas, estabelecemos alguns pecados capitais imperdoáveis, como agressão e assédio. Quem violasse era removido indefinidamente. Quem agredisse passageiro não poderia dirigir mais na nossa plataforma para não expor ninguém mais ao mesmo risco. Foram pouquíssimos casos dessa gravidade. Criamos um sistema de pontos parecido com o do código de trânsito, de acordo com o tipo de infração, uma espécie de cartilha. Tinha infração leve, como fumar ou falar no celular enquanto dirigia. Isso já era bem ruim, mas não bloqueávamos o motorista por causa disso. É preciso orientar o comportamento adequado, e comunicar que clientes haviam reclamado de cheiro de cigarro ou que o carro que estava sujo. Procurávamos educar. Em grande escala, isso ajudou bastante. Mas havia os casos perdidos, de pessoas que não melhoravam ou que cometiam infrações gravíssimas.

Motoristas sofriam ao ser bloqueados da 99, mas Lídia precisou fazer isso com pelo menos três deles. Naquela época, suspendemos outros por alguns dias. Um deles ia sempre na Ceci e dizia que apareceria lá todos os dias até ser desbloqueado. Fizemos uma revisão do caso e decidimos desbloquear. Ele chorou. "Olha o tamanho da responsabilidade que se tem ao mexer com a vida das pessoas", dizia Lídia. Para alguns taxistas, a 99 era a metade da renda deles. Alguns entraram com processo para serem reintegrados, mas ganhamos, porque eles haviam violado as regras do aplicativo.

Lídia lidava com casos pitorescos. Taxistas da cidade de Guarulhos, por exemplo, não podem pegar corridas em São Paulo. Essa norma era implementada pela prefeitura de diversas cidades, que não queriam permitir que motoristas registrados em outro município "invadissem sua praça" para trabalhar e buscar passageiros. Por isso o acréscimo de cinquenta por cento no valor da corrida quando o passageiro é deixado em outro município — o táxi deve retornar vazio. Bolamos um sistema que bloqueava a prática: o aplicativo da 99 não oferecia passageiros para motoristas que estavam fora do município onde eram registrados. Certa vez, no entanto, um dos taxistas, que também era policial, pediu para a gente desbloqueá-lo. Mesmo a Lídia explicando a razão que a levara a tomar essa decisão, ele deu uma leve ameaçada dizendo que poderia aparecer uma "bala perdida" na 99 a qualquer momento.

No nosso caso, a regulamentação ocorria mais na esfera municipal do que federal. Mas não criávamos filiais em cada município, porque o serviço de tecnologia da 99 era prestado centralmente, e seria impraticável abrir centenas de escritórios pelo Brasil. Um dos desafios de rodar "na nuvem" é definir qual região pode cobrar o ISS, o imposto sobre serviços municipal. Ou seja, quando se presta um serviço na nuvem, onde é que ele está sendo prestado? É um debate em aberto, porque o paradigma está mudando. Antigamente era fácil identificar onde se deu o serviço. Hoje, nem tanto. Se um passageiro pegou um táxi em São Paulo e foi até um outro município, por exemplo, onde a corrida foi realizada? É importante lembrar que o serviço de transporte é prestado pelo motorista, não pela 99. É ele, o motorista, quem paga uma comissão pelo uso da plataforma. O sistema envia passageiros a ele via nuvem — é o mesmo sistema que serve o taxista do Rio, de Niterói, Fortaleza ou Curitiba. Do ponto de vista de produto e tecnologia, não há plataformas locais ou municipais: somente na nuvem, que, por sinal, fica nos Estados Unidos. Esta também é a forma usada pelo Google, Apple e Amazon, que faz vendas on-line pelo mundo todo.

Imagine o município do Rio de Janeiro determinar que devemos recolher imposto lá. Nós não prestamos serviço no Rio, mas na nuvem. Motoristas e passageiros acessam o serviço por meio de um aplicativo, comprado em lojas virtuais. O município pode argumentar que o motorista está prestando serviço em sua jurisdição. Mas assim como o taxista carioca, há milhares em diversas outras localidades. Se alguém baixar um aplicativo da App Store em Salvador, por exemplo, essa cidade vai recolher ISS? Não. A verdade é que esse modelo ainda não foi bem regulamentado no Brasil. Optamos por fazer tudo em São Paulo, onde ficava a nossa equipe. Não se tratava de uma otimização fiscal, pelo contrário. Recolhíamos cinco por cento de ISS, embora outros municípios ofereçam alíquotas menores.

A Amazon era isenta de alguns impostos estaduais e municipais nos Estados Unidos. Até que alguns estados começaram a cobrar imposto da empresa. Um dos critérios possíveis, por exemplo, é pagar imposto no estado de destino do pacote. Quem recebe a mercadoria em Nova York paga o imposto local, mesmo a mercadoria tendo vindo da Califórnia. Há também a tese de que o imposto deveria ser recolhido em Seattle, sede da Amazon, mas isso é discutível porque o servidor pode estar em outro lugar (normalmente está). O cenário é complexo: a equipe desenvolve o software em Seattle, que roda num servidor em Dallas, o cliente compra um produto em Miami e manda entregar em Nova York, despachado de um armazém em Chicago. Essa questão ainda não está bem resolvida em lugar nenhum do mundo. Todos os serviços prestados pela nuvem, da entrega de comida à venda de ingressos, passam pelo mesmo problema. Empresas brasileiras de o2o (*on-line to off-line*) que enfrentam esse desafio criaram uma associação para fomentar uma regulamentação razoável — afinal, se cada prefeitura exigir uma sede em sua cidade, o serviço se torna inviável.

19
Custo Brasil

A REGIÃO ONDE FICAVA A CECI ERA TOMADA por usuários de drogas. Eles sabiam que ali operava um escritório, pois viam a movimentação dos taxistas. Os notebooks usados pelas cerca de dez pessoas do time passavam a noite ali, um grande chamariz para furtos. Instalamos um sistema de segurança. Quando o alarme disparava à noite, uma equipe telefonava para as pessoas listadas: eu, Renato, Ariel, Pedro e Lídia. O alarme tocou diversas vezes de madrugada em um período de seis meses.

Também instalamos câmeras, compramos cadeados e criamos um protocolo para fechar a Ceci no final do expediente. Fizemos o possível, e toda vez que entravam na casa a Lídia se despencava para a delegacia, onde passava três horas registrando o boletim de ocorrência. Era uma situação desesperadora. Certa vez, o alarme me fez sair de casa às três horas da manhã rumo à 99. O trajeto levava quinze minutos sem trânsito. No caminho, liguei para a polícia. Me informaram que a viatura só chegaria por volta das seis horas da manhã, porque não era uma emergência: poderia ter sido uma falha do alarme. Eu teria de ir sozinho.

A dez quadras do escritório, na avenida República do Líbano, avistei uma viatura da Força Tática, uma equipe especial da polícia. Segundo o site da prefeitura, a Força Tática "realiza o patrulhamento tático motorizado, executado com viatura de maior porte e com reforço de armamento e equipamento". Foi inesquecível: parei meu carro, desci e acenei para os policiais. Da viatura desceram quatro caras fortemente armados. Expliquei a situação e perguntei se podiam me acompanhar. Concordaram.

Chegando ao escritório, os policiais pediram que eu entrasse primeiro e desativasse o alarme. Tenso, entrei. Podia ter um ladrão lá dentro. Desliguei o alarme e constatei que havia telhas soltas e computadores faltando — notebooks facilitavam a vida da bandidagem. Os ladrões haviam entrado pela casa vizinha, subido no telhado, quebrado telhas, invadido a casa e roubado as máquinas. Depois de constatar que não havia mais ninguém lá, tranquei tudo de novo, acionei o alarme e voltei para casa. Duas horas depois, entraram novamente e roubaram mais. Mesmo com iluminação reforçada, cerca elétrica e aviso de alarme, os sujeitos conseguiam invadir rapidamente, ainda que com o alarme disparado. Tinham uns cinco minutos de lambuja até alguém aparecer.

Chegamos a fazer uma "sala cofre" no último quarto, para guardar os notebooks durante a noite. Não adiantou. Entravam mesmo assim. Como a gente trabalhava com armazenamento na nuvem, os dados estavam seguros em repositórios virtuais. Era uma forma de as pessoas trabalharem juntas no mesmo código. Então não havia perda em termos de propriedade intelectual. Mas perdíamos tempo e dinheiro.

Episódios como esse mostram que o custo Brasil vai muito além dos impostos. Essa insegurança generalizada no país gera prejuízos para o empreendedor. É necessário repor os bens roubados e compensar as horas não trabalhadas. Nem um esquema de segurança reforçado é capaz de impedir esses contratempos.

A situação se repetia, até que um furto foi capturado pela câmera de segurança. O ladrão entrou pelo telhado. Tinha cabelos encaracolados até a cintura e unhas enormes. Vestia shorts e uma camiseta regata verde-musgo. A Lídia resolveu falar com o vigia que ficava na porta da Ceci ajudando os taxistas a estacionar. Ele tinha ideia de quem era o ladrão, mas alertou que seria perigoso confrontá-lo — ou melhor, confrontá-la. Na verdade, o cabelo era um aplique. Era um travesti que fazia ponto na região.

Lídia não se intimidou. Arregaçou as mangas e marchou ao encontro daquela pessoa de quase dois metros de altura. Olhou para cima e disse: "Sou a Lídia, coordeno o atendimento da 99Taxis. Primeiro, vocês estão atrapalhando o emprego de um monte de gente, porque todas as vezes que vocês entram e roubam os notebooks, as pessoas ficam sem trabalhar. Segundo, da próxima vez, vocês não vão encontrar mais nada, porque não deixamos mais nada lá". Ela respondeu que aquilo era uma acusação sem fundamento e ameaçou partir para o tapa. Mas Lídia continuou: "Se você não nos deixar trabalhar, mais uma empresa vai fechar no Brasil. E a minha família e os taxistas precisam desta empresa". Foi aí que a pessoa baixou a bola, prometeu que não apareceria mais na Ceci e ainda iria avisar às colegas que também faziam ponto ali para deixar a casa em paz. De fato, ninguém mais apareceu.

20
99 corporativa

EM JANEIRO DE 2014, A CASINHA DA CECI começou a ficar apertada, com gente saindo pelo ladrão, uma situação totalmente insalubre. Éramos cerca de trinta ou quarenta pessoas num espaço que acomodava quinze. Tinha um quartinho de cinco metros quadrados, sem ar condicionado, onde se acotovelavam seis desenvolvedores. Com o investimento que recebemos, fomos em busca de um novo escritório. E nos encantamos com uma casa maravilhosa, na rua Abaçaí, no Brooklin, onde funcionava até então o estúdio do fotógrafo Thomas Susemihl. Por fora, a casa era só um portão branco, discreto. Por dentro, era um estúdio fotográfico de grande porte, com um salão com pé-direito triplo e fundo infinito. Havia ainda salas acessórias que serviam como camarins, com toda a parafernália.

O problema da vez era que ninguém queria fazer o seguro-fiança para alugarmos a casa. Falamos com Porto Seguro, Itaú e outras seguradoras, que não se interessaram. O banco exigia pelo menos dois anos de CNPJ para cobrir o aluguel da empresa em caso de inadimplência. Tínhamos poucos meses de constituição, risco muito alto. Não tínhamos outra garantia, apesar de termos dinheiro na conta. A última rodada de investimento tinha acabado de acontecer. Oferecemos adiantar o pagamento do contrato de aluguel, mas em vão. Isso não garantiria o direito de eles nos despejarem no futuro.

Restava colocar meu apartamento pessoal como garantia, amarrado na escritura, na matrícula do imóvel. Meu apartamento, onde eu morava com a minha família, ficou preso até o contrato estar honrado. Quando o CNPJ completasse dois anos, poderíamos transferir a garantia para um banco. Mas se a empresa quebrasse no meio do caminho e não conseguíssemos pagar o aluguel, os proprietários poderiam me forçar a vender o meu apartamento para recuperar o valor devido. Não era uma ideia agradável. Até porque naquele momento o êxito era imprevisível.

A casa da Abaçaí tinha uma laje, onde colocamos um tapete de grama artificial e uma churrasqueira. Todo fim de mês, fazíamos um happy hour lá em cima. Mas às vezes tempestades estragavam os planos e inundavam a casa. Era uma confusão, mas divertido também.

Mesmo com a mudança de quase todo o time para o novo endereço, decidimos manter a casa da Ceci para o atendimento aos motoristas. Aquele era "o ponto da 99" e bom para os taxistas — era possível estacionar até seis carros na frente da casa. Esse diferencial foi estratégico para conseguirmos nos aproximar dos motoristas com baixo custo. Nossos concorrentes, em geral, faziam o contrário: preferiam a distância para evitar custos. Só queriam se relacionar com os motoristas pela internet ou pelo telefone.

Nessa época, Leila von Dreifus, amiga de faculdade de Ariel e Renato, deixou a Natura, a maior empresa de cosméticos do Brasil, onde atuava na área de logística, e embarcou na 99 como gerente de projeto. Foi corajosa. Nossa start-up não faturava um real. Para ela, acostumada a um ritmo corporativo mais lento, a rapidez foi um choque. "Como assim? Vocês não faturam nada e sequer têm advogado para fazer um contrato?" Mas ela acabou entrando no ritmo, e em três meses já tinha colocado o primeiro projeto de pé: o serviço corporativo.

Tratava-se de um modelo B2B, ou *business-to-business*. Digamos que uma empresa tenha mil funcionários fazendo 10 mil corridas de táxi por mês. Cada funcionário pega o táxi, paga ao motorista, pega recibo, faz relatórios de despesas e espera o reembolso. Para evitar esse trâmite, passamos a intermediar o fluxo financeiro: com a empresa cadastrada na 99, os funcionários pediam o táxi, a 99 pagava os motoristas, juntava essas faturas e mandava uma conta consolidada para a empresa. No início, pagávamos o taxista em até 48 horas. Depois passamos a pagar na data da corrida, algo importante para eles. Da empresa cobrávamos o valor mensal ou quinzenal. Era como se a 99 fizesse um enorme relatório de reembolso de despesas, contendo as corridas de táxi de todos os funcionários.

Dessa forma, ganhávamos a comissão do taxista e uma tarifa a mais que cobrávamos da empresa, pelo sistema de gestão e controle. Mesmo com essa tarifa, a ferramenta reduzia o custo da empresa porque eliminava fraudes, como corridas para uso particular, e falcatruas, como superfaturamento. No Brasil, era prática frequente o taxista deixar à mercê do passageiro a definição do valor a ser colocado no recibo da corrida, em vez de ser fiel ao número apontado no taxímetro. A nossa plataforma gerava transparência porque a empresa passava a ter o total controle das corridas pelo GPS do motorista. Sabiam quando e onde a corrida começou e terminou. Não tinha como burlar.

Nossos clientes-cobaias foram a Endeavor e agência de publicidade F.biz. Foi um alívio para a Endeavor, porque eles têm diversos escritórios pelo Brasil e o esquema de reembolso estava caótico. Eles me ligaram perguntando quando o sistema estaria disponível. Respondi que ainda estávamos na fase de desenvolvimento, que levaria pelo menos três meses, mas ofereci incluí-los na versão de teste. Eles não pestanejaram. Com a F.biz não foi diferente. Foram parceiros e contribuíram para o desenvolvimento do produto.

Três meses depois, Leila montou um time de vendas para o produto corporativo, mesmo jurando de pés juntos que não sabia vender sequer uma caneta. Ainda assim, ela tocou a área por oito meses. Depois foi abraçar outros projetos, incluindo alguns testes de pagamento via plataformas financeiras digitais, que acabaram não vingando. Optamos, então, pelo pagamento via banco, método trabalhoso e que custava caro. Normalmente, sobre transferências de dinheiro dentro de um mesmo banco não incide tarifa. Paga-se uma taxa extra somente por envio de recursos a outra instituição. Como a maior parte dos motoristas trabalhava com Itaú, decidimos integrar essa função primeiro por lá. Diariamente, mandávamos para a conta da 99 a soma do valor das corridas desses motoristas. Em seguida, distribuíamos o pagamento para os milhares de contas usando transferências internas.

Os outros bancos populares eram Banco do Brasil, Bradesco, Caixa e Santander. Abrimos uma conta da 99 em cada um deles, e replicamos o modelo dos repasses passo a passo. Uma trabalheira. Cada banco tinha um sistema único e proprietário para essa integração. Leila lembra que quando as transferências via doc voltavam, tínhamos que descobrir a causa. Dezenas ou centenas falhavam num único dia. E os motoristas reclamavam, com razão. Em geral o erro estava nos dados que eles próprios nos passavam, mas levava dias até descobrir e resolver as discrepâncias. Muitas vezes, tivemos que pagar em dinheiro para conter os ânimos.

Abrir a conta da 99 no Itaú e no Bradesco foi fácil. Já no Banco do Brasil foi uma luta. Pediam nosso contrato social original, assinado e rubricado à caneta por todos os acionistas. Mas havia um pequeno problema: esse contrato não existia. Start-ups modernas têm estruturas internacionais, acionistas do mundo todo, e funcionam na base de assinaturas eletrônicas. Depois de meses, conseguimos superar esse obstáculo e abrir a conta lá. Já na Caixa Econômica Federal o problema era outro: o sistema era horrível. Na verdade, todos eram, mas o da Caixa superava as piores expectativas. Precisávamos contratar uma consultoria indicada por eles para fazer a integração e, além disso, mesmo para transferências entre contas da própria instituição, era cobrada uma tarifa que comia toda a nossa margem de lucro.

No final, a integração com os bancos foi um caos, pois os sistemas eram antiquados, envolvendo trocas de arquivos gigantescos. Enquanto na 99 tínhamos uma arquitetura de software moderna própria, os bancos ainda estavam na era mesozoica. Nada funcionava, e não tínhamos suporte nenhum. Foi quando bolamos o cartão pré-pago da 99, projeto que Leila assumiu. Fizemos um piloto com vinte motoristas, que aprovaram a experiência. O fato de terem um cartão de crédito no nome deles era fantástico — eles se sentiam incluídos. Foi uma tarefa gratificante e ao mesmo tempo dificílima. O motorista tinha que desbloquear o cartão. Para sacar tinha que ir à lotérica. Foi desafiador fazer o motorista entender como tudo isso funcionava. Houve erros nessa fase inicial, incluindo do sistema terceirizado que contratamos, que vivia caindo, deixando os motoristas sem acesso aos saldos.

A novidade de pagamento no cartão de crédito via aplicativo para os passageiros demorou a decolar. Ao lançar essa modalidade para pessoa física, Leila apostou com o Ariel quantas corridas seriam pagas dessa forma. Na época, a 99 gerava 10 mil ou 15 mil corridas por dia. Ariel chutou mil corridas, e errou de longe: foram apenas sete. Leila colou uma folha de papel na parede e fez um gráfico à mão, com o número de corridas feitas diariamente, mostrando o total e quantas eram pagas via cartão no aplicativo. Precisávamos acompanhar os números de perto. Ela achava que estávamos preocupados em lançar funcionalidades, esquecendo de monitorar os resultados. Vinda do setor industrial, ela estava acostumada a observar a meta do dia anterior. Acatamos a sugestão e passamos todos a olhar o número de corridas pagas por aplicativo por dia, e notamos que levou um mês para chegarmos nas mil imaginadas pelo Ariel. Para uma empresa de ritmo "normal", aquele seria um prazo incrivelmente curto para um produto novo "pegar". Na 99, parecia uma eternidade.

Quando uma empresa contratava o serviço da 99 para enviar carros a seus funcionários, incluíamos os números de celulares de cada um deles em nosso sistema. Ao pedir um táxi, surgia uma opção de pagamento do 99 Corporativo na tela do usuário: o passageiro tinha a opção de pagar a corrida em dinheiro, cartão de crédito ou pela empresa.

Surgiram, então, reclamações de algumas cooperativas sobre a 99. Elas nos viam como concorrência. Mas não éramos uma cooperativa. Apenas substituímos o telefone. Em vez de telefonar, bastava o passageiro apertar um botão no aplicativo. Quem prestava o serviço de transporte era o taxista, não a 99. A gente apenas intermediava o *match*, o encontro dos motoristas com os passageiros. Estávamos agindo de acordo com a lei, com aval da prefeitura. Não havia nenhum conflito com as entidades de táxi, mas as diretorias de cooperativas estavam incomodadas.

Viram-se ameaçadas porque a 99 tornou a cooperativa de táxi obsoleta e desnecessária. Não havia mais razão para telefonar para uma central e pedir um carro. Conectávamos todos os motoristas da rua diretamente ao passageiro. Já nas cooperativas, em horas de pico, podia-se esperar mais de trinta minutos por um táxi. A tecnologia mudou o cenário: enquanto uma cooperativa de grande porte em São Paulo tinha quinhentos ou seiscentos carros, a 99 tinha 30 mil na cidade — quase toda a frota.

Além disso, o serviço da cooperativa era caro. Algumas cobravam de seiscentos a novecentos reais por mês de cada motorista. E, de repente, surgiu a 99 gerando clientela para eles, gratuitamente. Todos os taxistas nos amavam de paixão, inclusive os cooperados: ganhavam milhares de reais a mais por mês com os nossos passageiros. Ao ver seu modelo prestes a ruir, as diretorias das cooperativas começaram a pesquisar estratégias, inclusive legais, para bloquear os aplicativos.

Por essas razões, a nossa iniciativa de consultar a prefeitura foi importante. Quando o pessoal das cooperativas começou a pressionar a prefeitura, ouviam que estávamos rigorosamente dentro da lei. Não havia nada que se pudesse fazer.

Certo dia, entra no escritório da Abaçaí um sujeito todo engomado chamado André Florence. Formado em Economia no Insper, em 2010 ingressou no mundo dos bancos de investimento — primeiro foi o Goldman Sachs, depois o Lazard, especializado em fusões e aquisições, onde trabalhou por três anos. André gostava bastante da área, mas queria explorar novas oportunidades. O universo das start-ups era algo que o atraía, porque ele gostava de acompanhar o que acontecia na área de tecnologia. Na época em que o Facebook comprou o Instagram, em abril de 2012, o nosso mercado entrou em evidência. Ele começou a conversar com pessoas de start-ups, e no início de 2014 chegou até mim, via um contato da Monashees. Apareceu na Abaçaí de terno e a típica camisa de banqueiro cortada no alfaiate, com suas iniciais bordadas, ornamentada com uma abotoadura. E eu sofisticadamente de chinelo e bermuda, algo que não o chocou. Ele sabia o que esperar dos nossos trajes e não ligava para isso.

A gente também não ligava para o traje dele, mas preferia o nosso. Todo mundo andava super à vontade, por vezes descalços no escritório, não tinha problema nenhum. Na 99, valia a forma como a empresa americana Zappos trata a questão. Sediada em Las Vegas, a Zappos foi fundada em 1999 e vende principalmente sapatos on-line. É famosa nos Estados Unidos por ter um dos melhores serviços ao consumidor — se não o melhor. Inclusive, foi comprada pela Amazon. Eles dizem o seguinte: basta se vestir de uma maneira que não ofenda ninguém. Respeitando isso, cada um vai como quiser.

A conversa foi leve e informal, eu disse a ele que ao criar uma empresa que age de forma correta, preocupada em criar algo positivo para a sociedade de forma consistente, a sociedade devolve esse valor à empresa. Foi essa a ideia que o atraiu para a 99. Mas foi uma decisão difícil para ele. Mesmo ele vindo com essa historinha de querer trabalhar em start-up, pensei: "Ele tem um perfil bom para o que a gente precisa, mas não sei se ele dura um mês na 99, apesar de ele jurar de pés juntos que quer trabalhar aqui. Como é que ele sabe disso, se nunca viu como é trabalhar na 99 ou outra start-up?". Então pedi para o Renato entrevistá-lo, além do Ariel. "Renato, gostei do André, mas não sei se ele aguenta o tranco. Acho que ele está romantizando o que é trabalhar em start-up. Bate no cara até o nocaute." A entrevista foi bem pesada. Ele entrou mais preparado para o tamanho do desafio que o esperava. Talvez se a gente tivesse contratado de cara, não teria funcionado. A gente bateu tanto nele antes, que a reflexão deu certo. "Pensa bem se é isso que você quer. Você está ganhando bem."

Ainda assim, ele pediu demissão do Lazard sem saber para onde ia. O Jean Pierre Zarouk, head e fundador do banco no Brasil, disse a frase que ele precisava ouvir: "Não sei qual escolha é a melhor, mas nunca tome uma decisão de carreira pensando no que fica melhor no seu currículo". Naquele momento, o André se tocou que o maior atrativo da outra proposta que tinha, da Rocket, era justamente o currículo.

Quando ele conta essa história, estilo engenheiro de obra pronta, é fácil. Mas, olhando para trás, ele era um rapaz de 27 anos, foi puxado tomar essa decisão.

Ao aceitar nossa proposta, ele prontamente falou que não se via como funcionário, mas como dono. Ele queria que o negócio desse certo. E era disso que a gente precisava. A gente estava buscando alguém para tomar conta da operação financeira e dar uma reforçada na gestão com investidores. Eram duas áreas de responsabilidade do Pedro e minha. O André ajudaria em ambas. Eu certamente poderia ter contratado alguém mais experiente do que o André, porque, na verdade, ele só tinha experiência teórica: ele nunca tinha aberto uma conta do Itaú para pagar uma despesa. Mas apostei nele porque entre "will versus skill", a gente vai com o "will". E ele tinha mais "will" do que outros candidatos que até tinham mais "skill". No longo prazo, o "will", a vontade, entrega mais resultado. Para ele, foi uma superoportunidade e um desafio gigantesco.

Vindo de banco de investimento, ele trouxe a energia de trabalhar muito, mas teve de se adaptar à forma de gerenciar e de lidar com o nosso time. Ele mesmo diz que era duro com todo mundo. Acho que o Pedro e eu o ajudamos a se moldar e buscar formas de continuar sendo rigoroso, mas sem queimar pontes e relacionamentos. Ele assumiu a parte de operações financeiras, aprendeu como funciona um departamento pessoal e a montar time. Eram tarefas simples e menos glamorosas do que em banco. É a vida real, não tinha nada que fazer "*call* com Nova York". Ele chegava às nove da manhã e a única certeza que tinha era a quantidade de dinheiro em caixa: ele não fazia ideia de quanto a gente gastava, quanto a gente ia gastar, quanto a gente ia receber, quando o dinheiro ia acabar. A tarefa era colocar a casa em ordem. Ele contava com a Kassia, que já estava na 99 por mais tempo e que lhe ensinava o caminho das pedras.

O segundo passo era engrenar no negócio. Para aprender, ele participava de tudo, incluindo reuniões de produto junto com os desenvolvedores para mergulhar no coração da empresa. Ele ajudou a 99 a encontrar e construir diversos caminhos do ponto de vista de diligência e da norma contábil, para fazer o negócio dar certo. Para um CFO tradicional, seriam barreiras para o negócio, mas ele sempre se enxergou como o cara que tornava aquilo possível. Ele achava um jeito que parava em pé, até porque sabia que em breve teríamos que contratar uma auditoria robusta para rever nossos números e processos e prestar contas aos investidores.

Sócios da Tesla original atravessando a avenida Faria Lima. A foto foi publicada em matéria da *Exame* sobre a empresa durante a bolha da internet.

Grande migração no Serengeti, no Quênia, durante o meu ano sabático em 2000.

Reconhecido com o prêmio Faz a Diferença, do jornal *O Globo*, na categoria Economia.

Na escada da rua Abaçaí com nossos brinquedinhos usados em sessões de fotos.

Nossa primeira peça publicitária, em 2012: tirinha na *Folha do Motorista*. Falamos a língua deles, destacando-nos das demais propagandas.

O famoso Táxi Coelho, ação de marketing com alto-astral, trouxe alegria para as ruas de diversas capitais.

Ensaio para a revista *Gol*, talvez a foto mais divertida da nossa trajetória.

No vestiário do Corinthians, pouco antes de fechar o patrocínio e mudar o número do centroavante de 9 para 99.

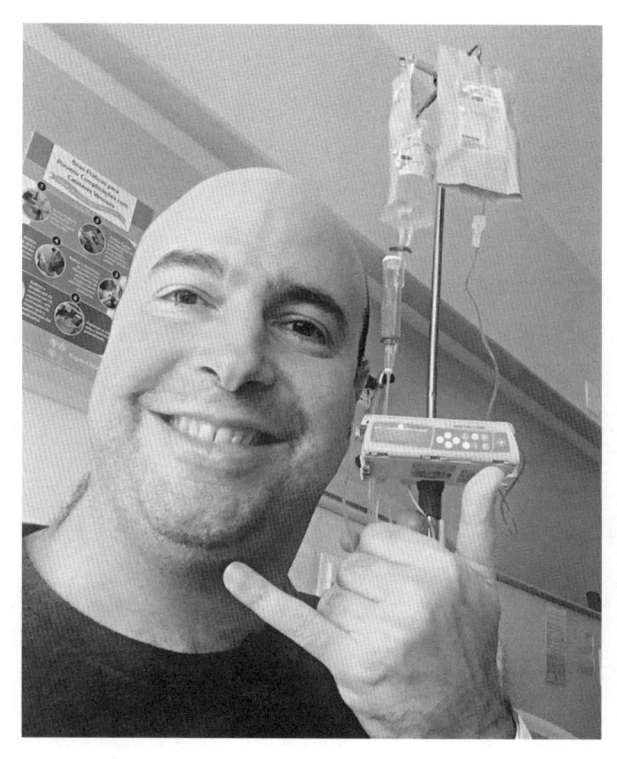

Fazendo quimioterapia no meu Hospital Office (Einstein), onde passei inúmeras semanas entre 2015 e 2017.

> OLÁ!
>
> HOJE VAI SER UM DIA MUITO ESPECIAL PRA TODO MUNDO NA 99. APÓS QUASE 4 ANOS DE TRABALHO, PARAMOS UM POUQUINHO PRA PENSAR NO QUE NOS TROUXE ATÉ AQUI E VAI NOS IMPULSIONAR PARA VÔOS AINDA BEM MAIS ALTOS.
>
> OS VALORES E A CULTURA DA 99 SÃO A BASE DE TUDO O QUE FAZEMOS, A FUNDAÇÃO, O RESTO TODO A GENTE CONSTRÓI EM CIMA. E COM MUITA COLABORAÇÃO DE VOCÊS, CHEGAMOS A UM CONJUNTO DE VALORES QUE REALMENTE COMPARTILHAMOS E ACREDITAMOS COM TODA A FORÇA.
>
> HOJE COMEÇAMOS UM TRABALHO PARA DEIXAR TODO MUNDO NA MESMA PÁGINA. TEM SIDO INCRÍVEL COMPARTILHAR ESTA JORNADA COM VOCÊS. VAMOS QUE VAMOS, TEMOS MUITOS DESAFIOS E GRANDES CONQUISTAS PELA FRENTE!
>
> ABRAÇÃO,
>
> Paulo

A carta manuscrita que enviei aos funcionários da 99 no lançamento da campanha de comunicação dos valores em 2016.

Apareci de surpresa no workshop sobre valores com a liderança da 99, em meados de 2016.

Na China para a reunião de *board*, em julho de 2017, chegando a um banquete de confraternização.

Celebrando com o time a venda para a Didi em janeiro de 2018.

O único dia em que trabalhei no escritório novo da 99, premiando o time que tinha ações da empresa.

Reencontro de parte da liderança da 99 em 2020.

21
Cadê o dinheiro?

QUANDO COMEÇAMOS A TER AS PRIMEIRAS RECEITAS, deparamo-nos com um novo desafio: precisávamos emitir nota fiscal. Mas como? Qual tributação incidiria sobre a nota? Como deveria ser o acordo com o nosso contratante? Os termos de uso dos motoristas e passageiros estavam adequados? Descobrimos falando com os advogados e colocando a mão na massa. Foi um trabalho compartilhado entre diversas pessoas, sob a liderança meticulosa de Leila.

Tínhamos que emitir três categorias de notas: uma para o motorista, referente à comissão que nos pagava sobre os valores recebidos, e duas para os clientes corporativos: a de serviço da 99 pelo uso da plataforma e a de reembolso pelos valores repassados aos motoristas, como o recibo que o passageiro levava para a empresa quando pegava o táxi na rua. Leila e André Florence, nosso diretor-financeiro, sentaram em frente ao computador para acessar o site da prefeitura com a missão de emitir a primeira nota fiscal — em torno deles, mais umas vinte pessoas, incluindo eu, circulavam e davam palpites. Ainda conseguimos a façanha de emitir errado. A empresa já operava havia um ano e meio quando todo o time sênior se juntou para emitir a primeira nota fiscal, e errou. Foi bem divertido. A gente teve que cancelar tudo. E aí? Como fazia para cancelar nota fiscal?

Lembro de um dia que André fez umas contas e voltou para mim chocado: "Paulo, você tem ideia de quanto imposto pagamos?". Chegava a um terço de todas as nossas despesas, a empresa ainda estava numa fase pura de investimentos, praticamente sem receita, tentando crescer. Ainda assim, pagávamos impostos sobre os funcionários, sobre produtos que comprávamos ou por importação de serviços, como o serviço de hospedagem na nuvem da Amazon e disparador de e-mails. Ou seja, o Brasil é um país raro que tributa a produção e o desenvolvimento, mesmo quando uma operação ainda não dá lucro.

Se já é difícil captar dinheiro para start-ups em outros países, no Brasil a situação é ainda pior. A principal diferença é que em *terra brasilis* é preciso levantar muito mais recursos, porque uma parte significativa dos investimentos recebidos acaba indo para pagar impostos. Não é essa a realidade em outros países. Lá, entende-se a importância de apoiar start-ups: criam-se incentivos e regimes especiais para aumentar a chance de sucesso de empresas promissoras. É uma aposta no desenvolvimento econômico, na geração de emprego e renda e na inovação.

Em 2014, a EasyTaxi cresceu bem mais do que a 99. No início daquele ano, nossa participação no mercado era pequena. O volume de corridas da EasyTaxi no Brasil era o dobro do nosso, mas liderávamos em São Paulo. É uma situação desconfortável: você tem um concorrente mais capitalizado, enquanto sofre para captar qualquer verba. Minha ansiedade aumentava porque, se a gente não arrumasse a grana, corríamos o risco de descolar da EasyTaxi, e eles assumiriam a liderança definitiva. Como empreendedores, estamos acostumados a escutar mais "não" do que "sim". É preciso ter uma casca grossa. O mais difícil, no entanto, é bater em muitas portas e ouvir não de todos, enquanto a distância entre a sua empresa e o concorrente aumenta. Quanto mais dinheiro, mais clientes. Essa é a preocupação. Não se trata de uma questão moral, tampouco de ego. Faz parte do jogo.

Chegamos a fazer uma vaquinha com os investidores para evitar demissões. Tínhamos uma equipe bem enxuta. Fora eu, ninguém tinha experiência em captar dinheiro com investidores de *venture capital*, nem em apresentação de propostas. Nenhum fundo brasileiro injetava cifras altas em empresas novas, cujo risco é alto. Mas no exterior já existia dinheiro para isso. Então fomos em busca dele.

A Monashees, vendo que nosso crescimento era sólido e justificava mais investimento, nos abriu várias portas, apresentando-nos para fundos estrangeiros. Ainda precisávamos de uma boa apresentação, ou *deck*, como se diz. Acionaram a equipe interna para montar o nosso material, que ficou ótimo. Investidores sabem o que outros investidores querem ver, e como vender a história e o potencial da empresa. Por intermédio de Eric Acher, da Monashees, conversei com um investidor importante da Tiger Global Management, um fundo americano focado em tecnologia, internet e mídia social. Enviei a ele o deck, e falamos por uma hora ao telefone. Uma semana depois ele contou que não iria investir, sem explicar por quê. É uma prática comum no meio. Os fundos recebem muitas propostas, e não gastam tempo explicando suas decisões.

22
O paraíso das fraudes

A UBER ENTROU NO BRASIL PELO RIO DE JANEIRO em 2014, um mês antes da Copa do Mundo. Pedro foi para lá testar. Fez doze corridas e escreveu um relatório enorme. Ele diz que a experiência foi muito instrutiva para a carreira dele e para a 99. Na época, só estava disponível o serviço Uber Black, com carros mais sofisticados, o que nos preocupava pouco. Muitas pessoas, incluindo o Pedro, não acreditavam que um passageiro em sã consciência entraria no carro de um estranho. No Brasil os hábitos são diferentes; nos Estados Unidos, pega-se carona até na estrada. Naquele ano, a chegada da Uber não teve impacto para nós. A 99 continuou crescendo, tudo azul nos dados de operação, apesar da falta de mais investimento. O nosso problema era outro.

Algumas quadrilhas começaram a atacar o sistema da 99, o que nos forçou a sofisticar significativamente as medidas antifraude. Funcionava da seguinte forma: alguém registrava um cartão clonado no aplicativo da 99. Na hora do pagamento, o cartão passava sem problemas, porque o dono ainda não tinha se dado conta da clonagem. O bandido combinava com o motorista: "Você me leva até a esquina, computa uma viagem de quinhentos reais, eu te pago duzentos e fico com o restante".

Com a cumplicidade do motorista, o bandido conseguia tirar dinheiro do sistema, porque o taxista fechava a corrida por quinhentos reais. A 99 cobrava a corrida no cartão, autorizava a transação e a gente pagava o motorista. Um ou dois meses depois, uma pessoa ligava para a operadora do cartão, com uma fatura de 2 mil reais de corridas da 99. Só então percebia que o cartão estava clonado. A operadora do cartão cancelava a fatura e cobrava o valor da 99, atrasado e retroativo. De fato, colocávamos o risco todo para dentro de casa. Foram muitas falcatruas. O volume de fraudes cresceu rapidamente, nos assustou e colocou a nossa empresa inteira na corda bamba. O Brasil é o paraíso da fraude.

Aos poucos, fomos nos aprimorando em relação ao problema. Sabíamos que esse tipo de falcatrua precisava de passageiro e motorista para acontecer. Quando um não quer, dois não brigam, como se diz. Passamos a observar os motoristas com corridas suspeitas. Tínhamos o itinerário, então podíamos avaliar se o taxista havia cobrado preços exorbitantes por trechos curtos. Se ele rodou três quarteirões por cem reais, algo estava errado. O esquema só funcionava na maquininha, em dinheiro não fazia sentido — ele teria de pagar de verdade.

Montamos um time antifraude permanente, que se tornou o embrião do time de segurança. Aproveitamos um pouco desse conhecimento que adquirimos contra fraudes financeiras e o aplicamos a problemas mais graves, como assaltos e latrocínios. Comportamentos ilegais, do assalto à mão armada à clonagem de cartão, têm coisas em comum. Foi um dos times mais fortes da 99, com umas cinco ou seis pessoas de diversas áreas. Conseguimos reduzir as fraudes ao mínimo. Elas sempre existirão, mas é preciso controlar o suficiente para caber dentro do seu curso de transação. Um sistema excessivamente rigoroso, que anula a possibilidade de fraude, acaba causando problemas para os passageiros honestos, recusando transações legítimas sem justificativa, e faz os clientes fiéis abandonarem a plataforma. É preciso controlar, mas também ter uma tolerância para fraudes, sob risco de comprometer a lucratividade do negócio.

Quando sofremos uma avalanche de fraudes, além do dinheiro perdido, a Visa e a Mastercard também nos multaram. Quando o nível de fraude era alto, as operadoras enviavam uma notificação, cobravam uma quantia exorbitante, de 200 mil ou 300 mil reais, e avisavam que se não baixássemos a percentagem de fraudes nos meses seguintes iriam recusar todas as nossas transações. Quem tem cerca de 2,5 por cento de transações fraudulentas recebe uma advertência. Quem passa de uns cinco por cento é excluído. Mas não ajudam a lidar com o problema, não fazem treinamento, não disponibilizam ferramentas. Apenas jogam a bomba no colo da empresa.

Alguns anos depois, o presidente global da Mastercard Global veio ao Brasil e chamou alguns clientes para um almoço. Ele nos perguntou como a Mastercard poderia nos ajudar. Respondi que seria ótimo se nos ajudassem com fraudes, algo novo para nós, ou organizassem uma oficina para treinar nossos funcionários. Seria mais produtivo do que mandar uma multa e ameaçar de exclusão. "Desenvolvemos um dos primeiros sistemas de pagamento de celular de verdade do Brasil. Apanhamos um pouco com isso. Mas enquanto levávamos surra dos bandidos, apanhávamos da Mastercard também", eu disse. Ele ficou chocado. Mas o auge da crise já tinha passado.

É compreensível que para a Mastercard um cartão clonado gere um transtorno. O cliente fica bravo, e a reemissão do cartão significa um custo extra para eles. Ainda que a operadora de cartão não tenha necessariamente o custo financeiro, porque ela pode repassar isso para terceiros, é péssimo ter parceiros que estão dando índices altos de reclamação. Por isso criaram esses procedimentos.

Uma das coisas de que os americanos gostavam na Uber, por sinal, era a falta de preocupação com pagamento. Eles registram o cartão de crédito no aplicativo uma vez e saem do carro sem precisar colocar a mão na carteira a cada corrida. O processo de pagamento foi eliminado — ficou transparente e automático. Eles valorizam demais essa experiência. Mas o brasileiro não. A gente ofereceu algo equivalente aqui e, ainda assim, quase todo mundo optava por pagar diretamente no táxi, em dinheiro ou pela maquininha do motorista. Talvez fosse o hábito de pagar em dinheiro, ou o medo de colocar o número de cartão no nosso aplicativo, por causa de clonagem ou falta de segurança. Esse medo era infundado, porque era bem mais seguro colocar o cartão no nosso aplicativo do que na mão de outras pessoas ou em uma maquininha em qualquer estabelecimento.

O Brasil é o país em que mais se usa cartão de débito para pequenas despesas, seja na padaria ou no táxi. No resto do mundo, a maioria das pessoas usa cartão de débito para sacar dinheiro, enquanto o cartão de crédito é o preferido para comprar e pagar por produtos e serviços. O Brasil ainda tem a mentalidade da época da inflação, então o débito é uma solução. Mas para isso é necessário o uso da maquininha de cobrança dentro do táxi — o aplicativo só cadastra o cartão de crédito. Na época, menos de um terço dos táxis em São Paulo tinha esse equipamento (hoje aceitar cartão é obrigatório). No Rio de Janeiro era pior ainda, menos de dez por cento dos motoristas cobravam em cartão.

23
Sem paredes

NOSSA EQUIPE ERA MULTIDISCIPLINAR, um grande diferencial em relação a uma empresa tradicional e cheia de setores compartimentados ou silos — financeiro, tecnologia, marketing etc. Isso não daria certo na 99. Pense no problema da segurança. Ele não seria resolvido pela equipe de tecnologia sozinha. Montamos um time de segurança para atacar essa área, com uma pessoa de cada perfil e competência. Para outros problemas, montávamos e desmontávamos equipes, conforme a demanda. O time que lidava com meio de pagamento é um bom exemplo: colocávamos em um mesmo espaço um cientista de dados, um programador em Java, um especialista de produto e um designer de interface de usuário.

Depois de cumprida a tarefa, desmontávamos o time e alocávamos os profissionais para atacar outros problemas. Dessa forma, todos tinham uma percepção de conjunto da empresa. Um bom especialista precisa conhecer um pouco das outras competências e preocupações de seus colegas. Ao remover essas paredes, as pessoas se expõem mais para a dinâmica de negócio e se envolvem mais.

Numa empresa tradicional, os processos passam por diversos departamentos, gerando uma desconexão relativamente grande entre a tecnologia e o negócio. Um entusiasta da tecnologia pensa na linguagem em que pretende desenvolver um produto. Mas não foca nos benefícios que sua invenção mirabolante trará ao motorista e ao passageiro. Ele trabalha em sua bolha. Misturar os times e as competências faz com que todos tenham os objetivos centrais da empresa em mente, e entendam qual é o seu papel nesse grande cenário. Em vez de brigarem uns com os outros, trabalham juntos pelo time. E isso demanda transparência.

A estratégia da empresa precisa ser clara para todos. O engenheiro júnior, por exemplo, deve saber que se ele colocar o botão num lugar inadequado do aplicativo a navegação piora, e o número de usuários cai. Alguns podem até baixar o aplicativo, mas acabam não pedindo táxi. Na 99 não havia paredes, então não havia necessidade de marcar uma reunião com todos e sincronizar agendas. Em quinze minutos, vários problemas eram solucionados. Essa dinâmica de trabalho remove empecilhos e gargalos com mais agilidade.

Para essa dinâmica funcionar bem, a companhia precisa de uma cultura consistente, de um espaço físico que facilite as interações e de profissionais com um certo perfil. Normalmente, quem vem de empresas grandes carrega vícios que resistem a essa forma de operar. Mas quem vem da cultura de start-up já chega formatado. Víamos claramente quem eram os poucos dinossauros que circulavam por ali. Conseguíamos mudar alguns deles rapidamente — eles ficavam fascinados com a quantidade de problemas que se resolviam em pouco tempo. O volume de trabalho de que dávamos conta diariamente na 99 era enorme. Parecia impossível. Mas as pessoas entravam no clima. As poucas que permaneciam jurássicas não se adaptavam e acabavam deixando a empresa.

Adotamos um modelo de gestão usado no Google, no LinkedIn e em diversas companhias de tecnologia. A cada três meses, a empresa inteira redefine os objetivos para o próximo período. Todos os times propõem metas e indicadores. Tudo muito claro, com redação simples, métricas e prazos definidos. Por exemplo: "Precisamos ter quinhentos táxis rodando em mais duas cidades até o final do próximo trimestre, com 5 mil corridas por dia". A mensagem deve ser simples, para que todos entendam sua parte na missão. O que o marketing precisa fazer para isso acontecer? E o pessoal de engenharia? E o do financeiro? Havia uma discussão rápida em todas as áreas. Em uma semana, o plano fechava e era comunicado à empresa inteira. Às vezes, algo mudava no meio do caminho, o que era normal. Tínhamos que desmobilizar recursos para alocar em outra frente. Ou aparecia algo mais urgente, um problema maior, que iria levar uma ou duas semanas para atacar e nos obrigaria a atrasar outra tarefa. Essa flexibilidade era importante.

Além disso, fazíamos o TGIM (*Thank God It's Monday*) [Graças a Deus é segunda]. Era uma reunião às segundas-feiras, às nove da manhã, com a empresa inteira. Acontecia no térreo, acompanhada via transmissão simultânea on-line para quem estivesse fora da cidade. Semanalmente, batíamos o bumbo para mostrar o que tinha acontecido na semana anterior e os desafios da semana que começava. Não bastava ter números na parede. Essa conexão com o time era algo real, e sempre com abertura para perguntas. A liderança inteira estava ali respondendo a todos, ao vivo, sem filtros.

E isso, repito, se reflete no espaço físico. Não inventamos essa roda. O prédio do Google, em São Paulo, é assim. A área mais nobre é destinada ao coworking, para facilitar as trocas. Essa forma de gestão consegue atender bem a demanda de millennials que querem fazer mais. É preciso ter cuidado para não virar bagunça, com todo mundo batendo papo o tempo todo. Na hora que alguém precisa de mais concentração, há espaços silenciosos, onde não há barulho e o telefone não toca, para reuniões ou trabalho individual. Esse formato é excelente para quem precisa, por exemplo, ficar horas em frente ao computador escrevendo um código.

É muito legal fazer a empresa crescer até mil, 50 mil pessoas, mantendo esse espírito, como fizeram Google e Facebook. Normalmente, a companhia tende a se burocratizar. No começo, três pessoas tomavam decisões e tocavam o barco. Se a empresa cresce, é preciso ter um pouco mais de processos, de métodos, de disciplina. Quando apenas dez pessoas precisavam de celular, Ariel ia a uma loja e comprava. Com mais funcionários, isso já não funcionava. Mas quanto mais rápidas forem as soluções e mais ágil e menos burocrática for a empresa, melhor.

Entre as dez maiores, há umas sete ou oito empresas de tecnologia, incluindo Microsoft, Apple, Facebook, Google, Amazon, e as chinesas Tencent e Alibaba, dependendo do fechamento do dia. Há uma década, só a Microsoft aparecia nessa lista. O restante eram companhias tradicionais. Essas foram perdendo espaço, e agora as gigantes de tecnologia dominam no topo. A tendência é aumentar: teremos quarenta delas entre as cinquenta maiores, em parte graças a essa cultura de trabalho.

24
Cabeça de dono

EM 2014, QUANDO A EQUIPE DA 99 CHEGOU a cinquenta pessoas, senti que precisávamos enfatizar nossos valores. Engajamos o time inteiro no processo, e o primeiro passo foi formalizar esses valores, tarefa liderada pela Carol Lopez, que tocava o marketing e a comunicação na época. Enviamos um e-mail para todos com a pergunta: "O que a 99 representa para você?". Lemos as respostas e sublinhamos os conceitos que apareciam com frequência. Fizemos uma oficina com as lideranças para buscar a melhor forma de descrever os tópicos mais mencionados. Em vez de listar os valores em ordem, colocamos em círculo. No centro ficava o pilar da 99: "Somos genuinamente preocupados com as pessoas". Essa consistência nos transformava em guardiões dos valores da empresa, o que nos ajudou a enfrentar as turbulências.

Vale a pena falar sobre cada um desses valores. "Todos no mesmo barco" era um valor que mantinha nosso time unido, como uma família. Estávamos remando na mesma direção. Ele foi posto à prova em diversos momentos de estresse, de moral abalada, como durante o enfrentamento da concorrência e a falta de recursos.

Transparência era outro lema importantíssimo. Todos os funcionários tinham acesso aos principais dados e números da companhia, como corridas realizadas em cada cidade e novos passageiros cadastrados. A mesma regra valia, de outras formas, para os motoristas. Mas transparência é uma ferramenta difícil de aplicar na cultura brasileira. É um modelo disseminado nos Estados Unidos, país pragmático. Lá, eles são diretos e objetivos, e menos melindrosos. O resultado é benéfico. No Brasil, as pessoas acham que não podem magoar ninguém. Se eu falar que alguém se posicionou mal numa reunião, a pessoa vai ficar chateada, em vez de pensar em como pode melhorar. Mas na 99 era o oposto. Pedíamos que as pessoas fossem mais diretas no trato, e fossem francas quando um colega não agisse adequadamente ou não estivesse preparado para uma reunião.

Questionar padrões era outro fundamento que apreciávamos. Muitas empresas grandes estão acostumadas à rotina. Quem busca inovação faz o oposto: estimula o questionamento. Por que fazer desta forma e não de outra?

A 99 passou por altos e baixos, alternando períodos em que havia dinheiro e outros em que não havia. Mas trabalhamos demais para criar uma cultura que valorizasse cada centavo gasto, e não usasse a falta de recursos como desculpa para deixar de realizar projetos. Quando nos mudamos para um escritório maior, Ariel comprou placas de madeira enormes, de um metro e meio por quatro metros. Ele as colocou em cima de cavaletes, e passou o final de semana lixando-as e envernizando-as. Viraram mesas de trabalho. Esse exemplo do Ariel se tornou símbolo do princípio de "fazer mais com menos".

Outro princípio era "desenvolva você mesmo e os outros". Quem quer aprender rápido não vê a hora de mudar de função. Criamos um ambiente onde todos pudessem evoluir dessa forma. Quando dizem que o time jovem da 99 teve sorte de trabalhar na nossa empresa, eu digo que o benefício foi mútuo. Mais que sorte, foi o resultado do nosso comprometimento em buscar pessoas com determinado perfil. "Trabalhe com paixão e diversão" era outro lema: priorizávamos mais o brilho no olho do que a bagagem que alguém trazia para a empresa. O ambiente de start-ups é dinâmico, tudo muda o tempo todo, e com muita cobrança. A carga de trabalho é maior do que qualquer ser humano "comum" dá conta. Se você não se divertir no emprego, não aguenta a pressão. É preciso descontrair, contar piadas, sair para beber junto.

Outro pilar destacado pelo time foi "seja você mesmo". Isso diz respeito à diversidade e à autenticidade. Não era preciso vestir uma máscara para trabalhar na 99.

O último valor foi "cause a maior diferença do mundo". Nesse quesito vinham a segurança e a proposta de melhorar a mobilidade urbana para uma parcela grande da população. É um propósito maior, que vai além do salário.

Quando contratamos mais pessoas, fizemos uma segunda rodada e demos uma refinada na lista de valores. Em seguida, criamos um ícone para cada um desses valores e fizemos um painel na parede, e todos assinaram seus nomes com uma caneta de ponta porosa. O mural servia como uma metáfora: "Estes são os nossos valores, e eu assino embaixo". No dia de contratações, o novato também assinava na parede, e todo o treinamento era baseado nesses mesmos valores.

Toda avaliação de desempenho era acompanhada de uma discussão dos valores, algo crucial para garantir que fossem colocados em prática. Essa, aliás, é uma boa maneira de engajar os millennials: eles se identificam com fortes ideais, e lutam para mantê-los. É um fator de retenção. O grupo que unimos na empresa vivia, respirava e morria por aqueles pilares. Mas nem tudo são flores: tivemos que passar por processos de aprendizado, treinamentos de pessoas, e até demitir funcionários. Faz parte do jogo.

As companhias que carecem de valores consistentes enfrentam dificuldades. Nossos concorrentes passaram por situações delicadas, como demissão de CEO e de ótimos profissionais, disputas societárias e perda de clientes, manchas na imagem e reputação da empresa. A grande maioria das companhias acredita que basta criar seus valores a portas fechadas, comunicar a lista aos times e esperar que os funcionários os respeitem. Na 99, fizemos o processo inverso.

25
Risco controlado

LÍDIA TINHA UMA ROTINA BACANA no atendimento. Ela apresentava casos para o time, e perguntava o que eles fariam naquelas situações. Com isso, ela media a importância que a pessoa dava aos motoristas, aos passageiros e à empresa. Ela comemorava a cada vez que o atendimento recebia um elogio em mídia social. E adorava mais ainda saber que os taxistas gostavam de ir à Ceci conversar. O atendimento nunca foi visto como uma casta diferente ou isolada, como acontece normalmente em outras empresas. Mesmo com a mudança para outro prédio, não houve perda de sinergia. Eram raras as falhas ou desencontros de informação.

Certa vez, uma criança nasceu dentro de um táxi chamado pela 99. O taxista ficou lá o tempo todo, ajudando no que foi preciso. O time do atendimento convidou o herói para passar na Ceci e deram um abraço nele. O nosso desenhista fez um desenho do bebê no táxi e o enviamos para a mãe. Mas havia histórias com finais infelizes, como agressões físicas entre passageiro e motorista. Nesses casos, a 99 prestava todo o apoio a quem se sentisse prejudicado — passageiro ou motorista. Orientávamos no registro de boletins de ocorrência e mostrávamos nossa disposição em contribuir caso a polícia solicitasse alguma informação. Raramente éramos implicados em processos judiciais. Entre os milhões de bons usuários do aplicativo, havia também passageiros mal-educados, ou sob efeito de drogas ou álcool, que desrespeitavam o motorista ou vomitavam no carro. Isso acontece em qualquer empresa que atua no varejo. Os responsáveis pelos problemas vêm de ambos os lados do balcão. A imensa maioria é idônea, mas há exceções em qualquer categoria.

Tivemos casos graves, como assaltos e roubos a motoristas por ladrões que se aproveitavam dos aplicativos de transporte. Chegou a um ponto em que a média desses episódios era mais de um por mês, só na cidade de São Paulo, atingindo todos os aplicativos. Entendendo o contexto brasileiro, fizemos um profundo trabalho de dados e produto com a equipe de tecnologia, focado em melhorar a segurança para motoristas e passageiros. As ferramentas desenvolvidas são guardadas a sete chaves, mas tenho convicção de que o aplicativo mais seguro para o motorista trabalhar ou o passageiro pedir um carro era a 99.

Tínhamos também uma equipe trabalhando nos fins de semana. No começo, os "plantonistas" eram Renato e Ariel. Eles resolviam qualquer problema. Quando o negócio começou a crescer, solucionamos a questão de uma forma rudimentar. Sugeri a solução usada em hospitais: os médicos têm um aparelho de celular do plantão que está sempre ligado, e revezam quem fica com ele durante a noite e no fim de semana. Na 99 isso funcionou. Na escala de plantão, uma pessoa ficaria com o celular cobrindo a primeira camada de suporte técnico. Isso já resolvia assuntos relativamente simples, como são a maioria dos casos. Em geral, quem conhece o sistema como um todo consegue dar conta. Em casos mais graves, acionava-se mais gente do time, o segundo nível. Tempos depois, o sistema ficou mais sofisticado. O atendimento chegou a ter uma linha funcionando 24 horas por dia.

Problemas relativos a violência e roubo eram atendidos na hora. Três meses após o grupo de plantão ter sido criado, diminuímos em mais de trinta por cento os incidentes graves na 99.

Tínhamos um código disciplinar para os motoristas. Infrações leves resultavam em advertência. Infrações médias, em suspensão temporária — a 99 não tinha poder de multar motoristas. Mas ao deixar de enviar corridas para ele, certamente a perda era sentida no bolso. Eles imploravam para ser reintegrados. Já as infrações graves excluíam o motorista para sempre. Uns poucos taxistas abriram processo contra a 99 por terem sido bloqueados. Ganhamos, porque provamos que eles violaram as nossas normas de conduta e, portanto, os termos de adesão do aplicativo, o que nos autorizava a excluí-los da plataforma.

Essa curadoria funcionava bem do lado dos motoristas. Mas era impossível ter o mesmo grau de controle com os passageiros: caso pedíssemos um documento com foto, a maioria deles desistiria de usar o aplicativo, ou criaria perfis falsos. Ainda assim, desenvolvemos uma forma de identificar assaltantes e situações perigosas. Da mesma forma que companhias criam perfis de crédito, criamos perfis de risco. Habilitamos a plataforma para responder em função do nível de risco que determinada corrida traria para o motorista. Com isso, evitamos inúmeros problemas. Se o risco fosse considerado alto demais, não enviávamos um carro.

Quando incluímos o "campo de referência" no aplicativo, nos deparamos com uma novidade. É o espaço onde o usuário pode dar detalhes sobre o endereço para facilitar a chegada do motorista. Foi uma solicitação dos próprios taxistas — algo como "estou do lado direito da rua" ou "estou perto da banca de jornal". Só que alguns passageiros, mais "atrevidos", passaram a usar com outra intenção: relações sexuais com o motorista. Usavam o espaço designado a digitar textos e sugerir "modalidades".

Isso acontecia em várias cidades, a qualquer hora do dia, embora principalmente de madrugada. Então os taxistas começaram a reclamar. "Estou aqui trabalhando de madrugada, o que já é difícil. Além de pegar gente bêbada e drogada ainda tem uns caras sugerindo que eu transe com eles em troca de dinheiro? Há algo que a 99 possa fazer?" Um dos casos extremos aconteceu em Porto Alegre. Cerca de vinte taxistas juntaram-se no WhatsApp e trocaram informações sobre as chamadas que estavam recebendo. Combinaram de aparecer juntos na próxima chamada do gênero. Quando o usuário acionou o aplicativo com propostas impróprias, o grupo surgiu no endereço indicado e agrediu o sujeito. Mais um problema inusitado que demandava solução urgente.

Depois de receber textos indevidos, o motorista normalmente cancelava a corrida. Mas o cancelamento o prejudicava. Notamos que após o surgimento do campo de referência alguns passageiros passaram a ter vinte corridas canceladas sequencialmente. O sujeito fazia a proposta e tinha a corrida cancelada pelo motorista. Não havíamos notado. Quando mergulhamos no problema, descobrimos que era mais comum do que parecia: chegavam a dezenas de casos por dia.

Vasculhei o banco de dados e analisei as corridas canceladas em série, prestando atenção nos textos enviados pelo usuário no campo de referência. Anotei as baixarias e fiz uma listinha de palavras-chave. Ou seja, termos proibitivos e expressões mais complicadas por causarem constrangimento. Propus ao Renato que desenvolvêssemos um filtro. Quando essas palavras surgissem no campo de referência, a chamada de táxi seria bloqueada, antes de chegar aos motoristas. Diríamos ao usuário que não havia táxis disponíveis. Renato gostou da ideia. Ficou empolgado em trabalhar noite adentro para atacar a questão.

Como aquele era um problema novo, tratávamos do assunto com cuidado. O Renato programou uma rotina que nos permitia revisar todos os casos de chamadas bloqueadas pelo filtro. Desse modo ele poderia ver como o sistema estava operando e se estávamos atingindo o objetivo. Assim, ninguém ficaria sem táxi injustamente. Fomos aprimorando a ferramenta e deu certo. Aos poucos, resolvemos o problema.

No entanto, confesso que cometemos dois falsos positivos curiosos. Um passageiro chamou o táxi no meio da madrugada e disse que seu carro estava sem bateria. Ele gostaria que o taxista levasse "um cabo de fazer chupeta". Por engano, negamos atendimento a esse cliente. Nosso filtro atrapalhou a vida dele. O pedido era legítimo, mas a 99 não atendeu. Outro caso memorável foi de um passageiro cuja primeira sílaba do sobrenome soava comprometedora. Prefiro não revelar para preservá-lo, até porque imagino que ele deva ter sofrido muito bullying desde pequeno. Ele ficou um tempo sem conseguir táxi via 99.

O filtro resolveu o problema de verdade e ainda rendeu histórias divertidas. Mesmo antes disso recebemos uma sugestão para incluirmos uma nova forma de pagamento: via Facebook, uma prostituta pediu que incluíssemos sexo oral. E ela estava falando seriíssimo. Aquela era a forma como ela pagava todas as corridas para voltar para casa, ao deixar o trabalho. A opção facilitaria sua vida. E não era trote. Ao checar sua página on-line, vimos que ela exercia a profissão e oferecia todas as modalidades ali mesmo.

Quando algo errado acontece, é comum o consumidor moderno reclamar pelo Facebook ou Twitter, em vez de procurar a empresa. Por vezes, ele detona a marca em público sem dar a chance para a empresa se explicar. Certa vez, um caso ocorrido em São Paulo chegou até mim, encaminhado on-line por várias pessoas. Uma modelo postou no Facebook algo que em linhas gerais dizia o seguinte:

"Gente, vocês não vão acreditar. Ontem saí de uma festa às três horas da manhã e chamei a 99. Parece que o taxista que eu peguei era um sequestrador. Eu não entendi se eu podia ter sido sequestrada ou não. Mas, de repente, quando entrei no túnel da avenida Rebouças, tinha uma batida policial cheia de carros e um esquadrão com metralhadoras. Mandaram parar o táxi, pediram para eu, minha amiga e o motorista descermos. Prenderam ele na hora, nos levaram para um canto e perguntaram se ele estava sequestrando a gente. Aí eu falei que tinha chamado o cara pelo aplicativo e que não estava sabendo nada de sequestro". E concluía: "Tomem cuidado com a 99. Estou relatando aqui o que eu vi. Não sei nem como a história terminou, se ele era sequestrador ou não. Mas aviso que é para todos ficarem espertos".

Descobrimos o telefone dela, ligamos, e pedi para ela me explicar a história detalhadamente. Em seguida procuramos o motorista. A verdadeira história era longa. À meia-noite, o motorista atendera um chamado pela 99. Eram três mulheres, duas moças de vinte e poucos anos e a mãe de uma delas. As três estavam completamente bêbadas. Começaram a fazer baderna, desrespeitar o motorista, beber dentro do carro, sujando o táxi.

O motorista seguiu a nossa orientação: em casos assim, ele deve parar o carro e pedir para os passageiros deixarem o veículo. Bastava pedir desculpas a eles e evitar problemas maiores. Ele não seria suspenso. Ao contrário de outros aplicativos, que insistem para o motorista arrastar a corrida até o fim, sempre reforçamos que, se ele se sentisse ameaçado ou desrespeitado, podia interromper a viagem. Era crucial que ele avisasse a 99, porque caso o passageiro reclamasse, já saberíamos do que se tratava. Sempre ouvíamos os dois lados.

Nesse caso, o motorista andou algumas quadras, parou o carro e pediu para as passageiras descerem. Não cobrou nada e sugeriu que solicitassem outro táxi. Começou ali um bate-boca. Ele avisou que não iria andar com o carro até que todas saíssem. Então duas delas, que estavam no banco de trás, saíram do carro. Mas a mãe, que estava no banco da frente, ficou. Ao ver as duas passageiras descendo, um casal que estava um pouco adiante fez sinal para o táxi.

O motorista falou para a mãe descer, para que ele atendesse ao casal. Ela recusou. Ele insistiu, disse que estava trabalhando. Ela continuou sentada. Então ele disse que ele continuaria a trabalhar. Buscou o casal e partiu, com a mãe alcoolizada no banco dianteiro. As meninas, já na calçada, acharam que ele tinha sequestrado a mãe. Chamaram a polícia. Apesar de o taxista ter finalizado a corrida no aplicativo, as mulheres não fizeram o mesmo. Na época isso era possível, hoje não mais. Elas conseguiam acompanhar o trajeto do carro, e mostraram a rota para a polícia na delegacia. Crime de sequestro é gravíssimo, a polícia se mobiliza imediatamente.

Enquanto isso, no táxi, o motorista levou o casal ao destino desejado e disse à mulher ao seu lado que iria deixá-la numa delegacia, para que a polícia a retirasse do carro. E foi o que ele fez. Na delegacia, ela finalmente concordou em descer. A mãe embriagada, sem carteira ou celular, estava desencontrada da filha e da amiga. Ela não conseguia avisar a elas que estava tudo bem. Na outra delegacia, as meninas seguiam desesperadas.

Em seguida, o taxista pegou a tal modelo — popular no Facebook — com sua amiga. Na rota do aplicativo, a polícia viu que o táxi, que supostamente havia sequestrado a mãe das meninas, seguia em direção à avenida Rebouças. Os policiais fecharam o túnel e pararam o taxista. Foi uma abordagem agressiva, achando que se tratava de um sequestro em andamento. O motorista foi preso, interrogado e, depois de apurado o ocorrido, liberado. Mas foi um grande mal-entendido. A história ficou conhecida: "o sequestro que nunca houve".

Conversei pessoalmente com o motorista. Creio que ele não havia agido de má-fé. Claro que ele estava sendo prejudicado e que precisava faturar. Mas foi uma irresponsabilidade separar a família e buscar passageiros com uma pessoa embriagada dentro do carro, ainda que ela tivesse se recusado a descer. Entendo a sua motivação, me coloco no lugar dele. Mas foi errado e ele assumiu um grande risco. Suspendemos esse motorista porque achamos a conduta perigosa, que colocava em risco a todos: motorista, passageiro e empresa.

26
Capital humano

A QUALIDADE DO TIME É A BASE para ganhar o jogo. Para uma empresa dar certo num ambiente competitivo, ela precisa de uma equipe excepcional, comprometida e superior à dos concorrentes. Acho que conseguimos fazer isso na 99. Capital humano é a parte que sempre olho com mais cuidado. É preciso alocar esforço e tempo, principalmente dos fundadores. Qualquer empreendedor ou gestor concorda com esse princípio. Mas quando pergunto a fundadores se, na percepção deles, montaram um time muito melhor do que os concorrentes, muitos dizem que não. Há um abismo entre o que se diz e o que se faz.

Em geral, as empresas investem bem menos do que deveriam em recrutamento e gestão de talentos. A tendência natural é gastar menos tempo contratando e mais tempo resolvendo problemas. Mas para crescer e escalar é preciso fazer justamente o contrário. Assim, você consegue criar uma máquina que agrega pessoas boas em desatar os nós, e caminhar adiante.

Um fundador que centraliza tarefas e abraça todos os problemas inibe o crescimento da empresa. Tudo passa a depender dele, e sua energia fica dispersa. Esses foram aprendizados importantes dos tempos de Endeavor e de viagens para o Vale do Silício, onde vi empresas grandes de tecnologia que cresceram rápido. Na 99 achávamos bons profissionais de diversas formas. Não havia uma fórmula única secreta. Quando começamos a recrutar numa escala maior, montamos um time com três ou quatro pessoas dedicadas em tempo integral a esse fim. No nosso RH, metade era só recrutamento. As demais se dedicavam às outras funções da área.

Diversos nomes chegavam até nós por indicação, e éramos proativos no LinkedIn. As melhores pessoas normalmente não estão procurando emprego. Quem se limita a recrutar aquele que bate na sua porta querendo trabalhar acaba não montando o melhor time. No setor de tecnologia, por exemplo, que está em ascensão, falta gente. Pessoas competentes na área não estão desesperadas por trabalho. Os bons não ficam na rua por um dia sequer. Quando o mercado descobre que um profissional está saindo, vai para cima dele. Se recolocam muito rápido.

Buscar gente de qualidade que não está procurando emprego exige dez vezes mais esforço. Primeiro, é preciso mapear e conseguir falar com as pessoas. Se a pessoa está feliz no trabalho, ela sequer responde a sua mensagem. É seu papel identificar esses profissionais, quebrar o gelo, convencê-los a conversar com você. E então trazê-los para o processo de seleção.

Essa função era distribuída na 99. A seleção de pessoas era um trabalho em conjunto entre a área de RH e todos os líderes da empresa. Mas o gestor do time sempre era o responsável por montar, reter e engajar a equipe. Parece um detalhe, mas faz toda a diferença. O RH tem um papel fundamental como suporte. Mas o líder do time é o "dono" daquele pedaço do negócio e deve encará-lo como se fosse a start-up que ele mesmo fundou e toca.

O RH buscava profissionais no mercado para uma determinada vaga, fazia uma lista e apresentava aos gestores. Depois de um pente-fino, refinava o perfil e chegava-se aos finalistas. Os escolhidos eram entrevistados por quatro, cinco ou até sete pessoas da 99. Essas entrevistas tinham várias funções. A mais óbvia era avaliar as competências técnicas. Mas também observávamos as soft skills, ou competências sociais, algo muito importante para nós. Perceber se um candidato se encaixa na cultura da empresa não é uma tarefa tão simples quanto checar se um programador domina Java, ou se um gerente financeiro domina um relatório contábil. Há aspectos mais subjetivos, mais difíceis de avaliar.

Essa série de entrevistas nos capacitava a perceber aspectos que talvez passassem despercebidos por outros entrevistadores. Isso é relevante principalmente para cargos mais seniores. Entrevistávamos os candidatos separadamente e depois nos reuníamos numa sala, trocávamos uma ideia rápida e escolhíamos um deles. O gestor responsável pelo time daquele candidato fazia o telefonema para oferecer o emprego e fechar a contratação, sempre com suporte próximo do RH.

No mercado, há um ditado interessante: "Gente nível A atrai gente nível A. Gente nível B atrai nível C". Ou seja, o cara mediano não leva gente boa para sua equipe temendo que lhe roube o emprego. Quem é bom de verdade, é confiante, quer montar uma equipe excelente, chama alguém mais experiente e ascende. Gostávamos, sim, de indicações de amigos, mas nunca contratávamos apenas porque "o cara era amigo". A indicação, normalmente, é um canal ótimo, quando quem indica é nível A+.

A carga horária das vagas variava por área, mas em todas elas havia muita entrega e intensidade. Ninguém ficava tranquilo. Qualquer cargo de coordenação ou liderança exige muitas horas. Mas nunca cobramos horas das pessoas — o foco era a entrega. Mesmo assim, o nível de engajamento era tão alto que as pessoas trabalhavam muito. A pessoa ficaria constrangida de ir embora às seis da tarde. Em volta dela havia um monte de gente ralando para resolver coisas para o dia seguinte e ela deixaria o time na mão? Não era necessário cobrar ou pedir. Isso acontecia naturalmente.

Jeff Weiner, CEO do LinkedIn, disse uma vez que uma das piores coisas que se pode dizer em uma start-up é "esse não é meu trabalho". Nesse tipo de lugar ninguém tem papel determinado. "Pensar fora da caixa" já está errado como conceito, porque a tal da caixa nem existe.

Não é à toa que muita gente jovem no Brasil quer trabalhar em start-ups. Na minha época de Endeavor, no começo dos anos 2000, ainda era muito difícil atrair gente boa, bem-formada e talentosa para o setor. O pessoal clamava por consultorias, bancos, empresas grandes e multinacionais, que dessem garantia de estabilidade. Hoje, esses profissionais querem trabalhar em start-ups, porque sabem que vão crescer e aprender mais, vão estar expostos a mais experiências, vão se divertir mais e, possivelmente, em pouco tempo poderão ganhar igual ou mais do que ganhariam nas outras empresas. Bancos e consultorias já sentem essa mudança. Para eles, está ficando mais difícil recrutar.

A escala de valores mudou. A forma como os jovens tomam decisões é completamente diferente. É um ciclo virtuoso, de gente de qualidade atraindo gente de qualidade. Fizemos isso na 99, mas ocorre o mesmo no Nubank, no Gympass, na Creditas, na Loft. Há pelo menos trinta ou quarenta empresas brasileiras bacanas que já ganharam bom porte e trabalham desse jeito.

A Ambev começou a popularizar esse modelo de gestão no Brasil, apostando em jovens promissores e comprometidos. Hoje, o modelo é muito mais difundido. Nós, por exemplo, incentivávamos as pessoas a mudarem de área, a rodarem por diversas funções ou projetos na empresa.

Mas também é verdade que as pessoas tendem a romantizar as start-ups. Acham que é divertido e glamoroso, que com pouco trabalho todo mundo fica rico. Evitávamos quem pensasse assim. Eu também ficava receoso quando conversava com pessoas de empresas grandes, porque a maior parte não dá conta da dinâmica de trabalho. Eles acham que em start-up todo mundo é maluco e ninguém tem ideia do que está fazendo. Para eles, é difícil mudar de direção tantas vezes, sustentar tanta carga. Poucos aguentam esse nível de pressão e de exigência, essa instabilidade e mudança permanentes. É um ambiente insano e insalubre para quem não se adapta. Mas, para quem consegue, a experiência e o ritmo de evolução compensam. Não se compara ao mundo em que viviam antes.

Inclusive, houve um episódio nos primeiros anos da 99 que gerou certo incômodo: o time da área de negócio gostava de chegar cedo, o de programação nem tanto. O profissional que vendia para clientes corporativos chegava às oito da manhã, e quem estava desenvolvendo o produto para ele chegava quase três horas mais tarde. Em contrapartida, esse desenvolvedor deixava a 99 às onze da noite. Quando o cliente ligava com problema às nove da manhã, não havia alma na área dos desenvolvedores para resolver. Com o tempo, conseguimos equilibrar a equação, na base de muito diálogo e redistribuição de pessoas nos times.

Gosto de lembrar de uma vez que joguei paintball com as minhas filhas. A menor, então com nove anos, disse orgulhosa que terminou a partida toda sem tomar nenhum tiro (embora tenha acertado um tiro bem na minha cara, o que a deixou radiante, não sei bem por quê). Perguntei quantas vezes ela havia conseguido capturar a bandeira do inimigo. Nenhuma, ela respondeu.

Eu falei: "Filha, o objetivo do jogo era capturar a bandeira, e não escapar do tiro". A resposta dela foi perfeita: "É claro! Mas tomar tiro dói muito!". Eu tomei alguns tiros (dói mesmo, e fica roxo), peguei a bandeira e ajudei a marcar pontos para o meu time. É um exemplo bobo, mas ilustrativo. O objetivo não é "não errar", mas sim vencer no final. Errar machuca. Mas quem não erra não ganha.

Um profissional, ao se dar conta de que não vai ser demitido no primeiro erro que cometer, vai aos poucos se moldando como líder e gestor, fica pronto para arriscar mais, se expor e fazer coisas incríveis. Isso não significa se arriscar loucamente, mas aprender a tomar riscos. Quem não toma risco não cria nem cresce. Quem fica na zona de conforto não conquista nada. As pessoas dizem "estou aqui há um ano e não fiz nenhuma grande besteira". Mas que grande coisa você construiu nesse ano? Nada.

Aprendi nos meus tempos de Endeavor que a sociedade vê os empreendedores como *risk takers* [tomadores de risco]. Não concordo com essa visão. Os empreendedores não gostam mais de risco que os outros profissionais, mas são melhores *gestores* de risco. Odeiam risco. No entanto, sabem que arriscar é necessário para construir algo relevante. A diferença é que eles têm mais jogo de cintura, avaliam melhor o que pode dar errado e pensam em alternativas. Em inglês há uma palavra precisa para isso: o sujeito é *resourceful*. Ele se vira e sai rapidamente em busca de soluções em vez de remoer os problemas.

O empreendedor sabe que o plano de negócio voa pela janela no dia em que a empresa começa a operar. Não interessa quantos anos você passou elaborando o plano, ele não funciona. Então já pensa nos planos A, B, C, D, Z. Na hora em que as coisas começam a degringolar, ele não é pego de surpresa. Se está sem plano, ele junta todo mundo para fazer um brainstorm e traçar um novo. Essa é a habilidade de antever o que pode dar errado, e imaginar formas de lidar com os percalços. É um exercício constante de focar mais na solução do problema do que no erro em si.

Na 99, construímos um time assim. O que nos fez ganhar o jogo foi montar uma equipe substancialmente melhor do que a dos concorrentes. Não porque se formaram nas melhores universidades, mas por aliar talento a essa postura de trabalho, a esse engajamento.

O gestor era avaliado pelos seus subordinados e vice-versa, e as pessoas também eram avaliadas pelos seus pares. Tínhamos um modelo formal em que todos se incluíam, recebendo e dando feedback de todos os níveis, para cima, para baixo, para os lados. Dessa forma é possível notar quando o desempenho de uma pessoa não é bom. Tem gente, por exemplo, que é craque em puxar o saco do chefe e pegar crédito por conquistas alheias. Se o chefe usar apenas o canal de comunicação direto com o funcionário, vai achar que ele faz e acontece. Mas se consultar as pessoas que trabalham diretamente com ele, descobre que a realidade é outra.

Um bom time sabe quando alguém está arrastando os demais para baixo. Então quando essa pessoa é demitida, principalmente num ambiente de gente talentosa, competente e esforçada, o restante fica aliviado. Percebem que o gestor "faz o que prega". É como a frase: "Suas ações falam tão alto que eu não consigo escutar o que você diz". É preciso liderar sempre pelo exemplo. Pelas atitudes, as pessoas veem que aquilo é para valer.

O pessoal do RH monitorava o clima da equipe e verificava situações inadequadas. Algumas delas chegavam até mim. Certa vez, um grupo marcou uma reunião comigo para falar que alguém não estava indo bem. Queriam que eu demitisse a pessoa. Fiquei bravo. Mesmo tendo bons motivos para pensarem assim, não gostei de como conduziram a situação. "Vocês estão fazendo um motim. Não é essa a forma de agir. Há canais para isso", disse a eles. Um canal aberto com todos nos coloca a par das insatisfações. Na essência, essas pessoas tinham pontos válidos: elas já haviam listado os problemas ao colega, passaram feedback direto, mas não viram mudanças. Então acharam que era caso de marcar uma reunião comigo. Tratava-se de uma pessoa que, segundo o grupo, apresentava problemas de relacionamento com todas as áreas. A pessoa saiu da empresa meses depois.

27
Desviando de cambalachos

NO MUNDO DOS APLICATIVOS DE TÁXI, cambalachos acontecem de todas as formas. Uma delas é comprar um chip pré-pago em banca de revista por dez reais e habilitar esse número na operadora utilizando um CPF falso. Normalmente os assaltantes faziam isso para não deixar pistas da sua identidade. Uma dessas histórias tornou-se pública: uma quadrilha de assaltantes que conseguimos identificar porque um dos ladrões se descuidou. Ele havia criado diversos perfis falsos na 99, em aparelhos diferentes, para assaltar motoristas. Mas em uma ocasião o sujeito usou uma conta que ele mesmo tinha criado um ano antes, vinculando a conta no aplicativo a seu perfil do Facebook. Cruzamos as contas e os números. Chegamos à conta do Facebook e desconfiamos que era ele. E estávamos certos. A polícia foi atrás, confirmou a suspeita e o prendeu.

Era crucial sabermos quem usava a 99. Como disse, ao baixar o aplicativo, o passageiro recebe um SMS com um código para confirmar o número do celular. É a camada básica de segurança, que muitos concorrentes ignoravam no início das operações. Em outros aplicativos, o usuário colocava um número de celular, que poderia ser falso, chamava o táxi e tinha a chance de assaltar o motorista sem deixar rastros.

Quando a quantidade de assaltos começou a crescer nas corridas feitas via aplicativos e na nossa plataforma, diversos motoristas pediram que tivéssemos com os passageiros o mesmo rigor de seleção que tínhamos com eles. Mas se exigíssemos cópia do RG e CPF aos usuários, espantaríamos a clientela. Imagine o transtorno: o usuário baixa o aplicativo para pedir um carro, muitas vezes com pressa, e precisa antes inserir toda a sua documentação pessoal. O consumidor precisa de um bom motivo para seguir a regra. Se os aplicativos concorrentes não pedem nada, o consumidor opta por eles. Chegamos a discutir algumas ideias nesse sentido. Em um determinado momento, incluímos a opção de login via e-mail ou Facebook.

Conversávamos, ainda, com moradores de regiões problemáticas. Usávamos informações públicas, da polícia e dos próprios motoristas para montar nosso mapa de regiões com maiores índices de criminalidade. O motorista recebia um aviso pelo próprio aplicativo. A opção de aceitar ou não a corrida era do motorista.

Quando o risco era muito alto, comunicávamos ao passageiro que não havia carro disponível. Quando o risco era médio, só autorizávamos corrida com cartão de crédito. Ficou claro que o assaltante preferia pagamento em dinheiro, para dificultar a identificação.

Com essas ferramentas, mudamos o patamar da segurança da plataforma. Evitar assaltos era uma obsessão nossa. Eu mesmo acabei protagonizando uma história que revelou como muitos passageiros têm medo no Brasil. Perto do Natal de 2014, Carol Lopez, do nosso time de marketing, veio com a ideia: "Paulo, por que você não se veste de Papai Noel, pega o seu carro, vai para a rua com o aplicativo da 99 e dá carona para as pessoas? Aí você passa a conhecer os passageiros, faz o trajeto sem cobrar nada, como um presente de Natal". A gente fazia umas coisas meio malucas mesmo, então fui em frente com a ideia.

Compramos uma fantasia de Papai Noel e fui para a rua com o meu carro pegar passageiros. Deu tudo errado. Quando apareci para buscar uma jovem que chamou a 99, ela não quis sair do prédio. Disse que não estava vendo um táxi. Aí eu disse que o táxi em questão era o Mini Cooper vermelho, e a corrida era uma cortesia. Ela respondeu: "Um Mini Cooper não é um táxi". Tentei convencê-la. "Eu trabalho na

99 e estamos fazendo uma ação de Natal, dando carona para alguns passageiros e você foi escolhida", disse. Não tive sucesso. "Se eu chamei um táxi, quero um táxi." Foi um fiasco! Eu tinha comigo uma revista que tinha acabado de sair, com uma entrevista minha, mostrei a foto, disse que eu era o fundador da 99 e que ela não precisava ter medo. Ela entendeu, disse que adorava a 99, agradeceu, mas que preferia chamar um táxi de verdade. Foi um aprendizado fundamental que ajudou bastante a tomar decisões melhores dali em diante.

28
Saber ganhar e saber gastar

PERTO DA CHEGADA DE 2015, a maré começou a mudar. Um de nossos investidores-anjo, baseado em Londres, me disse que havia conversado sobre a 99 com um investidor da Tiger Global Management, um dos fundos que já tinham ouvido nosso *pitch* no ano anterior. Mas dessa vez acessamos um outro gestor que se interessou e quis falar comigo. Eu já estava tão frustrado com as tentativas malsucedidas de levantar mais capital que fui sincero. "Diga ao cara da Tiger que eu falei com o chefe dele há cerca de seis meses. Ele não quis investir na gente. Peça para ele perguntar ao chefe a razão dessa decisão e, se achar que ainda faz sentido, converso com ele." E assim foi. Conversamos e ele concordou em seguir em frente.

No entanto, havia um outro investidor interessado na 99, o que me colocou numa saia justa. Não posso revelar o nome, por questões contratuais, mas tratava-se de um grupo brasileiro focado em aplicativos. A proposta, porém, era menos interessante naquele momento. Era o que se chama de sócio estratégico. Não seria um investidor financeiro tradicional, que compra ações visando vendê-las depois com lucro. A sociedade estratégica envolve uma empresa que em geral não quer vender as ações adquiridas, mas integrar os negócios. Acaba trazendo uma agenda diferente, o que pode ajudar mas também desviar a empresa adquirida de sua trajetória. A negociação acaba sendo mais complexa e demorada. Gostávamos bastante desse grupo, mas os termos oferecidos não eram ideais para uma empresa no nosso estágio. A conversa já estava avançada em dezembro de 2014, e seria desagradável cancelar tudo. E tínhamos que ter certeza de que a Tiger realmente iria em frente com a proposta.

Para mostrar compromisso, o investidor da Tiger pegou um voo noturno de Nova York até São Paulo e acertou as coisas comigo no dia seguinte. Antes mesmo de entrar em contato conosco ele já tinha contratado uma consultoria que levantou as informações relevantes sobre a 99. Assinamos a carta de intenções assim que ele chegou ao Brasil e literalmente em uma semana o negócio estava fechado. Entraram 15 milhões de dólares na nossa conta — um alívio imenso. Dilúvio no sertão. Adiamos a decisão de aceitar um sócio estratégico.

A ideia era colocar o dinheiro da Tiger para girar, principalmente para adquirir usuários. Só que precisamos primeiro montar uma equipe para isso. Três ou quatro semanas depois, ainda não tínhamos começado a fazer uso dos investimentos. O investidor da Tiger ligou para saber por que o dinheiro ainda estava na conta. Não era para deixá-lo parado. Expliquei a ele que ter dinheiro em conta era uma situação nova para nós. Não sabíamos gastar. Por isso estávamos montando uma equipe com experiência para usá-lo da forma certa. Ele entendeu, mas pediu urgência. Nem precisava.

Sem experiência, gasta-se mal. Há uma curva de aprendizado própria do mundo on-line. É preciso experimentar para descobrir o que funciona melhor, testar quais canais e mensagens recebem mais cliques e estão sendo mais eficazes. É imprescindível montar um time que saiba executar bem e otimizar os custos. No marketing digital, há como medir o impacto de cada campanha e rastrear o usuário — desde a iniciativa que o levou a baixar o aplicativo até analisar se ele foi fidelizado. No começo, pode-se gastar cerca de quinze dólares por novo usuário, anunciando, por exemplo, no Facebook. Com uma boa estratégia, esse valor pode cair a um dólar ou menos.

Com a injeção de investimento, contratamos o time, colocamos o dinheiro para rodar e o negócio começou a crescer bem mais rápido.

A nossa tese estava certa: com mais cash, conseguimos decolar. A cada mês, abocanhávamos mais participação no mercado da EasyTaxi. Deu tão certo que em março de 2015 os investidores da Tiger sugeriram mais uma rodada. Na visão deles, os 15 milhões de dólares não seriam suficientes para ganhar da EasyTaxi. Conversei com Renato e Ariel e nos demos conta de que mal tínhamos usado aquela grana. Mas era melhor aproveitar o embalo, de qualquer forma. Tínhamos a chance de captar mais, e estávamos fazendo bom uso do dinheiro. Estávamos bem posicionados e preparados para assumir a liderança no Brasil. Em junho, então, a Tiger liderou mais uma rodada, com participação também da Monashees e da Qualcomm. Entraram mais 25 milhões de dólares na 99.

Ficou claro para nós que o investidor da Tiger queria ver o sucesso da 99, mas almejava uma participação maior. Sabíamos que às vezes é ruim fazer duas rodadas num intervalo curto de tempo. O ideal é alargar esse ciclo. Dessa forma, a empresa cresce mais, aumentando seu valuation. O valor da empresa aumenta na proporção do crescimento da base de usuários e número de corridas. Por outro lado, há o risco de o cheque não estar lá quando você desejar. Algo como dizer, "não quero os 25 milhões de dólares agora, prefiro receber em setembro ou outubro, porque assim vendo menos ações pelo mesmo montante". E se chegar setembro ou outubro e o investidor desistir, seja por causa da concorrência ou porque ele mudou a estratégia? É preciso avaliar esses riscos.

Vale lembrar que o cenário político e macroeconômico brasileiro de 2015 prometia ser um desastre. Dilma Rousseff estava no comando, havia uma grande recessão e descrença na economia, o que levava os fundos de investimento a adiar suas decisões até que houvesse um mínimo de estabilidade. Isso nos atrapalhou tremendamente. Mas, em geral, as start-ups são desvinculadas desses cenários mais amplos, e a 99 acabou sendo um exemplo disso. Vingamos durante anos péssimos para o país.

Quando uma empresa cresce vinte ou trinta por cento ao mês, não faz a menor diferença se o PIB nacional está encolhendo um por cento. Você tem a oportunidade de resolver o problema da mobilidade urbana, então não há tanto impacto no seu negócio. Quem sofre no faturamento são as empresas maduras e consolidadas, cuja capacidade de crescimento é menor. Mas a crise nos afetou nesse tema específico, dificultando a atração de mais investimentos do exterior, o nosso combustível.

Durante o Carnaval daquele ano, Jack estava com Ariel e Leila em um bloco na avenida Faria Lima, em São Paulo, tomando Catuaba Selvagem, uma bebida alcoólica brasileira que mistura uma série de ervas. O nome do drinque diz tudo. De repente, Ariel falou: "Jack, o aplicativo da 99 não está funcionando. O pagamento não abre". Foi um deus nos acuda. O serviço inteiro tinha caído e ninguém conseguia pedir táxi. Ele saiu desesperado para casa para resolver o problema, mas ainda conseguiu ver o lado bom da história: escapou de uma chuva monstruosa que despencou momentos depois.

Jack virou o aplicativo pelo avesso, lutando contra o tempo, testando todas as possibilidades até descobrir o que havia acontecido: o domínio tinha expirado. O boleto do "99Taxis.com.br" havia se perdido, e nunca foi pago. Bastava renovar o domínio para o site entrar no ar. Jack sempre conta da angústia que sentiu imaginando as pessoas na rua, na chuva, sem conseguir acessar o aplicativo. Como ele diz, é o famoso *shit happens*.

Jack cuidava do sistema de pagamento, que no começo era um tanto rudimentar: gerava-se um arquivo com o nome e os dados bancários de todos os motoristas que tinham valores a receber. Enviávamos a lista para o banco onde a 99 tinha conta para que fizessem a transferência. A geração diária do arquivo era automatizada, mas o envio em si era feito manualmente. Eram 8 mil, 10 mil motoristas a pagar por dia — tudo orquestrado pelo Jack. Até que um dia, por algum lapso, ele enviou o mesmo arquivo duas vezes e os motoristas listados receberam em dobro pelas corridas do final de semana, pagas na segunda-feira. E assim foram embora cerca de 100 mil reais. Ao descobrir o ocorrido já era tarde: o dinheiro já tinha saído da conta da 99 e entrado na conta dos motoristas. Não dava para cancelar a transação e pegar a grana de volta.

Jack veio falar comigo, pedindo milhares de desculpas. Imaginava que aquele seria seu último papo na 99, antes de ser demitido. Disse a ele: "Tudo bem, relaxa. Acontece. Vamos cercar para evitar que isso se repita". Fizemos do limão uma limonada. Até mais, uma caipirinha. Transformamos o erro em uma campanha de incentivo, dizendo aos motoristas que eles haviam ganhado em dobro como um agradecimento por trabalharem com a gente naquele fim de semana. Jack se acalmou e sentiu que na 99 tinha espaço para errar.

Como lembra Ariel, qualquer outra empresa teria convidado o Jack a buscar outro emprego. Mas ele estava virando noites para ajudar a 99, com enorme dedicação. Obviamente não houve má-fé. O erro virou uma campanha de marketing, e página virada. Jack se remói por causa desse incidente até hoje. Mas já tínhamos dinheiro suficiente para cobrir o rombo. Em 2014 não teríamos.

Em abril de 2015, a Carla Barone bateu na porta da 99 para se reunir com o André, o então CFO. Ela veio representando o LinkedIn para vender o software Recruiter, uma ferramenta de busca avançada que ajuda na caça de talentos. Quando ela pisou no escritório da Abaçaí, sentiu clima de agência, não de empresa. Nas palavras dela, "pessoas descoladas, desapegadas da roupa, informais, mas focadas e apaixonadas por um projeto". A Carla é publicitária, se formou em marketing pelo Mackenzie. No entanto, trabalhou por quatro anos na área comercial de uma empresa de consultoria para recrutamento. E rumou para esse caminho. Seguiu para o LinkedIn, onde passou um ano e meio como gerente de vendas, aprendendo como as grandes marcas se comportam e recrutam globalmente. Na época, ela conhecia apenas a EasyTaxi, e viu que o mundo tinha mudado quando conseguia chamar um táxi para ir para o aeroporto sem se plantar na rua de mala.

Na reunião com o André, ela descobriu que a 99 não tinha departamento de RH. A reunião levou três horas — ela desenhou o que um RH deveria ser e acabou se transformando numa consultora para o André e prometeu indicar a ele uma pessoa para aquela área. Mas ao chegar em casa, ela olhou no espelho e disse: "Essa pessoa sou eu". Ela ligou para o André e disse que não iria indicar ninguém, ela era aquela pessoa. Então ele falou para ela passar no dia seguinte para fazer entrevistas. Ela conversou com o Renato, Ariel, Leila, André e comigo. Eu, de chinelo Rider. "Nem Havaianas era", conta ela, ressaltando até que minha camisa estava meio rasgada. Acho que não estava, mas me divirto com o folclore da situação.

A Carla sabia que em empresas como LinkedIn e Google as pessoas se sentem no auge de suas carreiras. Mas ela tinha 26 anos, e, como gosta de dizer, "a cadeira marca a bunda": é preciso se esforçar para ocupar essa cadeira inteira, porque você não tem todas as habilidades necessárias para ocupar sua função. A 99 era isto: ninguém estava preparado para fazer, ninguém sabia, ninguém tinha feito. E, assim como quase todos nós, teve de enfrentar o pai dizendo que o LinkedIn era uma empresa multinacional, que oferecia oportunidades de viagens aos Estados Unidos, tinham um escritório bacana como o Google, ações e toda aquela história. Mas não adiantou.

Naquela semana, estávamos organizando um happy hour para celebrar o investimento da Tiger, sobre o qual poucos sabiam. O André chamou a Carla para a festa, e ela aceitou timidamente. Ela não queria sair bebendo na frente de gente que nem conhecia, num emprego novo. Mas ela foi, com a ideia de ficar pouco e ir embora. Isso obviamente não aconteceu. Eram trinta pessoas mega-animadas na laje e não demorou para ela se enturmar, então resolveu ligar para a família e avisar que iria demorar mais para chegar em casa. Para isso, ela teve de encarar as escadarias em busca de um lugar mais silencioso. E foi aí que, depois de alguns drinques combinados com salto alto, ela rolou escada abaixo. Espatifou-se. Quando chegou ao chão, deu de cara com a Leila, que, espantada, perguntou à nova colega se tudo estava bem. A Carla começou na 99 com o pé direito e algumas manchas roxas na perna.

Na 99, ela entendeu que não estava em uma empresa estruturada. Mas em multinacionais, ela sempre se sentiu um peixinho num aquário gigante — mudanças não eram bem-vindas, e ela se sentia de mãos atadas. Na 99, sua curiosidade e proatividade eram bem-vistas, porque todo mundo era assim. Quando ela chegou, a empresa tinha trinta funcionários, e em seu primeiro ano chegamos a oitenta. A Carla foi responsável pela primeira avaliação de desempenho que fizemos, e eu acompanhei o processo de perto. Ela deixou claro para mim, no entanto, que futuramente queria assumir outras funções na empresa. Fora que ela não só arregaçou as mangas, mas teve de algumas vezes tirar os sapatos, pois quando chovia o escritório da Abaçaí alagava. Assim como os demais integrantes do time, ela passou a se divertir, em vez de reclamar, e a conviver com queda de internet, pernilongos e "leptospirose", como ela falava. Alagou? Todo mundo largava o que estava fazendo para colocar as cadeiras e os fios em cima das mesas. E aquilo virava piada.

Uma das formas de alcançar muita gente sem estourar o orçamento de marketing é fechar ações com empresas parceiras. Para a Páscoa, Carol fechou uma parceria com a Nestlé. Pegamos um carro com formas arredondadas, o Citroën C3, e o fantasiamos de coelho: revestimos de pelúcia, com duas orelhas enormes e um focinho. Ao volante, um motorista profissional, vestido de fraque. Quem chamasse um táxi pela 99 e fosse pego com esse carro ganhava a corrida e mais um ovo de brinde. Circulamos por algumas cidades, foi uma curtição. Fui buscar as minhas filhas na escola com o coelho — uma das minhas melhores lembranças da 99. Mas, como diz o ditado, *no good deed goes unpunished* [nenhuma boa ação fica sem punição]. Logo em seguida, em uma conversa na Câmara dos Vereadores, um vereador que representava os taxistas reclamou da campanha, dizendo que "o táxi coelho não era um táxi, então não podia prestar esse serviço". Acho que estava preocupado de que substituiríamos a frota toda por coelhos. Mas como essas caronas não eram cobradas, não havia nenhuma irregularidade na ação, estávamos bem cobertos.

Nossa tecnologia só dava alegrias, e em certo ponto passamos a recuperar quase todos os itens que eram deixados por engano no carro, porque podíamos identificar o motorista da corrida. A imensa maioria deles é honesta, gente trabalhadora que faz turno longo buscando uma vida melhor para a família. E mesmo aqueles tentados a afanar algum celular pensavam duas vezes, sabendo que seriam facilmente identificados. Resolvemos o problema de muita gente. Começaram a pipocar casos de pessoas mandando e-mail para a gente dizendo: "Sou cliente fiel da 99, mas outro dia peguei um táxi sem aplicativo, na frente do shopping. Esqueci a sacola dentro do táxi. Vocês poderiam me ajudar?". Muitas vezes, conseguíamos.

Os motoristas podiam reportar os itens deixados no carro para a 99 via aplicativo e dizer que, por exemplo, um passageiro pego na rua tinha esquecido três sacolas de compras no táxi. Se o passageiro entrasse em contato com a 99, fazíamos a ponte entre eles. De graça. O motorista cobraria apenas a corrida para levar os pertences até o passageiro. Eram óculos, carteira, celular, chave, bolsa. Mas havia itens mais inusitados, como material para ritual religioso, perna mecânica, maleta de joias, violão e uma bateria completa. A recuperação dos itens esquecidos beirava cem por cento.

Certa vez, um passageiro esqueceu ninguém menos que o pai no táxi. Ele ligou desesperado dizendo que havia acabado de sair do veículo e deixado o senhor no banco traseiro, sem querer. Era idoso, usava andador e quase não falava. O filho disse que estava tão entretido sentado no banco da frente, conversando com o motorista, que, quando o carro parou, ele simplesmente abriu a porta e foi embora. Nosso atendimento localizou o taxista: "Olha, o senhor acabou de fazer uma corrida e o passageiro deixou o pai no banco de trás". O taxista se assustou. Olhou para trás e viu o senhor, quietinho. "Pior é que ele está aqui mesmo", ele respondeu. Fizemos a ponte para que o taxista entregasse o pai ao filho. Foi o esquecimento mais pitoresco.

Outro evento memorável: ao chegar às oito da manhã no escritório, deparei-me com o Juliano desesperado. Ele contou que um radialista de grande audiência acabara de divulgar que um taxista da 99 havia roubado uma bicicleta na noite anterior. O radialista revelou o modelo e a placa do carro e disse para as pessoas chamarem a polícia caso vissem o táxi. A bicicleta, dobrável, era de um amigo do locutor. Ele tinha ido a um happy hour, voltou para casa de 99 e esqueceu a bicicleta no porta-malas do táxi. Quando se deu conta do ocorrido, ligou diversas vezes para o taxista. Como o motorista não atendia, deduziu que o ocorrido tratava-se de um furto.

Nosso time ficou agoniado com a imagem da 99 divulgada daquela forma num programa de rádio que alcança milhares de ouvintes. Liguei na hora para o taxista, que atendeu com voz de sono. Ele estava dormindo, pois dirigia durante a noite — era comum ter motoristas que faziam o turno da madrugada e dormiam de dia. Por isso, podia-se levar 24 ou 48 horas para resolver casos assim. Nem tudo é instantâneo. Expliquei a situação. Mas o taxista disse que não lembrava de haver uma bicicleta no carro.

Ele pediu para retornar a ligação mais tarde. Mas não dava para esperar, porque o radialista solicitou que as pessoas ligassem para a polícia. Ele, então, levantou e foi conferir o porta-malas. A bicicleta de fato estava lá. Fui buscar pessoalmente com o meu carro. Entreguei a bicicleta no trabalho da esposa do dono e expliquei o mal-entendido, esclarecendo que não houvera má-fé por parte do taxista. Ela me agradeceu. Mais tarde, o radialista noticiou que a bicicleta havia sido recuperada.

29
Golaço

QUANDO A 99 VIROU O PRIMO RICO, resolvemos fazer encontros com os gerentes regionais a cada seis meses, para integração e planejamento. Cada um deles deveria chegar com planos de ação e de investimento. "Pensem no que vocês fariam na cidade de vocês se tivessem 50 mil reais por mês de orçamento, e tragam as ideias à reunião", pedi. A reação deles foi unânime: "Poxa, Paulo, com esse dinheiro fica fácil". Antes não tinham sequer um real, precisavam brigar para conseguir mil reais para fazer um anúncio num jornalzinho. E cada um fez o seu plano. Eu aprovava algumas ideias, reprovava outras, mas sempre fazíamos uma boa análise. Se dessem certo, poderíamos investir mais.

As sugestões iam de anunciar em outdoors na avenida principal da cidade, em revistas de grande circulação, em spots na rádio mais ouvida. Viraram um exército de pequenos empreendedores da 99 em cada praça. Até então, só recrutavam motoristas, mas a partir desse investimento começaram a trabalhar comunicação e marketing, comprar mídia e fechar campanhas. Começamos a crescer com mais rapidez.

Em março, nosso representante regional do Rio de Janeiro, botafoguense roxo, trouxe uma ideia inusitada. O time estava com diversos espaços publicitários disponíveis na camisa e não conseguia fechar contratos de longo prazo. Então passou a oferecer esses espaços de forma pontual, em jogos de grande audiência. Dali a alguns dias, aconteceria o clássico contra o Vasco pelo Campeonato Carioca. O funcionário conversou com o clube, levantou valores e nos trouxe a ideia para aprovação.

Achei legal. *O jogo vai aparecer na Globo e o estádio vai ter 50 mil pessoas. Nunca tinha passado na minha cabeça dar um passo desses*, pensei. Investir em futebol parecia fora da nossa realidade, mas o gerente trouxe a ideia redondinha. E de fato colocamos a 99 na camisa do Botafogo. Os taxistas adoraram, até porque reclamavam que a gente não investia em propaganda. Eles passaram a ter mais orgulho e prazer em divulgar a 99.

O retorno foi positivo, com mais acessos no aplicativo. A 99 passou a ser uma marca que patrocinava esporte em larga escala, ou pelo menos foi essa a imagem que projetamos. É verdade que pagamos menos de 50 mil reais na ação pontual, mas o público recebeu a iniciativa desta forma: agora éramos uma "grande empresa".

Mas um dia tudo mudou. E para melhor. Pedro se lembra de quando eu disse: "Olha, a gente vai reajustar o orçamento de 50 mil para 1 milhão de reais por mês por cidade". Uma rodada de investimento de 15 milhões de dólares, vinda da Tiger, estava para entrar, e a gente tinha que colocar a grana para girar. Ele ficou um minuto olhando para mim. Depois perguntou: "Como eu explico para essa galera que o jogo mudou tanto?".

Mas a gente não mandaria 1 milhão de reais para cada um fazer o que quisesse. Eles teriam de apresentar um plano a ser discutido, e incorporar ajustes. Seguimos apostando no futebol, e preocupações legítimas surgiram. Vários conhecidos em Minas nos encheram de pavor quando colocamos o ícone do aplicativo no uniforme do Cruzeiro. Diziam que a torcida do Atlético, seu grande rival, não iria mais usar a 99, que perderíamos metade da clientela. Nada disso aconteceu.

Pelo contrário, na semana em que estampamos o logo na camisa do Cruzeiro crescemos quinze por cento em relação à anterior. O normal de crescimento era dois ou três por cento. Há sempre o risco de ser boicotado pela torcida adversária, e tivemos essa preocupação. Conversamos com diversos patrocinadores de futebol, que nos contaram que sempre há um ou outro fanático que reclama. Mas, na prática, esse efeito é pequeno. Os corintianos falavam, por exemplo, que iam parar de tomar leite da Parmalat quando a empresa assumiu o patrocínio do Palmeiras. Mas o boicote nunca foi relevante. De fato, o resultado que veio do futebol foi significativo.

No começo do Campeonato Brasileiro de 2015, o Corinthians estava desacreditado. Fechamos o contrato com o clube nas primeiras rodadas. Logo em seguida, o atacante Paolo Guerrero anunciou a ida para o Flamengo. Para os corintianos aquilo era uma lástima, porque ele era um craque, e muitos viram ali o fim das esperanças de ganhar o campeonato. Pedimos ao Guerrero, então, que no jogo de despedida vestisse a camisa com o nosso número nas costas. Ele topou. Foi incrível ver o craque ostentando a 99 em sua última partida pelo clube.

A maior fatia dos recursos que levantamos destinava-se a fazer mais aquisição de usuários e investir em ferramentas on-line, como anúncios no Facebook. Mas naquele momento a gente precisava aparecer mais para o grande público. Os taxistas também nos cobravam. Diziam que a gente pedia para eles divulgarem o aplicativo, mas eles nunca viam a 99 em mídia nenhuma. Já éramos bem conhecidos pelas pessoas mais conectadas, acostumadas a usar aplicativos, então nossas campanhas em meios digitais estavam ficando saturadas. Precisávamos partir para uma divulgação mais ampla, usando mídias off-line.

Nos primeiros anos a gente não tinha dinheiro para nada. Contratar uma agência de publicidade era algo totalmente fora de questão. Mas com o nosso primeiro investimento de gente grande, aqueles 15 milhões de dólares da Tiger, batemos na porta de algumas agências. Ainda não era um valor suficiente para grandes campanhas nacionais, mas dava para fazer barulho. O montante que separamos para mídias tradicionais foi perto de 15 milhões de reais, algo como um terço do orçamento total de publicidade. Era bem pequeno se comparado aos grandes anunciantes, as marcas que todo brasileiro conhece.

Acreditávamos que a publicidade era uma parte relevante do esforço para popularizar o aplicativo. No entanto, a Uber não fazia propaganda. Eles investiam em uma estratégia de marketing conhecida como *member gets member* [usuário atrai usuário]. A estratégia funcionou bem para eles, e viraram uma referência global nesse quesito, acelerando a atração de novos clientes por recomendação. Nesse modelo, um usuário do aplicativo ganha desconto para indicar outro. Ainda tínhamos um desafio básico: fazer com que o grande público nos conhecesse. Mesmo os passageiros frequentes de táxi não sabiam quem éramos: noventa por cento das corridas de táxi ainda eram "na maçaneta" ou "no rolé", como os taxistas chamam aqueles passageiros que fazem sinal na rua. Enquanto isso, estávamos focados no boca a boca e nos meios digitais, via Facebook e e-mail.

Conversamos com umas três agências de publicidade, mas desde o começo eu queria trabalhar com o Nizan Guanaes. Para mim, todo publicitário é meio esquisito, mas adoro a simplicidade e genialidade do Nizan. Baiano, ele sempre vai direto ao ponto. Capta a questão num piscar de olhos, pensa instantaneamente sobre as linhas de comunicação, como transmitir as mensagens. Eu já havia trabalhado com ele na Endeavor, quando fizemos uma campanha em 2008 para a Semana Global do Empreendedorismo. Foi excelente.

Na época da Endeavor, uma organização de fomento ao empreendedorismo, tínhamos dificuldade em explicar de maneira simples o nosso trabalho. Como você explicaria? A palavra empreendedorismo não estava no dicionário, tínhamos que explicar até o conceito. Nizan, então, criou junto com sua equipe o mote "Bota pra fazer". O que é um empreendedor? É aquele cara que bota para fazer, que arregaça as mangas e cria. Com três palavrinhas, ele sintetizou a nossa mensagem. E foi brilhante em sua simplicidade.

Então, para falar da 99 para as massas, tinha que ser o Nizan. E nossa agência tinha que ser a África, que ele fundou em 2002, sob o guarda-chuva do Grupo ABC, seu conglomerado de dezoito empresas de comunicação. Algumas pessoas do mercado insistem em um estereótipo do Nizan e do conceito de agência, dizendo que é um trabalho fácil: basta pegar orçamentos milionários, contratar a Gisele Bündchen, criar uma musiquinha e colocar na TV Globo. De fato, eles fazem isso com alguns clientes, mas não acho que isso tira a eficácia da campanha. Se a estratégia serve para o cliente, não vejo nada de errado.

Vários clientes da África gastam centenas de milhões de reais por ano com agência e comunicação. Eles atenderam Brahma, Vivo, Itaú, Natura. Todos grupos gigantescos, com empresas bilionárias. Mas na época a África estava criando uma agência menor, focada em empresas em crescimento, chamada África Zero, tocada então pelo Claudio Kalim. Ele disse que a agência cairia como uma luva para a 99. Assenti, mas com ressalvas. "Nizan, estou feliz com a África Zero", disse, "mas quero você diretamente envolvido na criação e no processo."

Nizan concordou. "Paulo, o dinheiro que a 99 tem destinado a essa campanha é pouquíssimo para o nível de exposição que você deseja. É muito legal a ambição de se tornar rapidamente um nome conhecido no Brasil inteiro, mas isso custa centenas de milhões de reais — é o que fazemos para as empresas grandes. Com vocês a estratégia será diferente. Vamos escolher as mídias a dedo. Não dá para usar a TV Globo no horário nobre durante meses."

A África também se ofereceu para assumir as duas frentes, a digital e a tradicional. Agradeci mas recusei. Apesar de eles terem um time dedicado ao digital, não se trata de criação, mas de método e disciplina. Sobem-se cem anúncios diferentes no Facebook, observa-se qual deles dá mais retorno, coloca-se mais dinheiro nele e derrubam-se os outros. Para o marketing digital e funções mais analíticas, como comprar downloads, Google Analytics e Facebook Ads, contratamos gente para fazer dentro de casa, na 99. Essa é uma competência mais próxima à engenharia do que à comunicação.

A ferramenta digital nos permite monitorar passo a passo o usuário e entender toda a sua jornada: descobrir onde ele viu o anúncio digital, se ele baixou o aplicativo, verificar quando ele fez a primeira corrida e se ele registrou o cartão de pagamento para pagar pelo aplicativo. É quase impossível ter essa precisão no mundo off-line. Também é possível saber qual tipo de anúncio no Facebook traz o cliente que faz muitas corridas. É uma inteligência absurda. Terceirizar essas funções é um risco, principalmente quando o coração do seu negócio é digital. Significa fazer a inteligência de coleta de dados e usá-los de uma forma proativa. Quando alguém chegou via anúncio do Facebook, e não chamou o táxi, uma semana depois dá-se uma cutucadinha nele. Podemos perguntar se houve alguma dificuldade, dizer que temos 100 mil carros disponíveis para atendê-lo e lembrá-lo do desconto na primeira corrida. É só clicar o botão.

Nizan entendeu bem o desafio da 99, estudou o que já tínhamos feito e orientou seu time para seguir naquela linha. Mostramos a ele o Tom, o mascote criado por nossa estagiária: um carrinho com uma carinha bonitinha e fofinha. "Quem conhece a 99 já gosta da marca", disse o Nizan. "Mesmo pouco conhecida, a sensação que eu tenho, vendo de fora, é que está sendo bem construída." Para sentir a percepção e atributos do público, a África Zero fez uma pesquisa inicial, via grupos focais. O resultado foi ótimo: éramos uma empresa "informal, divertida, honesta e transparente". As pessoas já estavam entendendo que a nossa marca era uma expressão dos valores da companhia. Agendamos então uma reunião com o nosso time e o deles para uma segunda de manhã. Até Renato e Ariel estavam empolgados para ver o que os criativos haviam preparado para nós.

30
Estou doente

ESTÁVAMOS EM JUNHO DE 2015. Era domingo à noite, véspera da apresentação da África, quando mostrariam a primeira versão da nossa campanha. Ao me preparar para dormir, fui escovar os dentes. Na hora de bochechar, notei que saia água pelo cantinho da boca. Achei esquisito. Olhei no espelho e reparei que o lado esquerdo do meu rosto estava meio torto. Uma sobrancelha levantava mais do que a outra. Imediatamente pensei estar tendo um derrame. Pesquisei na internet e descobri que não era um derrame, mas uma paralisia facial chamada paralisia de Bell. Há vários artigos comparando a síndrome a um derrame, e testes que você mesmo consegue fazer para diferenciar uma do outro. Fiquei uma hora lendo artigos em sites de saúde. Minha pesquisa deu-me bastante certeza de que se tratava daquilo.

Ninguém sabe ao certo o que causa esse problema, mas acredita-se que a paralisia de Bell resulta de uma inflamação ou inchaço do nervo facial. A inflamação pode ocorrer por reação a uma infecção viral, ou por outros fatores, fazendo com que haja perda de movimentos em parte do rosto. Não é algo incomum — Ayrton Senna foi diagnosticado com o problema em 1984. Um lado da face se mexe bem, mas o outro não. Não há tratamento, a não ser anti-inflamatórios. Algumas pessoas têm sequelas permanentes, outras não. Depois de fazer meu autodiagnóstico com o Dr. Google no domingo à noite, consegui marcar um neurologista para segunda de manhã.

Ao acordar, telefonei para Renato e disse que eu não iria conseguir participar da reunião na África. Até hoje ele lembra do telefonema. Enquanto Renato foi para a agência, eu segui para a clínica. A consulta foi curiosa. O médico, um senhor, me perguntou a razão da visita. Disse a ele que eu estava com paralisia de Bell, gostaria de confirmar o diagnóstico e iniciar um tratamento. Ele me perguntou quem tinha me falado aquilo. "Olhei na internet", respondi. Ele falou um "tá bom" meio descrente. Após me examinar, ele disse que meu diagnóstico estava cem por cento correto. Receitou os remédios e mandou eu voltar dentro de uma semana. Aconselhou também passar num otorrino porque, às vezes, o nervo está sendo pressionado por alguma inflamação do ouvido. Ele sugeriu que o otorrino validasse a medicação prescrita, ou recomendasse outra mais específica. Fui dali direto a um otorrino, que confirmou o diagnóstico e sugeriu outros medicamentos. Passei na farmácia e voltei para casa. Comecei a tomar os remédios.

Na quarta-feira, dois dias após a primeira visita ao médico, acordei com uma dor aguda no abdômen. A dor era tão intensa que me rendi ao pronto-socorro do Hospital Israelita Albert Einstein, do Parque do Ibirapuera, unidade que fica separada da parte de internação, sediada no Morumbi. Contei todo o caso aos médicos. Eles disseram que um dos remédios que eu estava tomando poderia dar bastante problema no sistema digestivo e que o mais provável era que o meu corpo não estivesse lidando bem com a medicação. Por via das dúvidas, tomei Buscopan na veia — um remédio para dores abdominais, normalmente ingerido como comprimido, e endovenoso em casos de dor aguda. Odeio agulha. Essa foi a primeira vez que tomei remédio endovenoso. Odeio agulha. Odeio agulha. Odeio agulha. Tomei muito Benzetacil quando criança. Odeio agulha. O médico quis, por via das dúvidas, fazer um ultrassom no abdômen para ver se tinha algo diferente que pudesse justificar a dor.

Fiz o ultrassom e achei que o exame estava meio demorado. Normalmente, o que levaria de dez a quinze minutos levou uns quarenta.

Comecei a conversar com o radiologista responsável. Ele era conhecido de um dos meus melhores amigos dos tempos de escola. Fui quebrando o gelo. Entendi que algo não ia bem e insisti para ele conversar comigo. Ele virou para mim e falou: "Olha, Paulo, estou vendo coisas no ultrassom que não deveriam estar aqui. Apesar de nada do que vejo justificar a sua dor, você teve sorte de a gente fazer esse ultrassom, porque você vai ter que conversar sobre isso com seu médico. O ultrassom não é um exame de imagem muito preciso, mas vejo diversos nódulos espalhados nos rins". Ele disse que um médico especializado provavelmente iria pedir uma tomografia para analisar melhor. Marquei a tomografia para a semana seguinte, encaixando na minha rotina da 99.

Voltei para casa sem dor, pois estava medicado. No dia seguinte, quinta-feira, fui trabalhar normalmente. Na sexta, acordei de novo com muita dor no abdômen. Era 12 de junho de 2015, Dia dos Namorados. Voltei para o pronto-socorro do Einstein. Fernanda, minha esposa, falou: "Você está com a mesma dor. Não seria melhor ir à unidade do Einstein do Morumbi, onde há internação? Talvez eles tenham que te internar para fazer mais exames". Eu deveria ter sido sábio e escutado seu conselho, mas a gente morava bem pertinho do pronto-socorro. Ela me levou até lá, tomei a medicação na veia e fiquei bom novamente. Falei que ela poderia voltar para casa, pois eu ficaria ali para fazer alguns exames e depois retornaria à 99. O médico aproveitou que eu estava lá e me encaixou em regime de urgência para uma tomografia.

Quando eu estava na mesa do exame, a dor começou a voltar lancinante. Aumentaram o analgésico, mas nem isso funcionava. Foi o suficiente para terminar o exame. Então me moveram das poltroninhas onde ficam os pacientes, colocaram-me numa maca e pediram para eu ligar para alguém ir até lá para me acompanhar. Liguei para a Fernanda. A dor foi aumentando, mas a tomografia não deu nada. Os médicos não sabiam o que era. Pedi para a Fernanda ligar para o dr. Cássio Andreoni, um amigo nosso, urologista do Einstein, excelente profissional. Achei que seria bom ele dar uma olhada no exame. Dr. Cássio olhou a tomografia na hora, pela internet, mas não viu nenhuma anomalia que justificasse o quadro de dor aguda, que, no entanto, piorava. Comecei a tomar morfina na veia, e ainda assim a dor não passava. Eu estava no último dos analgésicos, e tremendo de dor na cama.

Quando fui fazer xixi, saiu sangue. O dr. Cássio desconfiou de algo errado no rim, conversou com a diretoria do hospital e eles resolveram me remover de ambulância da unidade do pronto-socorro, que fecha à noite, para o hospital do Morumbi. Eu iria ser operado no dia seguinte, sábado de manhã, pelo próprio dr. Cássio. No dia seguinte pela manhã, tomei anestesia geral, e uma sonda com uma câmera navegou pelo meu rim para descobrir o que estava acontecendo. Em casos de cálculo renal, os médicos conseguem ver a pedrinha com a sonda, agarrá-la com um ganchinho e retirá-la. Eu tinha todos os sintomas da doença. Mas não tinha o cálculo.

Uma junta médica quis acompanhar o procedimento para desvendar o caso incomum da dor aguda sem causa aparente. Ela era um pouco mais atrás, de ambos os lados, e isso também é raro. A dor bilateral atrapalhava o diagnóstico. Em geral, reconhecer pedra no rim é facílimo, a dor aguda é só no lado que fica obstruído. Vê-se facilmente no ultrassom. Com tomografia é possível até medir o tamanho exato do problema.

Resumo da ópera: por meio da câmera inserida no corpo, o médico viu uma espécie de areia que havia se formado nos dois rins e entupiu completamente, ao mesmo tempo, as duas passagens para a bexiga. Só que a tal areia era tão fininha que no exame de imagem ficava transparente. Na câmera, com a luz, ficava óbvio.

O dr. Cássio lavou tudo aquilo com água, com um guinchinho acoplado à câmera. A dor era a mesma de cálculo renal, famosa por ser mais forte do que a de parto, e por perder apenas para a de infarto. Aproveitaram o procedimento e com um pequeno corte no rim fizeram uma biópsia — a retirada de um pedacinho de um nódulo, para um patologista analisar. Permaneci anestesiado. Após desobstruir tudo, o dr. Cássio colocou dois duplos J dentro do rim. Trata-se de um cateter que abre caminho para a urina chegar até a bexiga em casos de inflamação. Sem o dispositivo, a irritação causada pelo procedimento pode fechar o canal de novo. O que foi incomum foi colocar duplo J em ambos os rins.

Sábado à tarde acordei da anestesia no paraíso. Eu não sentia dor. Flutuava. Como estava com uma sonda, nem precisava ir ao banheiro para fazer xixi. Dormi uma noite no hospital e voltei para casa no domingo. O dr. Cássio falou para eu pegar mais leve durante a semana, e alertou que iria doer um bocado para urinar nas primeiras vezes. Ele estava certo. Voltei ao trabalho. Uma semana mais tarde, retornei ao hospital para retirar os duplos J. Depois do procedimento, o dr. Cássio passou no meu quarto. Disse que o resultado da biópsia do nódulo ainda não estava pronto, mas pediu que o patologista desse uma sugestão do que poderia ser.

Em função da resposta, ele já havia marcado uma consulta para segunda à tarde, dali a dois dias, com o dr. Nelson Hamerschlak, chefe da hematologia do Einstein. "Não perde essa consulta porque esse cara é o mais capacitado para esse tipo de coisa. Na terça-feira ele vai viajar e ficar uma semana fora. Consegui te encaixar." Voltei para casa. E na segunda fui trabalhar. Fiquei com isso na cabeça, mas fazer o quê? Tem que tocar a vida. Depois do almoço, peguei meu carro e fui dirigindo até o hospital. Fui recebido pela dra. Cláudia Bley, braço direito do dr. Nelson.

Ela olhou meus exames, conversou comigo, me examinou, apalpou meu pescoço e axilas para ver se achava nódulos e chamou o dr. Nelson, um sujeito realmente espetacular. Ele entrou na sala, conferiu os exames e disse: "Paulo, vamos fazer uma pequena cirurgia para implantar uma válvula em você para começar uma quimioterapia prontamente". Naquele instante, a dra. Cláudia falou: "Dr. Nelson, ainda não lhe dei o diagnóstico. O Paulo não sabe o que ele tem". Então ele explicou. "Vimos nos exames que, a princípio, você tem um linfoma, ou seja, um grupo de tumores de células sanguíneas. Testamos o subtipo: este é um tipo de câncer bastante agressivo", revelou.

Ele continuou com uma boa e uma má notícia. A má é que se a gente não tratasse imediatamente o câncer avançaria muito rápido. A boa era que havia mais chances de o tratamento ser eficaz. Para qualquer tipo de câncer, em geral, quanto mais rápido ele se multiplica, mais chances temos de tratar. O câncer crônico, que cresce devagarinho, é mais difícil de enfrentar. Mas contra um que cresce diariamente, há muito o que fazer. Dada a agressividade do câncer, cada dia passaria a contar. Ele perguntou: "Você precisa voltar para casa ou posso te internar agora mesmo?".

A ficha só caiu naquele momento. Já estava claro que eu tinha um problema que exigiria tratamento. Mas ouvir um oncologista perguntar se você precisa voltar para casa ou se ele pode te internar naquele minuto porque o quadro requer urgência nunca é bom. Eu preferia ouvir, "desculpa, você errou. A sala do ortopedista é a do lado". Mas eu estava na sala certa. Hoje, a oncologia é muito especializada. E dr. Nelson é, na verdade, um onco-hematologista. Ele trata de doenças do sangue em geral, incluindo oncológicas.

O desafio da equipe médica naquele instante era lidar com um empreendedor. "Dr. Nelson, são três e meia da tarde", disse a ele. "Posso dar entrada no hospital amanhã, às seis da manhã? Não trouxe mala, não falei com ninguém. Posso usar o final de tarde para arrumar minha vida e dar entrada amanhã bem cedo?" Ele concordou, apesar de que a ideia inicial era me manter ali enquanto ele planejava a minha rotina.

Ele marcou o primeiro exame, o PET scan, uma tomografia que escaneia o corpo, para as sete horas da manhã. "Você vai ficar três dias fazendo uma bateria de exames, depois vamos finalizar o diagnóstico, sentar de novo e definir o tratamento", avisou. "Mas já adianto: você vai passar pelo menos um mês direto aqui no hospital. Vamos entrar com quimioterapia pesada, então prepare-se para uma longa temporada." Ele perguntou se eu queria que ele chamasse um táxi. Falei que tinha vindo de carro e que podia voltar dirigindo.

O fato de eu negociar a hora de internação no hospital me remete a uma frase do Steve Jobs que adoro: "Quando você mexe alguma coisa e o mundo à sua volta se adapta, dá uma sensação extremamente libertadora". Ser protagonista é ter uma postura oposta ao pensamento fatalista de que "o mundo é assim, não interessa o que você faz, as coisas vão acontecer da mesma forma". Fazer algo que cause uma mudança no mundo é uma experiência transformadora. Muitos empreendedores fazem isso todos os dias. Ao viver dessa forma, passamos a entender que o universo não é fixo. Muitas vezes, os limites estão dentro da nossa cabeça. Cabe a cada um aceitar ou não o que os outros impõem. Um empreendedor negocia tudo, não desliga e é muito chato: ele não se conforma com o statu quo. Ele quer discutir, influenciar, questionar, quer entender por que não, por que sim. Enfim, quer fazer diferente, do seu jeito.

Ao deixar o consultório naquela tarde, pensei: *Vou ficar semanas no hospital, preciso pegar meu computador e avisar a galera da 99 sobre o que está rolando. Vou de carro até lá, pego o material necessário de trabalho para levar comigo, junto a turma e dou a boa notícia.*

O André estava ao telefone quando me aproximei. Ele colocou a ligação no mudo. Eu disse que queria conversar, mas ele respondeu que naquele momento estava ocupado. Insisti: "Tenho que falar com você agora". Ele desligou e subimos para uma salinha de reunião. Chamei oito ou nove pessoas, entre elas Ariel, Renato, Leila e Carla. "É o seguinte", comecei. "Acabei de voltar do oncologista. A notícia não é boa. Vou ser internado amanhã cedo. Terei de passar semanas direto no hospital em tratamento. Vocês vão ter que segurar as pontas por um tempo. Não consigo fazer um plano agora, saber como fica a empresa ou como vamos trabalhar, até eu entender melhor o que está acontecendo."

As pessoas ficaram paralisadas. Até então, elas sabiam que eu estava com alguma coisa, por causa das minhas visitas ao pronto-socorro e ao hospital, mas não desconfiavam de que eu estava indo ao oncologista naquele dia e muito menos que eu tinha recebido um diagnóstico daquele. Ficaram em estado de choque. Renato até hoje brinca que justo na hora que a gente estava começando a fazer barulho eu "inventei esse troço". Embora estivessem empolgados com a 99, ficaram tristes por minha causa. Ele lembra que foi muito difícil lidar com todas as emoções ao mesmo tempo. No começo foi complicado, pois não sabíamos como tratar do tema com o restante do time. Algumas pessoas eram mais próximas, outras não.

Me despedi, peguei o carro e fui para casa. Liguei para a Fernanda. Contei a ela o que estava acontecendo. Ela saiu do trabalho e foi me encontrar. Fiz a mala e na manhã seguinte ela me levou ao hospital.

Foi difícil. A mãe dela morreu de câncer quando ela tinha apenas oito anos de idade, além de outros casos na família.

André só se tocou da realidade na noite seguinte, quando eu enviei um e-mail para poucas pessoas, explicando a situação. Ele se lembra da frase: "Tenho boas chances de sair daqui recuperado". Conhecendo o meu otimismo, ele sabia que "boas chances" significavam sessenta por cento, na melhor das hipóteses. Ele jogou o nome do câncer na internet e viu que entre sessenta e oitenta por cento das pessoas que desenvolviam aquele tipo morriam. No entanto, ele acreditava que com a minha cabeça de empreendedor quinze por cento de chance de dar certo já era uma maravilha — bastava um por cento de chance para seguir em frente.

Logo depois de receber o e-mail, tocou o telefone da 99. André ainda tinha lágrimas nos olhos. Era Carlo Dapuzzo, investidor da Monashees. André teve de se recompor antes de atendê-lo. Ao caminhar até o telefone, ele foi pensando: "A forma como eu responder a esse telefonema talvez mude muita coisa aqui. Então, é bom eu me posicionar bem". E conseguiu. Disse ao Carlo que tudo ia dar certo, que a empresa continuaria. O Dapuzzo respondeu: "Ótimo, era isso que eu queria ouvir". André percebeu ali a importância de sua postura e fortalecimento durante a minha ausência, especialmente se o pior acontecesse comigo.

A primeira semana no hospital foi tomada por exames. Dei entrada na terça-feira e na sexta os médicos já tinham o diagnóstico fechado: em vez de linfoma, eles reclassificaram para leucemia. O linfoma é quando há massas isoladas. A leucemia está no sangue todo. Não adianta tratar uma massa, e sim a medula, que é a "fábrica" do sangue. Fiz uma punção na medula, que recolhe uma amostra das células, e o exame apontou que 62 por cento das que ela estava produzindo já eram ruins, e só 38 por cento eram saudáveis. Eles até estranharam que eu não estivesse sentindo outros sintomas como falta de ar, cansaço e mal-estar. O dr. Nelson nunca tinha visto casos de leucemia que causaram paralisia facial e problemas renais.

ESTOU DOENTE

* * *

No momento do diagnóstico, em junho de 2015, estimei que as chances de chegar vivo ao final do ano eram de cinquenta por cento. Eu e a doença, com a mesma probabilidade de vitória. Não era muito animador. Mas uma start-up de tecnologia tem bem menos chances de sucesso. A cada etapa concluída, minhas chances aumentavam. Havia alguns atenuantes: eu estava num bom hospital, acompanhado por uma boa equipe médica, coberto por seguro-saúde. Tive acesso a um nível de medicina que, infelizmente, é remoto para a maioria dos brasileiros. Isso obviamente melhorou as minhas chances de sobrevivência.

Os aspectos práticos eram importantes. Se eu fosse morrer daquela doença, quanto tempo levaria? Uma semana? Duas? Um mês? Em que estado? Consigo ajudar o processo de cura tomando alguma decisão? Pensei em gravar vídeos para minhas duas filhas assistirem no futuro, quando eu poderia não estar mais junto para orientá-las ou celebrar ocasiões importantes junto com elas. Mas entendi que não era o momento. Eu deveria focar cem por cento no tratamento e teria tempo para fazer os vídeos se a situação se agravasse e minhas chances piorassem.

Começamos a jornada. Dr. Nelson me disse: "Há várias linhas de tratamento. Dado que você é jovem e está em ótima forma, vamos pegar a mais dura, que em geral é usada para crianças e jovens adultos. É uma linha muito agressiva, com maior chance de cura. Mas vai te maltratar com mais intensidade". Fiquei feliz ao ouvir que eu era jovem. Na 99, estava acostumado a ser o velho da turma. "A avaliação da equipe médica é de que você pode aguentar. O coração está bom, o fígado está bom, o rim está bom. Então vamos bater com força máxima para aumentar a possibilidade de um resultado ideal." Concordei.

Naquele mês de julho dei uma entrevista sobre a 99 para a revista *Veja*, por telefone, do meu quarto no hospital. A repórter perguntou a minha opinião sobre a Uber. Todos achavam a empresa americana a maior inovação do planeta, menos eu. "Honestamente, não vejo inovação na Uber. Se há inovação no Brasil, quem fez fomos nós." Eu queria reverter a ideia, muito alimentada pela imprensa, segundo a qual a Uber era a grande novidade e a 99 havia ficado obsoleta. Relembrei a ela que operávamos no Brasil há dois anos com pagamento pelo celular e curadoria feita pelos passageiros, que também podiam avaliar os motoristas. As "novidades incríveis" da Uber de que a mídia falava não eram tão novas assim. Fora o fato de que a Uber operava em desrespeito aos regulamentos existentes, e nós não. Obviamente, o título da entrevista foi: "'Não vejo inovação na Uber', diz o ceo da 99Taxis".

Passei o mês de julho no hospital. A Fernanda e eu tínhamos reservado com antecedência uma semana em um resort na Bahia para aquele mês. Na terceira semana de quimioterapia, falei para ela ir com as crianças. Eu não iria a lugar algum. O tratamento, definido no minuto zero, levaria um mês de internação na primeira parte e mais dois anos e meio de quimioterapia. Eram três fases: um mês de indução da remissão (para erradicar a doença), seis meses de consolidação (fazer a cura durar) e dois anos de manutenção. Todas as medicações estavam definidas no papel até fevereiro de 2018.

E lá estava eu, num típico quarto de hospital, inteiro branco, mas com um bom agrado: uma mesa com poltroninha que virou meu escritório. Meu "hospital office". Tinha uma tv na parede que eu usava pouco, mais à noite, e um sofá para visitas que era bem desconfortável para dormir. O mais legal era uma salinha de reunião com cara de escritório moderno que ficava na entrada, bem no corredor, onde fiz diversas reuniões de trabalho. Acho que só eu o usava para assuntos não médicos. No quarto, havia quatro persianas com blackouts antigos, barulhentos. Sobravam sempre uns furinhos que deixavam pequenos raios de sol invadirem, mesmo quando os blackouts estavam fechados.

Lidei com a minha doença de uma forma empreendedora: ou seja, otimista, científica e analítica. Quis entender melhor a origem e saber quais eram as minhas chances de cura, para então pensar nos meus planos. Tentei ver o que dava para fazer — apesar de, no fundo, saber que era pouco. Mas ainda tinha algo a ser feito, então era importante olhar o lado mais cheio do copo. O empreendedor faz isso. Quem empreende carrega uma boa dose de otimismo porque, se ele for olhar todos os problemas a serem enfrentados, provavelmente não cria nada.

Essa é uma premissa clássica de todo empreendedor, seja ele pequeno, médio ou grande, bem ou malsucedido. É preciso um certo excesso de autoconfiança, ou um quê de desinformação, porque a chance de um negócio dar errado é muito maior do que a de dar certo. As estatísticas comprovam isso.

Minha preocupação primária era minha família, principalmente as minhas filhas. E também a 99. Sempre fomos transparentes com a nossa equipe. Não dava para inventar uma história do tipo "o Paulo estava com uma gripe forte e vai passar os próximos seis meses no Einstein". Fui atualizando todos o tempo inteiro. Eu tinha um papel organizado pelo hospital listando todas as dosagens da quimioterapia, fora o resto dos medicamentos necessários, como antibióticos e antivirais. Eu escrevia para o pessoal sobre todas as etapas do tratamento e sabia do risco. Isso era crucial para tomarmos decisões.

31
I love 99

A CAMPANHA DA ÁFRICA ESTREOU em 11 de agosto de 2015 com os slogans "I love 99Taxis" e "99 é só love". Começou com três filmes curtos, de um total de oito, todos de animação com narradores. Incluímos peças para TV exibidas no horário nobre, com entradas nos intervalos do *Jornal Nacional* e na novela das 9, além de inserções de rádio, anúncios nos principais jornais veiculados nas oito cidades prioritárias para a empresa — São Paulo, Rio de Janeiro, Recife, Salvador, Fortaleza, Belo Horizonte, Curitiba e Porto Alegre. A 99 estava em todo lugar. Renato lembra da vez em que todo mundo se reuniu no escritório para ver o comercial da 99 passar pela primeira vez no intervalo do *Jornal Nacional*. Empolgação "muito maior que na Copa do Mundo", segundo ele. Nessas horas, ele diz que eu fazia falta.

O futebol veio como apoio a essa iniciativa, pois o patrocínio do esporte sozinho não era suficiente. Em geral, no mundo da publicidade é preciso atacar várias frentes para divulgar a marca. É igualmente importante estar presente em momentos de uso e necessidade. No nosso caso, quando a pessoa precisa de um táxi, conhece o aplicativo e resolve experimentar, converte na hora. Já quando vê a propaganda na TV, não é algo tão direto. A gente monitorava os filmes veiculados no horário nobre da TV Globo, por exemplo, contando o número de downloads do aplicativo logo após a inserção. A veiculação custava uma fortuna e, no final, gerava uns cem downloads. Na ponta do lápis, não faz o menor sentido. Mas a conta não era tão simples assim. Era necessário construir uma marca e uma reputação perante o público.

Em paralelo à campanha, estabelecemos um desconto no táxi. Havia uma percepção de que o táxi era caro. Então bancamos a diferença. Aliás, foi onde gastamos a maior parte do dinheiro que levantamos. Dávamos vinte por cento de desconto para os passageiros. Se a corrida custasse vinte reais, o passageiro pagava dezesseis, mas o motorista recebia dezessete: a 99 completava o que faltava, menos a comissão do aplicativo, como se tivesse recebido o preço cheio. A comissão, de cerca de quinze por cento, pagava os custos da transação do cartão de crédito, e o que sobrava era a receita principal da 99. Então nessa fase da promoção dos "20% off" a 99 ficou sem qualquer receita por meses, investindo todas as fichas no crescimento da base de usuários.

A iniciativa rendeu um boca a boca espetacular. Não havia limite de preço. Não era necessário pegar cupom ou digitar código. Bastava chamar pela 99 e pagar pelo aplicativo. O desconto era dado automaticamente ao final da corrida. Tudo isso acompanhava as campanhas de comunicação para aumentar o impacto e acelerar o crescimento da base de usuários. Foi uma estratégia muito acertada. Na reta final de 2015, muita gente nos conhecia.

Avançamos com força em todas as frentes. Os pagamentos via aplicativo saltaram de cinco para trinta por cento depois da campanha, pois o benefício só valia para quem pagasse pelo celular. Essa era uma de nossas metas. Àquela altura, tínhamos quase toda a receita da 99 baseada em comissão de pagamentos em nosso aplicativo. Paralelamente, nos juntamos com a marca de uísque Johnnie Walker para alertarmos que "quem dirige não bebe".

A gigante do uísque já tinha um orçamento grande para isso e bem antes da nossa parceria fazia algo extremamente trabalhoso: criava vouchers de táxis, e os primeiros quinhentos passageiros que ligassem para uma cooperativa dando o código Johnnie Walker ganhavam vinte reais de desconto na corrida. Passamos o conceito da campanha para o formato digital no aplicativo da 99, com a hashtag #HojeEuNãoDirijo.

Às sextas e sábados, de nove da noite às quatro da manhã, quem pegasse a 99 teria o desconto. A diferença de vinte reais era bancada pela Johnnie Walker. Juntamos as duas marcas, ampliando a escala da campanha. Atendemos dezenas de milhares de pessoas nos fim de semana.

Pelos dez meses seguintes, a minha agenda estaria tomada de visitas ao hospital. A cada três semanas, eu fazia um novo tratamento. Era internado por dez ou doze dias seguidos, depois voltava para casa. Minha cabeça estava funcionando cem por cento o tempo todo, mas fisicamente eu estava sem apetite e sentia mal-estar. Se o quadro apresentasse melhora, o plano seguiria o mesmo. Se fosse piorando, os médicos partiriam para um plano B. O tratamento consistia em destruir a medula com quimioterapia. Ela se reconstruiria para voltar novinha, produzindo células saudáveis. Mata-se a medula, por assim dizer, várias vezes até ela se regenerar.

Passei por esse processo seis ou sete vezes. Cada vez que se faz isso é preciso ficar internado porque a imunidade vai a zero. Visitas são vetadas e no quarto só se entra de máscara. Os médicos utilizam várias drogas diferentes em cada uma das sessões, porque leucemia é uma agulha no palheiro. Não há um lugar concentrado, é preciso exagerar na medicação para diminuir a chance de a doença voltar. No meu caso, dei sorte dentro do azar: a minha medula renasceu boa logo na primeira vez. Então, ao final do primeiro mês de internação, o exame já mostrou a doença zerada. Ainda assim, tive que fazer dois anos e meio de quimioterapia. Nunca se sabe se o problema pode voltar, mas as chances de retorno ficam mais remotas se seguirmos o protocolo até o final — e se o corpo reagir bem a cada etapa do tratamento.

Ao longo do tratamento, raras vezes a Fernanda foi comigo. Claro que a vontade dela era estar ali 24/7. Mas eu preferia ir sozinho. Pedi para ela focar nas crianças, manter a rotina da casa e fazer o que desse para essa fase passar com o menor impacto possível para elas. Minha mãe também queria ir, mas eu achava que ela iria sofrer mais do que eu e fazer perguntas demais aos médicos. Então ela só ia quando eu deixava. Vários amigos me deram força e foram me visitar. Um me deu um livro chamado *O imperador de todos os males: Uma biografia do câncer*, do oncologista e pesquisador indiano-americano Siddhartha Mukherjee, que ganhou o prêmio Pulitzer pela obra em 2011. O livro mostra toda a história da doença, desde a descoberta até os dias atuais, retratando a luta pela cura. Outro amigo me deu o livro *Quando coisas ruins acontecem às pessoas boas*, escrito em 1981 pelo rabino americano Harold Kushner. Nunca fui religioso. Honestamente, não fazia sentido para mim, mas li o livro por curiosidade. Durante todo o tempo, não gastei energia tentando entender "por que eu?". Coisas ruins acontecem com todo mundo o tempo todo, faz parte da vida. Melhor focar no que está ao seu alcance para melhorar sua situação.

Não transferi minhas responsabilidades na 99 para ninguém. Continuei com todas as funções, e passava na empresa nos períodos em que não estava internado. Mesmo no primeiro mês de tratamento, na semana seguinte aos exames, voltei a trabalhar normalmente do hospital, falando com as pessoas via Skype. Só Renato e Ariel passaram a ir uma ou duas vezes por semana ao Einstein para conversar. Pedi que o restante do time não me visitasse para não bagunçar demais a rotina no hospital. Ariel marcou uma série de reuniões que chamávamos de UTI: eles traziam todo tipo de problemas e questões, montávamos uma pauta para o próximo encontro e a vida seguia. O time combinou entre si que não iria me abordar a todo momento, para me incomodar o mínimo possível.

Infelizmente, havia muitas crianças internadas no Einstein com o mesmo problema e tratamento que eu. No quarto delas, enfermeiros colocavam uma folhinha na porta dizendo "Meu nome é Fulano, eu tenho tantos anos. Meu papai se chama tal, minha mamãe se chama tal, meu desenho favorito é tal". O Einstein é um hospital humanizado: eles tratam o paciente primeiro, depois a doença. Sou bastante grato a toda a equipe que cuidou de mim. Também quis uma folhinha e um enfermeiro arrumou para mim. Escrevi: "Meu nome é Paulo Veras, tenho 43 anos, meu papai é o Pedro, minha mamãe é a Gilda". Coloquei na porta. Ainda colei uns cartazes que o pessoal da 99 fez para mim, com mensagens de apoio e a assinatura de todo mundo.

O pessoal do hospital que passava por ali começou a usar a 99. Esse clima era animador. Teve também um vídeo que o pessoal da 99 gravou no meu aniversário, dia 1º de setembro, no qual André produziu uma espécie de selfie do time todo.

Hoje, quando olho as fotos daquela fase, me pergunto: "Quem é esse cara?". Eu era outra pessoa. O processo muda muito a fisionomia. O fato de eu já ser careca foi uma vantagem: perder o cabelo por causa da quimioterapia não seria um problema. O esquisito foi perder até a sobrancelha. Com tanta cortisona, fiquei bolachudo. A testa limpinha mudou o meu look. Tenho pelo na orelha, mas esses não caíram. Um médico disse que esse meu gene português é mais forte que o câncer. André lembra que logo que eu fiquei com o rosto diferente coloquei minha foto dessa forma no perfil do Google Hangout para todos se acostumarem. Quando fiquei totalmente careca, troquei a minha foto pela do ator Reynaldo Gianecchini, que sofreu da doença publicamente e se curou, e escrevi: "Estou mais careca ainda, mas fiquei mais bonito".

32
Didi entra em campo

MEU PRIMEIRO CONTATO DIRETO com a Didi Chuxing, conglomerado chinês de mobilidade compartilhada e inteligência artificial, foi em setembro de 2015. Ainda estávamos no desafio de levantar a rodada série C de 100 milhões de dólares, sob a liderança da Tiger. Pedi ao nosso contato na Tiger que nos apresentasse a alguém relevante na Didi para iniciarmos um relacionamento. No final daquele mês, fiz um *call* com um executivo sênior na área de novos negócios, Tony Qiu. Falei sobre nossos planos na 99 e tentei aprender tudo que podia sobre a Didi. As conversas eram feitas do hospital, e os e-mails deixavam claro que os *calls* seriam feitos entre um tratamento e outro, até porque eu não tinha controle da minha agenda.

A Didi queria saber mais sobre o Brasil, mas não estava focada em expansão internacional. A prioridade era ganhar da Uber na China. Pediram para mantê-los informados sobre o andamento do negócio e da rodada. Poderiam colocar algum dinheiro, talvez cinco a dez por cento do que fôssemos levantar. Mas não queriam liderar a conversa, apenas pegar carona quando o negócio com os outros fundos já estivesse avançado. Em outubro dividimos com a Didi nossa apresentação para investidores, o famoso *investor deck*. Também naquele mês, fechamos a contratação do Peter, um americano vindo do Google e da Bain & Company — uma das maiores consultorias do mundo no campo de gestão. Mas ele só começaria na 99 após o réveillon.

Naquela mesma fase, o representante da Tiger estava no Brasil e fizemos uma reunião de duas horas na sala de reunião do hospital, com Carlo Dapuzzo, da Monashees. Além dos investidores, estava ali o "TJ", ou "tamo junto". Esse era o apelido que um enfermeiro dava carinhosamente para aquele suporte de rodinhas onde se pendura o soro que acompanha o paciente. Eu ficava com aquilo plugado direto por dias a fio, fosse para soro ou medicação endovenosa. Pelo menos dessa vez eu estava vestindo uma roupa normal, não aquele avental azul lindo que deixa o rabicó de fora.

Depois de meia hora de reunião, apareceu um cara na porta, carregando uma bolsa térmica. "Paulo, chegou aqui o sangue para a sua transfusão", avisou. O sangue estava em uma bolsinha com o meu nome, usada para transfusão quando o número de plaquetas despenca. "Quanto tempo dura essa bolsinha? Podemos fazer daqui a duas horas?", perguntei. "Dura quatro horas. Podemos esperar." "Tá bom, te aviso quando eu acabar aqui." Fechamos a porta e continuamos a reunião. Antes de qualquer transfusão, eu tinha que tomar uma dose alta do antialérgico Benadryl. Não para dormir, o que acaba acontecendo em cinco minutos, mas para evitar reações ao sangue que entrava no meu corpo.

Tínhamos que discutir os planos da empresa. Uma das ideias era contratar duas pessoas mais seniores, para serem meu braço direito e meu braço esquerdo. Isso aconteceria independentemente de eu voltar ao trabalho ou não. Achávamos que pela escala que a empresa estava tomando, e pelo tamanho da nossa ambição, era importante reforçar o time de liderança. Grandes tarefas estavam concentradas em pouca gente. A organização se tornava mais complexa, resultado de um longo processo de expansão.

A liderança da época já era bem mais qualificada do que a de dois anos antes. É óbvio que o time e o modelo de gestão de uma empresa que gira 1 bilhão de reais por ano são diferentes de uma que gira 1 milhão. É preciso acompanhar o crescimento e reforçar a equipe à medida que o desafio fica mais complexo. A decisão não foi tomada porque eu estava doente, mas porque era necessária naquela fase.

Na época dessa reunião no hospital, a quimioterapia estava funcionando perfeitamente. Eu estava conseguindo trabalhar diariamente com o meu notebook, planejava terminar a fase mais dura do tratamento, que exigia muito tempo de internação, e voltar para o escritório em fevereiro de 2016.

Durante a primeira e segunda fases do tratamento de leucemia, eu ainda aparecia na 99 cerca de duas vezes por mês, e fazia o resto dos contatos via Skype. Depois de sete meses, entrei na terceira fase, a de manutenção. Em *O imperador de todos os males*, Mukherjee conta que há sempre um risco de células ruins se alojarem no sistema nervoso central e no liquor, o líquido que circula pelo cérebro e pela medula espinhal. A quimioterapia ataca o sangue e a medula óssea, mas uma barreira hematoencefálica protege a região cerebral, aonde medicamentos administrados por via endovenosa não chegam.

O plano dos médicos, diante do risco, era realizar seis sessões de quimioterapia nas quais uma agulha, fininha, mas comprida, seria injetada na coluna. Injetam três quimioterápicos diretamente no sistema nervoso central, por isso a eficácia. O resultado do exame feito no liquor deu negativo para células ruins desde o início, o que foi uma ótima notícia. Quando o resultado é positivo, o tratamento passa a ser ainda mais pesado. O protocolo de manutenção da quimioterapia incluía, ainda, um planejamento para diversas sessões de radioterapia no cérebro, como medida preventiva. Vai que tem "um bichinho" que nunca vimos.

O problema é que esse procedimento é acompanhado por diversos efeitos colaterais, desde simples fadiga até redução da capacidade de raciocínio. Então comecei a questionar os médicos. Eu estudava o protocolo e sabia detalhadamente as datas e doses. Dois meses antes de essa etapa começar, falei: "Doutores, eu não quero fazer essa radioterapia". A primeira reação deles foi me falar que aquilo não era algo que se discutia caso a caso. O protocolo resultava de tratamentos certeiros no mundo todo, estipulado por juntas médicas. "Isso aqui não é um roteiro-base que a gente vai customizando por paciente", disseram. "Seguimos isso à risca. Temos que garantir a uniformidade dos procedimentos e uma medição de resultados que permita ser mais eficaz. Não é possível mudar um pedaço."

Bati o pé. Falei que não ia fazer. Até que eles viram que com empreendedor não se brinca e reuniram uma junta médica internacional com os gestores do protocolo e levaram o meu caso para discussão. Pedi para participar das discussões, mas obviamente me barraram. Então achei um plano B. Havia um médico na equipe que conciliava extrema competência com muita irreverência, dr. Breno Moreno de Gusmão. Um cearense que estudou na Espanha, boa-praça e, acima de tudo, extremamente profissional. Disse a ele: "Dr. Breno, o senhor precisa me ajudar. Eu não vou fazer essa radioterapia. Dou-lhe uma procuração e você me representa na discussão. Trata-se de um procedimento puramente profilático, desnecessário no meu caso".

Fiquei no pé do médico, reforçando o pedido. Eu buzinei tanto que uma hora ele virou para mim e falou: "Paulo, é o seguinte: você me perturba tanto, questionando tudo, fazendo perguntas difíceis, que eu vou lá votar para fazerem a radioterapia no seu cérebro. Depois de várias sessões você vai ficar mais tranquilo. Aí vai deixar a gente trabalhar em paz". Mas minha chatice deu certo. A junta médica mudou o protocolo para mim e até para outros pacientes com condições similares. Eles trocaram as sessões de radioterapia por mais doze aplicações da injeção no liquor. Optaram por prevenir dessa forma, sem nenhum efeito colateral.

Senti-me no *Domingo no Parque*, programa do Silvio Santos que passava no SBT na década de 1980. Quando a criança entrava em uma cabinezinha, o Silvio perguntava se ela topava trocar uma bicicleta por um chiclete. Dentro da cabine, ela não escutava a pergunta, mas devia responder "sim" ou "não". Corria o risco de ganhar um chiclete em vez de uma bicicleta. No meu caso, eu sabia bem qual era a pergunta: "Você troca as sessões de radioterapia no cérebro por doze injeções na sua coluna vertebral?". E a resposta era: "Siiiiiim!". E assim foi. Levei dezoito injeções na coluna. A cada picada, fazem uma sucção de líquido para análise. É como colocar um pequeno fantasma dentro de um tubinho. A sensação é que estão sugando seu âmago. Em seguida inseriam a quimioterapia no liquor. Mas os médicos triplicaram o número. Não há dor, mas você sente levemente a sucção — é uma sensação muito esquisita. No começo, eu pedia para ser sedado, mas depois desencanei, comecei a fazer acordado mesmo e sem anestesia. O restante da quimioterapia seria tomado via comprimidos até o primeiro semestre de 2018. Dali para a frente, o médico disse que eu continuaria no limite da imunidade, mas me liberou para retomar minhas atividades.

33
Seja relevante

PEDRO CALCULA QUE GASTAMOS quase 7 milhões de reais em patrocínios de times de futebol: quatro clubes em ações pontuais e oito durante todo o Campeonato Brasileiro de 2015. O Botafogo foi um bom *case*. Parte do patrocínio foi em dinheiro para o clube, e parte em vales de desconto para os torcedores. Agradou: torcedores passaram a dizer, via Twitter, que "botafoguense vai de táxi até para o banho". Também patrocinamos Cruzeiro, Bahia, Ceará, Corinthians, Sport, Atlético-PR e Coritiba.

Curiosamente, os times curitibanos propuseram um patrocínio conjunto. Até então, patrocinávamos um time por cidade, mas os paranaenses foram bem inteligentes. "Em vez de fazer uma guerra de preços entre os dois clubes", sugeriram, "vamos propor algo razoável, e a 99 patrocina os dois. A gente faz até uma coletiva conjunta para divulgar o patrocínio." Foi bem interessante, pois levantou a questão do fair play. Foi um golaço.

No Rio, o Botafogo disputava a série B e venceu. Ganhamos destaque nacional. Nosso logotipo rodou o Brasil. E o Corinthians ganhou o Campeonato Brasileiro na Série A daquele ano. Foi um final de ano glorioso, com muita exposição da marca. E sem nos envolvermos com nenhuma falcatrua das famosas em negociações no futebol.

* * *

Numa das primeiras experiências, quando patrocinamos o Santos na final do Paulistão de 2015 contra o Palmeiras, fechamos o contrato com uma agência intermediária. Foi uma experiência péssima. Entre o primeiro e o segundo jogos, tentamos mudar o logotipo da camisa. Estava pouco legível, então queríamos propor outro formato ocupando o mesmo espaço. Algo bem simples. Mas o Santos se recusou a falar com a 99 naquele período, e não tínhamos interlocução com o clube — os intermediários pouco ajudaram.

Daquele momento em diante, passamos a só fazer negócios diretamente com os clubes interessados. Viramos mel no mercado. Em meio à crise no Brasil que afetava os clubes, que estavam endividados e ávidos por dinheiro, de repente apareceu um patrocinador novo — e com grana. Na verdade, ninguém sabia quanto dinheiro tínhamos. Certamente exageravam. Mas conseguimos uma exposição enorme. Fiquei positivamente surpreso com o profissionalismo dos clubes que patrocinamos. Não houve nenhum rolo nem nada esquisito. Todos os acordos foram rigorosamente respeitados. Escapar da areia movediça dos "empresários" e futebol foi a nossa melhor decisão.

Mesmo depois da saída do Guerrero, o Corinthians jogou bem. Mas o Vágner Love, seu substituto, não fazia gol. Ou fazia um, e depois ficava mais cinco jogos sem fazer. Era um desespero. Sugerimos ao clube que ele mudasse o 9 de sua camisa para 99, aproveitando o mote da campanha da África, "I love 99". Love aceitou. Após a mudança, ele desencantou. Começou a jogar bem, a marcar gols em diversos jogos, e o Corinthians foi campeão. Foi ele quem cabeceou o gol da conquista do campeonato no empate contra o Vasco da Gama. O time estava alinhado, mas talvez a superstição da camisa tenha sido a cereja do bolo.

Nas palavras do narrador Cléber Machado, da TV Globo: "O camisa 99 sobe e manda, já sem goleiro nem marcação, para o fundo do gol". Sou corintiano, sempre assisto aos jogos. Vi a maior parte das partidas que patrocinamos do hospital, caso contrário teria ido ao estádio diversas vezes. Inclusive foi de lá que assisti o Corinthians ser campeão. Ainda assim, vestia minha camisa do Corinthians 99Taxis, com o número 99 e Paulo escritos nas costas. A camisa número 99 foi a terceira mais vendida do time, mesmo antes do jogo, segundo uma reportagem do *Estado de S. Paulo*.

No final de 2015, deixamos de ser a marca conhecida apenas pelo pessoal do meio digital para ser top of mind: pesquisas indicavam que éramos citados pelo grande público na nossa categoria da mesma forma que a Coca-Cola, a Vivo e o Itaú nas suas. Já estávamos no futebol, na TV Globo e em vários outros cantos. A 99 estava associada a mobilidade na cabeça do consumidor. A percepção da nossa marca cresceu por causa de tudo que fizemos, sem gastar montanhas de dinheiro, se comparada a empresas como a Caixa Econômica Federal ou Itaú. Foi um trabalho bem executado em todas as frentes, principalmente pelo nosso time interno. A contribuição da África também foi muito importante. A campanha dos vinte por cento de desconto durou de agosto a meados de novembro e nos custou uma fortuna, mas foi o melhor investimento da história da 99.

De um dia para o outro, tiramos todas as campanhas de desconto do ar para ver o que aconteceria. Foi um dia tenso. Mas o crescimento continuou e aquele foi o nosso melhor mês. Isso mostrou que atraímos os clientes certos e os fidelizamos. Em diversos negócios digitais, quando a empresa diminui o investimento em comunicação as vendas despencam. Mas a 99 estava colhendo os resultados de um ano praticamente perfeito, com crescimento sustentado de usuários fiéis.

Naquele ano, as duas fontes de receita da 99 foram a intermediação das corridas para empresas e as comissões nos pagamentos de pessoas físicas pelo aplicativo. Ou seja, só quando a 99 intermediava o pagamento tínhamos alguma remuneração. A campanha dos vinte por cento de desconto terminou com apenas um terço dos usuários pagando via aplicativo. Portanto, naquela época não ganhávamos nada em dois terços das corridas chamadas pelo nosso aplicativo, nas quais o usuário pagava o motorista em dinheiro ou via maquininha. Nos Estados Unidos, por exemplo, a realidade é totalmente diferente: cem por cento das pessoas que chamam carros por aplicativos pagam pelo cartão cadastrado no celular. Elas adoram não ter que se preocupar com isso.

Fechamos o ano de 2015 na liderança. Começamos com metade do tamanho da EasyTaxi em participação de mercado no Brasil e terminamos com o dobro do tamanho deles. Acho que a EasyTaxi também cresceu naquele ano (ainda liderava no mercado carioca e algumas outras cidades), mas comeram a nossa poeira. Dois terços do mercado de corridas no aplicativo do Brasil eram nossos. EasyTaxi, Vou de Táxi, Taxi Já, SaferTaxi e Uber: toda essa turma junta era responsável por apenas uma em cada três corridas no Brasil. A 99 sozinha fazia as outras duas, segundo as nossas estimativas. A 99 virou um modelo do que devia ser uma start-up brasileira. Todo mundo queria trabalhar na 99, todo mundo queria vender para a 99, todo mundo queria pegar táxi com a 99, todo motorista queria dirigir para a 99.

Certa vez, vi uma palestra do Chip Seelig, um empreendedor e investidor americano membro da Endeavor que havia sido diretor do Goldman Sachs antes de abrir seu próprio fundo. Ele falou sobre "A importância de ser importante". "Vocês têm de se tornar relevantes", disse. "Há muitos caminhos para chegar lá. Você pode ter sócio, investidor, estratégia, comunicação ou não. Não importa. O que vale é a relevância. Sem isso, nada funciona, tudo é difícil. Ninguém quer falar com você, te escutar, ou investir na sua empresa. Mas ao conquistar relevância, o jogo inteiro muda a seu favor. Qualquer matéria que saia na imprensa incluirá a sua opinião. Qualquer regulamentação a ser feita a respeito do seu negócio buscará o seu apoio. A jornada do empreendedor é meio binária. Você é ou não é relevante? Se você não é, você não vai a lugar nenhum, e o teu negócio não vale nada. Façam de tudo para se tornar relevantes!"

Aquilo me marcou. E sintetiza o ano de 2015 para a 99: em 1º de janeiro, éramos desimportantes, mas em 31 de dezembro éramos importantíssimos. Dali para a frente, nós mudamos de jogo. Tínhamos uma relevância na sociedade, para os motoristas, para os passageiros, para a imprensa. Se o jogo tivesse terminado em 31 de dezembro de 2015, a história teria sido perfeita. Sairíamos de cena como campeões olímpicos. Mas 2016 veio, e era ano par. O risco, agora, era botar tudo a perder com a chegada avassaladora da Uber.

34
2016 é ano par

AVISEI AO TIME PARA BAIXARMOS A BOLA. "Não achem que a gente ganhou o jogo e que agora vai ser mais fácil. Em 2016, vamos levar pancada de tudo que é lado. A Uber vai crescer, e será difícil a gente levantar mais dinheiro. Então preparem suas equipes para um ano dificílimo. Quem está vindo trabalhar na 99 só porque 'ela é incrível', neste momento, encontrará outra realidade." Eu sabia do que estava falando. Para recordar, em janeiro de 2015 levantamos com a Tiger 15 milhões de dólares, e em junho mais 25 milhões. Em seguida, a Tiger sugeriu: "Vamos já para a próxima rodada de 100 milhões de dólares porque a briga daqui para a frente vai ser com peixe grande".

Já havíamos ganhado do outro "peixe grande", a EasyTaxi. Mas agora a briga subia de nível: seria contra a Uber, uma empresa que tinha 10 bilhões de dólares. Sabendo disso, a Tiger propôs antecipar a rodada. Eles reconheciam o nosso crescimento, por isso consideravam uma hora boa de conversar com investidores e levantar mais dinheiro. Topamos. A ideia deles era investirem 50 milhões de dólares, desde que trouxéssemos os outros 50 milhões para a mesa. Concordei e fui para o mercado conversar com fundos novos e alguns com os quais eu já tinha diálogo.

Em algumas semanas, dois fundos se mostraram interessados. Cada um entraria com 25 milhões de dólares. Liguei para a Tiger, disse que havia conseguido os 50 milhões de dólares e perguntei se podíamos prosseguir. Hesitaram: o Brasil estava mal, a fila havia andado e eles, infelizmente, haviam mudado de ideia. Resolveram segurar todos os novos investimentos no país por um tempo. Isso significava que não perderíamos só a parte deles do aporte, mas também quebraria as nossas pernas: os outros 50 milhões dos dois fundos só entrariam com a liderança dos nossos investidores, naquele desenho 50/50 que apresentamos.

Insisti bastante para que eles mantivessem o plano de investimento. Em vão. Eles se ofereceram para colocar algum valor, algo como 1 milhão de dólares, mas respondi que era melhor não investir nada. Preferia explicar aos outros fundos que "a Tiger não está mais fazendo Brasil" do que "a Tiger está colocando só 1 milhão", já que fundos como a Tiger costumam investir de 50 milhões a 200 milhões de dólares. Assinar um cheque de 1 milhão seria um mau sinal — daria a impressão de que estavam fazendo por obrigação, colocando o mínimo possível.

Qualquer investidor *late-stage*, que coloca dinheiro depois dos primeiros, quando a empresa já está maior, gosta de ver os investidores anteriores apostando na nova rodada. Isso passa segurança, pois quem está lá há mais tempo conhece bem a operação e os fundadores. É a renovação do voto de confiança. Mas é um problema quando os investidores que já estão no negócio não querem apostar mais.

Voltei aos outros dois fundos e tentei convencê-los a ficarem na mesa, mas não consegui. Em paralelo, e para piorar, a Tiger investiu na Uber dos Estados Unidos, onde fica a sede da holding global. E isso nos atrapalhou tremendamente. Todos os investidores com quem estávamos conversando nos perguntavam: "Por que o principal investidor da 99 desistiu de vocês e ainda por cima investiu no seu principal concorrente?".

Mas a Tiger é um fundo grande, com dezenas de investimentos, inclusive em empresas listadas em bolsa de valores. Já haviam investido em quase todos os aplicativos relevantes no nosso setor. Eles não queriam mais saber de Brasil naquele momento (só voltariam a investir no país anos depois). Eu sabia que seria muito difícil conseguir um investimento. E estávamos gastando rios de dinheiro. Gastamos bem, colhemos ótimos retornos, mas consumimos a maior parte do caixa.

O cenário já estava delineado na minha cabeça: pouco dinheiro e dificuldade em captar mais. Sabíamos que a Uber se preparava para expandir no Brasil. Já haviam testado o produto e arrumado a casa para começar a investir.

No começo do ano decidimos mudar de escritório. O da rua Abaçaí deixou de ser um latifúndio para se tornar um cortiço cheio de puxadinhos. Já éramos oitenta pessoas, indo para cem. Também queríamos reintegrar a UAU, ou Unidade de Atendimento aos Usuários, supervisionada pela Lídia. Naquele momento, esse time estava isolado no endereço da Jupá, abreviação carinhosa da rua Jupaguá, pertinho da Ceci. Demos o nome de UAU porque não considerávamos aquele time uma central de atendimento convencional. Era um atendimento com os nossos valores. Não queríamos segregá-los.

Quando André começou a buscar um espaço comercial, ainda no final de 2015, a nossa terceira rodada de investimentos havia acabado de ir por água abaixo com a desistência dos fundos em colocar mais dinheiro. O prédio que ele achou tinha trinta anos, ficava a cinquenta metros do nosso escritório, na avenida Bandeirantes, e havia abrigado a sede da Vale Refeição, empresa de benefícios para empresas. O lugar era dez ou vinte vezes maior do que a casa onde estávamos. Naquela situação financeira, a minha primeira reação foi dizer ao André que ele estava louco. Mas alugamos o prédio.

A Kassia, do departamento financeiro, incumbiu-se da designação das vagas na garagem. Tínhamos cerca de trinta delas, para quarenta ou cinquenta carros. Ela pensou: "Obviamente os fundadores têm que ter vaga garantida". Sem falar com ninguém, ela colocou placas: Vaga 1: Paulo. Vaga 2: Ariel. Vaga 3: Renato. Agradecemos a intenção, mas a mensagem simbolizava o oposto do que queríamos. Era preciso ter um sorteio de vaga e incluir todo mundo. Se o intuito era fazer com que as pessoas viessem de 99 ou de bicicleta, valia para a gente também. Sinais pequenos como esses ajudam a disseminar a cultura de start-up.

* * *

Em abril, eu trouxe um novo profissional de peso para o time: o Matheus Moraes. Ele é mineiro, formado em direito. Conta que "era advogado até conhecer a 99". Até então, ele era responsável pelo jurídico da Moip, empresa de meios de pagamento para setores como e-commerce e marketplace. Ele chegou para a entrevista no gramado da avenida Bandeirantes e, claro, gosta de lembrar do meu chinelo e da falta de móveis, além das poucas cadeiras de praia com logo da 99 onde nos sentamos para nossa primeira conversa. Ao checar seu perfil no LinkedIn, li um artigo escrito por ele, com título em inglês e texto em português, que falava sobre o papel "legal" do advogado. Ou seja, ser legal. Em particular, um trecho diz: "O advogado deve ter domínio pleno do que a empresa faz, ter certeza de para onde ela quer ir e, ao mesmo tempo, ser bom em direito. O tal do 'legal' precisa fazer com que as pessoas acreditem que o seu único propósito é ajudar. Recorrer à turma da roupa social deve ser a parte mais fácil do dia. Se não for, é hora de repensar a área, mudar a cultura e ser crítico em relação à postura".

As áreas jurídicas das empresas, muitas vezes, atrapalham mais do que ajudam. Apontam riscos em tudo, criando barreiras para evolução dos produtos e dos negócios. Alegam que "nada pode ser feito", ou oferecem um único caminho que impõe tanta dificuldade para os usuários, ou até os próprios funcionários, que acaba matando a iniciativa. Na 99, queríamos criar uma área jurídica que verdadeiramente apoiasse o negócio, que comprasse totalmente nossa ideia e que construísse os caminhos para viabilizar nossa estratégia. Matheus tinha exatamente esse perfil, por isso se encaixou tão rápido na empresa. Ele não começava suas frases com "Deixa eu explicar por que não dá...", mas sim com "Vai ser complicado, deixe-me entender melhor para poder viabilizar". Há quem ache que empreendedores adoram riscos. Penso bem diferente. Eles odeiam. A diferença é que são pessoas que se sentem mais confortáveis em gerenciá-los: tomam medidas para mitigá-los, pensam em alternativas e criam caminhos para viabilizar suas visões. Nesse sentido, um suporte legal robusto é fundamental para ajudar o empreendedor a mapear, entender e suavizar os riscos. Quem toma o risco nunca deve ser o advogado, mas o empreendedor.

Apresentei o Matheus ao time desta forma: "Contratamos um advogado, mas ele não parece advogado. E por isso a gente o contratou". Ele sabia que muita gente não é chegada a um advogado, mesmo tendo entrado para tocar o departamento jurídico. Tínhamos várias demandas importantes em andamento, uma delas era receber novos investimentos, olhar empresas para comprar, ou juntar. Ele tinha acabado de fazer o mesmo na empresa anterior, vendida para um grupo alemão. Era jovem, ideal para uma empresa sem tanto dinheiro, mas tinha essa ótima bagagem. Já o que ele pensava de nós era diferente: "Essa 99 é um troço muito louco, esse povo é muito doido, mas parece ser muito legal. Vou também". Ele mesmo não acreditava mais só no táxi, por causa da Uber, e topou a empreitada quando falamos que iríamos entrar com o Pop. Ele se juntou a mim e ao André nesses temas a partir da função jurídica, e teria também que rever as estratégias do carro particular — até onde ele sabia, aquilo era ilegal. Só que na segunda semana do Matheus na 99 aconteceu algo inusitado.

35
De volta. Ou quase

FOI EM 2016 QUE ME DEI CONTA DA DIFERENÇA entre anos pares e ímpares. Notei que 2015 havia sido incrível, mas que 2014 fora difícil. E que 2013 fora um ano de investimento e crescimento. Foi uma questão de ligar os pontos. A ficha caiu quando conversei com as pessoas no fim de 2015, anunciando que as coisas não estavam tão boas quanto pareciam e que 2016 seria um ano extremamente complicado.

Quando Peter ingressou na empresa, em janeiro de 2016, transferi a ele a responsabilidade de aprofundar os papos já iniciados com a Didi e outros concorrentes globais, como a Lyft, criada em São Francisco e com operações nos Estados Unidos e Canadá. Em fevereiro, voltei a trabalhar normalmente no escritório. Naquele mês, recebemos uma carta de intenções de um novo investidor, a Riverwood Capital, um fundo americano, mas o termo trazia uma pequena condição: juntar a 99 com a EasyTaxi e transformá-las numa empresa só. Eles argumentavam que as empresas unidas poderiam competir melhor com a Uber, teriam mais volume no Brasil e agregariam as operações da EasyTaxi em países como Colômbia, Peru, Argentina e Chile. Não era uma tese ruim. O problema é que a gente não gostava da cultura da EasyTaxi. Na prática, não éramos compatíveis. É verdade que eu tinha um bom relacionamento com o Dennis Wang, CEO da EasyTaxi, mas ao longo dos anos conversamos com dezenas de ex-funcionários que não haviam tido uma boa experiência por lá.

Avaliamos que a junção de times ia gerar mais problemas do que benefícios. Tentamos convencer o pessoal da Riverwood a investir só na 99. Reforçamos que o principal valor da América Latina estava no Brasil, e não nos outros países. Para dar certo no Brasil, não precisaríamos fundir, apenas capitalizar a operação que a gente já tinha. Dessa forma, cresceríamos mais rápido. Tudo isso sem a confusão e o tempo gasto num enlace. Não consegui convencê-los.

O time da EasyTaxi tinha pessoas competentes. Em geral, eram profissionais que vinham de consultoria ou de bancos de investimento, com uma ótima formação, alguns com MBA, mas não era uma empresa de fundadores, movidos por um propósito, com um time alinhado com os valores da empresa. O nosso time estava disposto a matar ou morrer pela 99. O time deles tinha uma relação mais impessoal com aquele trabalho, preferiria botar uma grana no bolso e depois fazer outra coisa. Isso ficou claro quando discutimos como ficariam as remunerações na empresa após a fusão. O nosso time queria opção de ações, imaginando como seriam os próximos cinco anos construindo um negócio bem maior. O time deles pedia um bônus de retenção para ficar na empresa por seis meses depois do anúncio da fusão. Isso ilustra claramente a diferença de mentalidade das duas equipes naquele momento.

O pessoal da EasyTaxi estava compreensivelmente preocupado. Como a 99 teria o controle da empresa combinada, temiam que seriam demitidos em seguida. Só que nosso plano não era demitir ninguém. Pelo contrário: era preciso juntar todo mundo e trazer mais gente ainda.

Mesmo com todas as diferenças, chegamos a assinar uma carta de intenções. A conversa estava bem avançada, com times seniores de ambas as empresas envolvidos, enquanto uma consultoria desenhava a junção. Mas aí o investidor reconsiderou. Ele começou a ver a Uber crescer demais e achou que, mesmo com a fusão, não seguraria as pontas colocando dinheiro sozinho. O prazo expirou e o negócio não aconteceu. Meses depois, quase toda a liderança da EasyTaxi deixou a companhia. Dos cinco que se sentaram à nossa mesa de negociação, saíram três. Já estavam com o pé na porta, esperando um acordo. Isso confirmou nossas suspeitas de que boa parte da liderança da EasyTaxi já queria deixar a empresa e mudar de segmento.

Nessa época, aprofundamos conversas sobre investimento com a Didi e a General Motors, fabricante e distribuidora de automóveis americana. A espanhola Cabify, outro player de carro particular, ainda não estava no Brasil, mas tinha levantado uns 120 milhões de dólares, bem mais do que a gente até então. Eles estavam montando um time no país e vieram conversar conosco. Disseram que ainda tinham acesso a muito mais dinheiro do que fora levantado, e em vez de jogar contra nós, preferiam somar forças. E lá fomos nós novamente discutir outra possível fusão.

Dessa vez, o acordo seria diferente da proposta com a EasyTaxi. Naquele caso, teríamos controle e governança. Nesse novo cenário, não. Como a Cabify tinha mais capital, entraríamos debaixo de suas asas. Isso não nos animava. Nesse estágio, tínhamos discutido apenas uma troca de ações. Era mais ou menos assim: a 99 valia cerca de 160 milhões de dólares, a Cabify, 320 milhões. A junção dos ativos resultaria em um terço para os acionistas 99 e dois terços para a Cabify. Essa era a fusão proposta, antes mesmo da discussão sobre como ficaria a marca. Mas nos sentimos inseguros em ficar com uma parcela minoritária da empresa. O controle seria de alguém com mais dinheiro em caixa. Mas, como acreditava um dos nossos investidores, possuíam uma *"overvalued and subscale operation"*: naquele momento eles faziam menos corridas que nós e tinham um valuation exagerado.

A conversa durou dois ou três meses, e no período ficamos estagnados, sem investimentos. Enquanto isso, a Cabify cresceu quarenta por cento em volume, em países como Peru, Colômbia e Espanha. Embora a 99 ainda tivesse um volume total de corridas maior, a valoração da Cabify inflou ainda mais. Com isso, as proporções no acordo final ficariam piores, perto de um quarto para a 99 e o restante para a Cabify. Acreditávamos que o Brasil ainda era o melhor mercado para crescer e tínhamos um time forte, além de uma marca relevante. Só nos faltava dinheiro. Não fazia sentido nos juntarmos a eles e entregar o país mais atrativo de mão beijada. O nosso conselho reprovou a transação naqueles termos.

Mas outras negociações com a Cabify continuavam — além disso, voltamos a conversar com a EasyTaxi. A espanhola nos dizia que se não fechássemos o acordo com eles o plano B seria eles se juntarem à Easy-Taxi, porque precisavam acelerar a expansão no Brasil. Engatamos, então, uma nova conversa mais séria com a Cabify e assinamos uma carta de intenções para avaliar uma outra sociedade com eles.

Juan de Antonio, fundador e então CEO da empresa, estava jogando bem. Conseguiu ficar à frente dos concorrentes na América Latina em capacidade de investimento. Mas no final não fechamos negócio. Mesmo assim, desenvolvemos uma boa relação, e respeito o trabalho que ele realizou.

36
O fim?

AQUELE COMEÇO DE 2016 FOI UMA ÉPOCA ATÍPICA: a incidência de influenza por H1N1, doença que normalmente começa a ser registrada nas regiões Sul e Sudeste no período de inverno, surgiu no fim do verão. Várias pessoas estavam infectadas com o vírus, o que é pouco comum na estação mais quente do ano. Entre elas, Renato. A Carla chegou a comentar: "Paulo, você não devia estar aqui". "Mas eu quero", respondi. Ela estava certa. A minha imunidade ainda estava muito baixa.

Em março, fiquei um pouco gripado. No começo, ninguém estava tão preocupado. Pelo contrário, estavam comemorando o meu retorno. Mas quando a gripe piorou eles me barraram. "Sai da nossa frente e vai se cuidar", dizia a Carla. Eles já tinham a segurança de tocar a empresa sem a minha presença ali no escritório e queriam que eu ficasse bem. Peter foi ganhando mais espaço ao assumir tarefas que envolviam diversas áreas.

Por azar, contraí o vírus influenza H1N1. Tratei com o antiviral Tamiflu. A epidemia era tão intensa e extemporânea que foi difícil encontrar o remédio em São Paulo. Fiquei uma semana no hospital. Melhorei, mas permaneceu uma tosse insistente. Um novo exame indicou que eu estava curado do H1N1, mas duas semanas mais tarde a tosse piorou. Numa sexta-feira, voltei ao hospital.

Dessa vez, tiraram uma radiografia dos pulmões, ainda se recuperando da infecção viral recente, e fizeram vários outros exames. Todos deram negativo. Receitaram um antibiótico e me mandaram de volta para casa. Disseram que o tratamento levaria uns dois dias para fazer efeito. Se não melhorasse, eu deveria retornar ao hospital. Sem trânsito, dava para fazer o trajeto em menos de vinte minutos. No sábado, a tosse intensificou e no domingo ficou insuportável. A Fernanda sugeriu ir para o hospital, mas como os médicos avisaram que a melhora demoraria uns dois dias, e eu estava sem febre, decidi ir se acordasse pior na segunda. Foi o que aconteceu.

A Fernanda levou as crianças para a escola e foi trabalhar normalmente. Disse a ela que eu ia dormir mais um pouco. Acordei novamente péssimo, e fiquei na dúvida entre chamar a ambulância ou a 99. Ganhou a 99. Fiz a mala e fui para o hospital. O pessoal olhou a radiografia tirada na sexta-feira anterior, aquela que não tinha dado nada. Mas a pneumonia tinha avançado no fim de semana. "Do jeito que você está não tem a menor condição de voltar para casa. Temos que te internar", me disseram.

Comecei a piorar e os médicos fizeram outros exames, todos inconclusivos. A minha situação deteriorava rapidamente. Do quarto do hospital, fui transferido para a terapia semi-intensiva, um quarto parecido com o convencional onde havia mais equipamentos e uma equipe mais próxima e mais preparada para urgências. Ligaram-me no oxigênio. Eu sentia falta de ar e muita fraqueza. Em um dos exames, os médicos coletaram uma amostra do fundo da garganta, usando um cotonete compridíssimo.

Naquele dia, 6 de abril, vestindo máscara de oxigênio na cama da unidade semi-intensiva, disparei um e-mail endereçado a Peter, Ariel, Renato, André e Pedro. Título: Revisão de Planos e Prioridades.

Caros,
A situação está grave por aqui, pneumonia avançando, ainda não conseguiram descobrir o que é que a está causando. Infelizmente não vou conseguir acompanhar nada de perto nem falar ao telefone nos próximos dias, estou no oxigênio 24/7. Escrevo para passar um alerta e pedir uma revisão

fundamental de prioridades nesta fase de definição dos objetivos e contratações. Olhando para os planos do segundo trimestre, refleti e concluí que estamos sendo muito irresponsáveis.

Nos sete parágrafos seguintes, abordei que ainda não tínhamos *funding* assegurado. Mesmo assim, tínhamos cinquenta vagas de empregos abertas na 99, aumento de salários para contratar gente mais experiente e um quadro de declínio de corridas via aplicativo e crescimento galopante da quantidade de fraudes. Se o investimento não entrasse, tudo acabaria em demissões.

No dia seguinte, recebi a visita de um médico. "É o seguinte: você está piorando consistentemente", disse ele. "Não sabemos exatamente o que você tem. Há um monte de exames pendentes e os resultados ainda não chegaram. Enviamos sua amostra de secreção da garganta para os Estados Unidos e estamos tentando descobrir o que está causando tudo isso. Vamos ter que te entubar." E continuou: "O processo de entubar é rápido, mas é meio traumático para o organismo. A gente preferiria te entubar agora com você ainda bem. Não preciso te entubar para salvar sua vida agora, mas quero fazer logo porque sei que você vai precisar disso amanhã, e é mais seguro fazermos já. Você nos dá este consentimento?". Dei o sinal verde.

Não seria uma traqueostomia. O tubo entra pela garganta, sem necessidade de incisão. O procedimento é feito com a pessoa sedada e, normalmente, não precisa de consentimento, já que o paciente está inconsciente. No meu caso, o médico não quis esperar isso acontecer. Eles colocariam uma máquina que forçaria ar com muito oxigênio para dentro do meu pulmão, que não dava mais conta sozinho de oxigenar o corpo. Eu já estava respirando ar com oitenta por cento de oxigênio (na atmosfera é 21 por cento) e, mesmo assim, a saturação do meu sangue só despencava.

Fui entubado com um sedativo leve, acordei e passei algumas horas desperto com o tubão na garganta. No meio-tempo, troquei mensagens com Ariel. "Agora o bicho pegou. Vão me botar para dormir uns dias e seja o que Deus quiser." E assim aconteceu mais um caso inédito: um dos enfermeiros disse que nunca tinha visto alguém ser entubado e teclar mensagens de texto driblando o tubo para enxergar a tela do celular. Inovei.

Despedi-me de todos. Na prática, todos já tinham se despedido de mim, só não queriam me falar isso. Nenhum recurso médico estava funcionando, o quadro só piorava. Contavam as horas para o fim.

Eu estava prestes a entrar em coma e sabia disso. Não tinha o que fazer. Passei minhas senhas todas para a Fernanda, porque a chance de ir embora, na minha cabeça, tinha subido dos cinquenta por cento do início do tratamento para quase cem por cento. Tudo deteriorou rapidamente e não deu tempo de resolver coisas básicas. Não ia dar mais para gravar os vídeos para as minhas filhas. Elas ficaram em casa, sem saber da real gravidade da situação. Achavam que era mais uma ida ao hospital. Meu pai me visitou na UTI. Foi duro para ele. O pneumologista alertou minha irmã e Fernanda para cuidarem dele — poderia ter um troço. Minha mãe também teve de ser amparada ao deixar o quarto do hospital. Ela desabou.

Todo o time da 99 estava a par dos acontecimentos. Quando fui internado de novo, Matheus se lembra de sentir os investidores ansiosos por causa do meu novo afastamento. Em paralelo, Peter tentava convencer o time de que era preciso lançar nossa versão de carro particular o quanto antes. Ninguém queria tomar a iniciativa naquele momento — uns para preservar a relação com os taxistas, outros porque ainda não tínhamos o dinheiro para investir e crescer numa nova categoria, e outros porque ainda era irregular. Mas todos sabíamos que o lançamento era inevitável. A regra vigente em 2015 no país dizia que apenas táxis poderiam levar passageiros e cobrar por isso. Mas na prática alguns queriam dirigir o carro particular para complementar sua renda, e os passageiros queriam aquela opção, mais barata. A sociedade aprovou o modelo, trazia benefícios à grande maioria da população. A prefeitura dizia que não podia, mas fazia vista grossa. Seria viável manter-se fiel ao valor da 99 de respeitar as regras do jogo?

Havia um conflito. Eu propunha uma mudança de prioridade: em vez de lançarmos o carro particular naquele momento, devíamos, primeiro, monetizar as corridas, reduzir o nosso custo e começar a gerar caixa. Quando isso acontecesse, poderíamos, sim, lançar o carro particular. O assunto gerava três reações. A primeira: dane-se, vamos lançar o carro particular logo, porque esse é o futuro. A segunda, da qual André e eu compartilhávamos: vamos gerar caixa antes, e depois lançar o carro particular. A terceira, vinda principalmente do escalão intermediário: não podemos lançar o carro particular, porque vamos trair os taxistas. A querela era grande e intensificou-se bem na época em que eu estava fora. Foi difícil para eles tomarem uma decisão. Eles careciam de um CEO ali.

Passei uma semana "agradável" na UTI em coma induzido, alimentado por sonda. É como estar dormindo. Misturamos sonhos com a realidade. Não sei dizer se escutamos. Me contaram depois que certo dia um enfermeiro chegou ao hospital vindo da farmácia com "todos os antibióticos existentes". A ordem era injetar tudo em mim, porque o prazo de descobrir o que eu tinha já havia terminado. É como num bar nos Estados Unidos ou na Europa no final do expediente: era a última chamada. Eles já tinham curado a influenza por H1N1, mas não sabiam o que estava causando a pneumonia. Meu quadro só piorava, e quando se esgotaram todos os recursos, pegaram todos os antibióticos, aplicaram em mim, suspenderam a quimioterapia e passaram a rezar. Não havia mais nada a ser feito.

A estratégia funcionou. Mesmo com a pausa da quimioterapia, o corpo continuava debilitado, pela baixa imunidade e recuperação do H1N1. Eu ainda tomava antibiótico e antiviral diariamente. Estava frágil, o que permitiu que a pneumonia avançasse de forma tão implacável. Comecei a apresentar melhoras, e um resultado de exame de sangue chegou dos Estados Unidos, confirmando o fungo *Pneumocystis carinii*, que não tinha sido encontrado no exame anterior. Costuma ser uma das maiores causas de morte em pessoas com aids. Esse microrganismo, em geral, está presente em milhões de adultos e é combatido naturalmente. Mas com baixa imunidade, em particular diminuição dos linfócitos CD4, que identificam invasores para nos defender, ele consegue se multiplicar de forma descontrolada e causa uma pneumonia severa. É a famosa infecção oportunista.

Desde o início, era a hipótese mais provável. Mas o exame feito no Brasil deu negativo, desviando a equipe do diagnóstico correto. Isto atrapalhou demais, porque continuaram procurando por outras causas. Sabendo disso, o antibiótico mais básico, o Bactrim, teria resolvido o problema. É verdade que no meu caso teria de ser uma dose cavalar. Me ministravam até os corticoides na dose máxima, uma cartela inteira por dia. Havia alguns remédios de quimioterapia endovenosos que a enfermeira tinha que manipular com "traje espacial", porque se caíssem na pele fariam uma lesão. Uma gota que caiu no chão do quarto deixou um furinho. Chama-se metotrexato e foi a medicação mais agressiva que tomei.

No quinto dia de coma, meu organismo começou a reagir. Os sinais vitais melhoraram, inclusive os do pulmão. A equipe médica elaborou um plano para começar a diminuir a sedação e me tirar do coma induzido. "Vamos nos programar para retirar o tubo em 48 horas", disse o médico à minha família. "Se tudo continuar progredindo bem, é preciso preparar o Paulo, porque até este momento ele não está respirando sozinho."

Só que há um detalhe: quando se coloca uma pessoa para respirar via máquina, os médicos dão um remédio que enfraquece os músculos. Caso contrário, o corpo do paciente ficaria brigando com o aparelho: cada um quer impor seu ritmo. Isso pode dar problemas, incluindo convulsão. O efeito do remédio é generalizado, funciona para o corpo inteiro. Tiraram a sedação e 24 horas mais tarde eu resolvi que não queria mais o tubo. Comecei a tossir e vomitar desacordado. Vomitei o tubo para fora. O cuidadoso plano de extubação foi por água abaixo. Literalmente, vomitei os tubos. Foi aí que entendi a expressão.

Naquele instante, passei a ter um grande risco de vida porque meu corpo talvez não respirasse sozinho. A garganta estava completamente destruída. Ficou inchada, então não dava para passar um tubo de novo. Se o meu corpo não voltasse a respirar naturalmente, eles teriam de partir para a traqueostomia. Abre-se um buraco no pescoço e passa-se o tubo por ali. Deram dois minutos para eu respirar sozinho.

Renato conta que o pessoal na 99 ficou numa situação delicada. Ele mesmo queria perguntar de cinco em cinco minutos se estava tudo bem, mas ao mesmo tempo não queria incomodar, porque sabia que aquele era um problema pessoal e difícil. Ele deixava Ariel fazer a interlocução. Durante a semana do coma, Ariel estava com o telefone da Fernanda. Alguns investidores mandaram mensagem de apoio para ela e se colocaram à disposição para ajudar no que desse. Eles trocavam textos via WhatsApp, dando informes sobre a minha condição.

Voltei a respirar. Não precisei da traqueostomia, afinal. Comecei a me recuperar e fiquei ainda cerca de duas semanas no hospital, medicado com tudo que existia na farmácia. Eu não conseguia falar, levantar os braços, nada. Tampouco conseguia mastigar, a língua não obedecia. Tive que fazer fisioterapia e fonoaudiologia, reaprender a comer, a ficar de pé e andar, até a falar. No começo, segui uma dieta líquida, depois pastosa, até reintroduzir alimentos sólidos. Ariel foi me visitar logo que saí da UTI. A sessão de fisioterapia que fiz com ele no quarto foi tentar levantar sozinho da poltrona. Era um esforço imensurável.

Pouco depois, voltei para casa — lar, doce lar. Fui me recuperando relativamente rápido: comecei a fazer um pouquinho de atividade física e fui progredindo. Até consegui viajar três meses depois, em julho, com a Fernanda e as meninas, para passar uma semana num resort. Mas pesava a ideia de que eu precisava encontrar alguém para me substituir na 99. Afinal, eu tinha mais dois anos de quimioterapia pela frente.

Para mim, a pior fase da doença foi a pneumonia, porque eu estava literalmente morrendo. O resto gera obviamente angústia e incerteza. Mas eu tinha muita confiança de que tudo ia dar certo. Eu, claramente, sofri bem menos do que outras pessoas que passam por esse calvário. Não é fácil para ninguém, mas tenho certeza de que a mentalidade positiva ajudou bastante. Consegui manter o espírito elevado. Talvez tenha sido mais difícil para a Fernanda, porque ela tinha que segurar esse rojão em casa, cuidando das nossas filhas. Acho que a carga emocional dela era maior que a minha.

As meninas eram a minha maior preocupação, o restante não me preocupava tanto. Eu tinha uma convicção de uma vida muito bem vivida, então não vivi os famigerados minutos finais, imaginando "se eu tivesse feito isso", "se eu tivesse feito aquilo". Eu olhava para trás e via uma vida plena: viajei, morei um ano na França, passei outro ano viajando pelo mundo, vi o Brasil ser campeão na final da Copa do Mundo do Japão em 2002. Me casei, tive duas filhas lindas e maravilhosas. Construí minhas empresas, quebrei, me reergui. Fiz dezenas de amigos, amigos de verdade, daqueles para quem você pode ligar a qualquer hora e pedir abrigo. Eu estava convicto: "Se eu me for agora, tive uma vida mais intensa do que qualquer pessoa que conheço, de qualquer idade". Saber que eu havia feito o que podia me trazia muita paz.

37
A Uber veio com tudo

QUANDO CRIAMOS A 99, NÃO ERA RARO um taxista que trabalhava bastante levar de 6 mil a 8 mil reais líquidos para casa por mês. É bastante dinheiro, principalmente para o padrão brasileiro. Para chegar a esse nível de salário, em geral, um profissional em outros ramos precisa ter um diploma, anos de experiência e um bom emprego. O táxi oferecia um caminho para conquistar esse patamar de renda mais rápido e com menos qualificação.

Isso acontecia porque havia uma escassez de prestadores de serviço, limitados pelas licenças emitidas pela prefeitura, e um preço tabelado. Até então qualquer alternativa de transporte remunerado de passageiros em carro era ilegal. Quando a Uber se popularizou, o motorista de táxi que levava 8 mil reais para casa passou a levar 3 mil ou menos. O seu padrão de vida despencou. É uma regra do mercado: quanto maior a concorrência, menor a margem de lucro. A livre concorrência gera esse efeito, que em geral beneficia os consumidores. Antes da Uber, as corridas tinham um preço artificial, determinado pela escassez de oferta e pela regulamentação: a prefeitura só colocava 34 mil licenças de táxi na rua em São Paulo e ainda ditava o preço do serviço, mas havia centenas de milhares de pessoas que topariam receber menos trabalhando como motoristas.

A Uber mudou o jogo. O dinheiro que antes terminava nos bolsos de 30 mil a 50 mil motoristas passou a ser dividido por 200 mil motoristas. Os taxistas nunca mais vão ganhar o mesmo de antes de surgir a modalidade de carro particular. Essa caixinha de Pandora se abriu e causou um bocado de sofrimento para eles. Acabou virando uma economia de mercado, em que muito mais gente participa e acaba aceitando uma remuneração menor. Afinal, trata-se de um serviço que não demanda um nível de qualificação extraordinário. Isso também está acontecendo em serviços nos quais a tecnologia democratiza o acesso e diminui as barreiras de entrada a quem quer participar.

Ao se popularizar, a Uber acabou nivelando a renda de todos os motoristas por baixo, tanto dos taxistas já no mercado quanto dos novos motoristas de carro particular. Chegou a um nível tão ruim que acredito que em algum momento haverá reajuste. Muitos motoristas trabalham de doze a catorze horas por dia, seis ou sete dias por semana, para tirar de um a três salários mínimos. Isso é totalmente insustentável, e o motorista ainda se expõe a vários riscos. Ele tem que comprar ou alugar o carro. Se bater o carro, fica sem trabalho e renda. O mesmo acontece se ele ficar doente. Há vários estudos nos Estados Unidos que mostram que hoje um motorista de Uber, em várias cidades, ganha menos que a hora mínima paga pelo Walmart. Ele estaria melhor trabalhando na loja de departamentos, que historicamente é um dos empregos com remuneração no piso.

Quando a Uber entrou no mercado não era assim. Havia bônus e complementação aos motoristas, além da tarifa básica. Com o tempo, a empresa foi retirando esses incentivos, deixando só a renda direta da operação. Para garantir a corrida mais barata para o passageiro, espreme-se de todos os lados. Na 99, a taxa cobrada era de treze a dezessete por cento, dependendo da categoria. A Uber abocanhava 25 por cento, e o motorista ficava com os 75 por cento restantes. É quase como compra coletiva. Sobra pouco para quem está efetivamente entregando o serviço. Com frequência o prestador fica no prejuízo.

Os aplicativos exigem carros de cinco ou seis anos de idade, no máximo. As regulamentações municipais também passaram a fazer essa exigência. Então, quando o motorista tem que trocar de carro, descobre que não tem dinheiro. Esqueceu a depreciação do veículo na conta. Conseguiu apenas pagar o aluguel da casa, a comida, o básico. Mas gastou o carro enquanto isso. O custo do financiamento de um carro novo já não encaixa na sua renda. No Brasil, há muita rotatividade e muita gente começa a dirigir achando que o aplicativo é a solução para todos os problemas. Alguns ficam um, dois, três meses rodando, veem que a conta não fecha e largam a plataforma. Vão dirigindo para pagar as contas enquanto procuram outra coisa melhor para fazer. Com isso, o serviço acaba tendo vários motoristas inexperientes, que não conhecem a cidade e dependem do GPS. Isso cria um diferencial para o táxi, com motoristas profissionais, que dedicaram a vida àquilo.

Em 2016, a Uber adotou na modalidade Uber X um preço trinta por cento abaixo do táxi. Só que não tínhamos mais dinheiro para bancar o desconto, então fomos conversar com os motoristas para ver se eles o ofereceriam. Só assim eles poderiam competir. Confirmamos que o nosso era um serviço muito sensível a preço. Uma diminuição de dez por cento no valor da corrida gerava um aumento bem maior de demanda, pois mais gente passava a ter acesso ao serviço.

Nessa época, começamos um diálogo com a Didi. Eles diziam, "esquece o táxi, o táxi não vai levar vocês a lugar nenhum". Na China, a Didi começou com táxi e depois lançou o carro particular. Nós, os três fundadores, ainda víamos valor no táxi. Queríamos manter uma operação saudável nesse segmento, apesar de termos certeza de que o crescimento dali em diante viria com a opção de carro particular no aplicativo. Alguns investidores achavam que a nossa posição era apego ao passado, que estávamos com medo de evoluir. Mas, na verdade, víamos uma vantagem competitiva em oferecer mais opções aos passageiros, especialmente porque os táxis têm alguns benefícios, como poder andar pelo corredor de ônibus em algumas cidades, ter a cobertura da prefeitura e, como disse, motoristas experientes. Para nós era um diferencial importante manter as duas categorias fortes na luta contra a Uber.

Segundo a canadense Alex Rosenblat, etnógrafa da área de tecnologia, motoristas de Uber trabalham, em sua maioria, por meio expediente. Entre 2014 e 2018, Alex rodou mais de 8 mil quilômetros de Uber em 25 cidades dos Estados Unidos e do Canadá. A jornada, que incluiu quatrocentas corridas e 125 entrevistas, fez parte de uma pesquisa de jornalismo imersivo que resultou no livro *Uberland*, publicado no final de 2018, quando a plataforma já somava 3 milhões de motoristas cadastrados globalmente. Alex reforça que, para atrair esse contingente, a Uber adere a um discurso que chama os motoristas de "empreendedores". Eles se dizem uma empresa de tecnologia, não de transporte. E essa postura tem diversas ramificações.

Em um processo contra a empresa, que ocorreu nos Estados Unidos, o juiz federal Edward M. Chen argumentou que, na verdade, os motoristas da Uber são "clientes" da empresa. Ele acrescentou que "substancialmente a Uber pode até usar software para organizar transporte, mas isso não a torna uma empresa 'mais tecnológica' que o táxi que usa rádio CB (sistema de comunicação de curta distância via rádio) para conectar a central a motoristas". No entanto, ao se apresentar formalmente como uma empresa de tecnologia, a Uber se livra de obrigações de companhias de transporte, como ter cobertura do American with Disabilities Act, ou ADA, que protege cidadãos com necessidades especiais. Dessa forma, a Uber não precisa, por exemplo, colocar cadeiras de rodas à disposição.

Alex repara que esse é apenas um exemplo de como a empresa usou a bandeira da tecnologia para introduzir uma nova lógica, como a Napster fez com a música e o Facebook com o jornalismo. A etnógrafa conclui que, de fato, motoristas de Uber não são tratados como trabalhadores. E, dado que a empresa os vê como "consumidores" de "algoritmos tecnológicos", mas os promove como "empreendedores independentes", ela questiona: "Se o seu trabalho é gerado por um aplicativo, a sociedade deve considerar você um consumidor, um empreendedor ou um trabalhador?". Isso leva a diversos debates que incluem os tipos de benefícios a que os motoristas deveriam ter direito.

André, por sua vez, lembra que a frase que ele ouvia era: "Parabéns, vocês da 99 estão crescendo e gerando caixa. Não é fácil. Mas a Uber é muito maior do que vocês e eu duvido que uma empresa brasileira vá conseguir dar a volta por cima e ganhar esse jogo". Um dia Carla me disse: "Paulo, a gente vai ter um problema sério. A Uber está chegando com força total. Eles acabaram de contratar um bom recrutador, conhecido meu. Eles vão nos depenar". Falei para ela esperar e ver.

Dito e feito. Até eu fui abordado pelo recrutador da Uber com uma proposta de trabalho. Ele me contatou via LinkedIn e me chamou para ocupar uma posição gerencial. Foi muito amadorismo. Quando mostrei aquilo para a Carla, ela apenas disse: "Nossa, eles estão muito perdidos". De fato, começaram a bombardear o nosso time com propostas. E todas superavam os salários da 99. Abordaram o time de operações inteiro. Ninguém saiu. Virou até piada. O tal conhecido da Carla, então, ligou para ela: "Vocês fazem lavagem cerebral na 99? Ninguém quer nem vir falar comigo". Ela foi espirituosa na resposta: "Vem você trabalhar aqui".

A combinação de companheirismo e compromisso era poderosa. Uma vez, André chegou de férias, em 2016, e foi bem sincero com o pessoal: "Galera, honestamente, se eu não trabalhasse na 99, eu não usaria mais nosso serviço. Só Uber. Hoje não faz sentido a gente usar o aplicativo, temos que reverter isso". Ele lembra como era ruim estar naquela posição. É preciso ter muita vontade de fazer o negócio dar certo.

Todo mundo sabia disso, sofria, mas queria dar a volta por cima. Uma empresa sem comprometimento não teria segurado essa gente toda.

A Uber incomodava os taxistas mundialmente. Acompanhávamos o que acontecia no exterior. Na França, algo pitoresco ocorreu. Apesar de eu achar o país incrível, os franceses navegam em algumas burocracias que deixam até o Brasil no chinelo. Em Paris, por exemplo, se consegue táxi na rua ou por telefone com certa demora. Em cidades menores só há cooperativas, e mesmo assim lentas. É comum esperar meia hora por um carro. Eis que chega a Uber. Revoltados, os taxistas começaram a protestar que a concorrência era desleal — afinal, apertando um botão você tem alguém na sua porta em dois minutos.

O governo francês chegou a proibir todos os aplicativos — a Uber era o maior, mas havia outros — de aparecer na porta do passageiro em menos de quinze minutos. Em vez de arrumar uma solução para o táxi atender mais rápido, eles sublinharam que era desleal chegar em cinco minutos porque o táxi levaria 25 minutos. O carro particular que estivesse a metros do passageiro teria que esperar quinze minutos até aparecer. A solução não durou em Paris, mas seria replicada em 2019 em Barcelona, como forma de prejudicar a Uber e a Cabify para proteger os taxistas.

Víamos, com preocupação, a Uber dizimando os aplicativos de táxi mundo afora, com exceção de alguns países que colocam trincheiras na questão regulatória, como a Alemanha, por exemplo. Os alemães barraram a Uber de cara, sequer deixaram a empresa operar no país. E quando os alemães dizem que não pode, isso significa que não pode. É diferente do Brasil, onde se diz que não pode, mas deixa-se rolar solto.

Em Nova York, a situação foi mais dramática. Nos primeiros cinco meses de 2018, cinco taxistas cometeram suicídio, um deles na frente da prefeitura. Eles não conseguiam mais pagar as contas por causa da concorrência e do endividamento da aquisição da licença (os *medallions* chegaram a valer quase 1 milhão de dólares!). Aqueles foram apenas os primeiros de uma série. Protestos, passeatas e disputas regulatórias passaram a tomar conta das manchetes do *New York Times*.

As greves de taxistas começaram a tomar as manchetes no mundo todo, incluindo Portugal, Espanha e Rio. Fomos malsucedidos nessas situações. Falávamos aos motoristas de táxi que eles tinham todo o direito de reclamar com a prefeitura e exigir uma atitude. O espaço deles estava sendo invadido, então era legítimo que eles levantassem a discussão. Mas os orientávamos a não fazer greve nem bagunça. Em todas as cidades do mundo, a grande virada da Uber ocorreu justamente quando os taxistas fizeram greve. "A greve de vocês simbolizará uma grande campanha para a Uber. Todo mundo vai baixar o aplicativo deles, e usar", dissemos. "Vocês vão deixar a sua clientela fiel na mão. Muitos nem sabem da existência da Uber, mas aí vão acabar sabendo."

Mas greve é o que as lideranças sindicais sabem fazer. Então fizeram. Aconteceu exatamente o que a gente tinha previsto e a Uber abriu o champanhe: quando houve greve em várias cidades, fez promoção para todo mundo. É o roteiro clássico deles: é durante greves de táxi que ocorre o maior número de downloads do aplicativo da Uber no celular. O cliente de táxi se sente traído. Ele gosta do táxi, acha mais seguro, sabe que é regulamentado, mas naquele dia foi deixado na mão.

Tentávamos não nos posicionar formalmente, pois acreditávamos que aquele não era o nosso papel e que o sistema precisava mesmo evoluir. Não queríamos ficar no meio do fogo cruzado. Qualquer coisa que falássemos poderia ser mal interpretada. "A 99 defende taxista, que representa o passado e gosta do monopólio dos alvarás" ou coisas do tipo. Essa nunca foi nossa forma de pensar. Para evitar mal-entendidos ou distorções, restringimos os canais de comunicação da 99 com a mídia. Quando o assunto era mais crítico, era eu quem dava entrevistas, por estar mais acostumado a lidar com jornalistas. Qualquer declaração nossa que pudesse dar margem para uma repercussão negativa seria prejudicial. Ao final, criamos uma agenda de comunicação e a situação melhorou um pouco.

38
Volta por cima

EM MAIO DE 2016 RESOLVEMOS REVER os valores da 99 e sintonizá-los com as novas percepções do time. Carla, do RH, coletou duzentas frases escritas por funcionários e delas saíram dez valores. Mudou pouco em relação ao que havíamos feito anos antes, mas ajudou a reconectar todos com nossas crenças e modo de fazer. Num fim de semana, organizamos um café da manhã para as lideranças na casa da família dela, no interior de São Paulo. Como eu ainda estava meio de molho, apareci de surpresa, deixando o pessoal bastante emocionado. Passamos o dia revisando os conceitos e chegamos à conclusão de que a preocupação da 99 era tanto para dentro, com seus funcionários, quanto para fora, com a sociedade. Criamos um símbolo para cada um dos valores, decoramos a empresa com balões e pintamos o muro do estacionamento com os desenhos: um grafiteiro fez o contorno e todas as pessoas coloriram. Era um período de muita tensão, mas arrumamos um tempo para comemorar.

Foi nessa mesma época que aconteceu a tal reunião dos cavaleiros do apocalipse, de que falei no começo do livro. Estávamos no sufoco financeiro, e na noite em que Peter me enviou a apresentação que delineava uma proposta para voltarmos a respirar liguei para ele de volta com um discurso diferente. "Temos que fazer um plano para empatar as contas. É só isso. O resto a gente revê depois", falei. "Se não atingirmos esse objetivo, não há saída. A companhia acaba e vai todo mundo para casa. Esse plano tem que ser mais simples do que tudo isso aí que vocês pensaram. Podemos retomar essas ideias de lançamentos depois, mas se colocarmos em prática agora, não vai ter depois — a empresa vai quebrar antes do final do ano. O aumento da receita tem que ser prioridade. E temos que fazer isso em 45 dias."

Peter chegou a me perguntar de onde veio o prazo exato dos 45 dias, se havia algum projeto detalhado que justificasse. A equipe da Bain perguntou a mesma coisa — entendiam que precisaria de muito mais tempo para entregar um projeto daquela magnitude. Eles participaram da reunião e me abordaram em seguida com essa preocupação. Eu disse que era bem simples. Eu não acreditava que dava para fazer tudo em um mês, mas tinha total confiança de que a equipe conseguiria executar no próximo mês e meio. Depois de pilotar aquele time por diversos anos, sabia o que a máquina era capaz de entregar e tinha total confiança nas pessoas para a missão.

Detalhamos o plano. Naquele momento, era uma conta simples. Custávamos o triplo do que faturávamos. Em grandes números, arrecadávamos 2 milhões de reais de receita mensal e custávamos uns 6 milhões de reais. Esses 2 milhões vinham quase integralmente das corridas pagas via aplicativo. Isto é, se o cliente pedia um táxi pela 99 e pagava pelo cartão no aplicativo, como na Uber, cobrávamos uma comissão e o restante ia para o motorista. Tínhamos uma modalidade na qual se pedia o táxi e se pagava direto ao taxista em dinheiro vivo. Nesses casos, não cobrávamos nada, o taxista ficava com o valor cheio. A proporção da forma de pagamento utilizada era a mesma: um terço das pessoas pagava com aplicativo e os outros dois terços em dinheiro ou com cartão usando maquininha. Se conseguíssemos cobrar por todas as corridas via aplicativo, recolheríamos nossa comissão em todo o volume e as contas estariam instantaneamente equilibradas.

Para o passageiro, que paga o valor marcado no taxímetro, não faria diferença. O desafio era abocanhar um pedaço das corridas pagas em dinheiro. Foi fácil convencer a maioria dos taxistas de que eles deveriam pagar uma comissão dessas corridas para a 99. Eles entendiam a importância da empresa, afinal, o aplicativo estava trazendo aquele dinheiro para eles. Numa corrida de vinte reais, topariam pagar dois ou três reais para a 99. O difícil seria a implantação da ideia, que envolveria a companhia inteira com foco no problema ao longo de algumas semanas.

O plano mudou a empresa e o modelo de negócio em tempo recorde. Criamos uma espécie de conta-corrente com o taxista: para cada corrida feita em dinheiro, ele registrava o valor no aplicativo, criando um saldo devedor para a 99. Por exemplo, quando o passageiro pagava vinte reais em dinheiro, automaticamente registrava-se um balanço negativo de três reais ao motorista. Ele seguia fazendo as corridas, acumulando o saldo devedor de todos os pagamentos em dinheiro. Chegava uma hora em que ele devia, digamos, 25 reais para a 99. Quando algum passageiro chamava o táxi para pagar no aplicativo uma corrida daquele valor, a 99 descontava do taxista na íntegra e zerava a conta de novo.

Ainda precisávamos simplificar e baratear as transações para pagar os taxistas. Disponibilizamos um cartão pré-pago para cem por cento da base — antes, apenas poucos tinham esse cartão em um piloto que funcionou bem. Eles recebiam o cartão em casa e o desbloqueavam. Porém, nem todos tinham o endereço certo no cadastro. E sem cartão, eles não poderiam mais usar a 99. O sistema travaria os sem-cartão. Demos um prazo para todos terem cartão.

Na fatídica reunião dos 45 dias, uma prioridade era engajar integralmente a empresa que operava a plataforma dos cartões pré-pagos em parceria conosco. Essa foi uma tarefa da Leila. Na época, os motoristas já munidos com o cartão 99 pagavam uma pequena taxa de manutenção e arcavam com os custos desse parceiro. Como iríamos obrigar todos a terem cartão 99? Não queríamos impor a exigência e ainda cobrá-los pelo uso. Não foi nada fácil: as plataformas de cartões pré-pagos também tinham seus problemas a resolver e seus custos para lidar. Acabamos distribuindo os pré-pagos de graça para todos os motoristas, sem cobrar pela emissão ou manutenção. Dessa forma, conquistamos a base completa rapidamente nos 45 dias previstos. A 99 bancou o custo.

* * *

Havia na equipe um sentimento dúbio em relação a essas transações. No começo da 99, nossa estratégia era não cobrar os taxistas por todas as corridas, para reforçar a confiança e a parceria, mas havia chegado a hora de gerar mais receita para a 99 parar de pé sozinha. Certamente, alguns taxistas deixariam de usar nosso app. No entanto, se a empresa morresse seria pior para todos, inclusive para o motorista.

Às dez da manhã de 4 de julho de 2016 passamos a cobrar por todas as corridas e imediatamente empatamos o dinheiro. Foi a mesma sensação do dia em que acordei na cama do hospital anestesiado e com sonda. "Doeu, mas agora respira, você está vivo." Tivemos mais uma série de custos, e o pior que poderia acontecer era nos tornarmos um negócio pequeno, de nicho, mas pelo menos estaríamos de pé, sem precisar de investidor adicional.

Sempre tivemos um *board* engajado, por mais divergências que houvesse em algumas ideias e estratégias. Nesse episódio, parte dos conselheiros queria focar cem por cento da 99 em lançar o Pop, o carro particular, e eu banquei nos concentrarmos em primeiro empatar os custos. Consegui o apoio do grupo. Sempre foi assim, para todas as escolhas difíceis que fizemos. Em geral, os conselheiros e investidores davam carta branca aos fundadores para prosseguir em um rumo, ainda que preferissem outro.

Ariel diz que fizemos uma loucura. Ao receber uma corrida paga por cartão de crédito, é mais fácil reter comissão porque se separa uma parte para o motorista e outra para a 99. Quando a corrida é recebida em dinheiro pelo motorista, a 99 precisa saber quanto foi, para cobrar uma porcentagem do valor. É possível confiar no valor que o motorista declara? Nem sempre. Foi necessário fazer um sistema de taxímetro virtual para estimar o valor real e comparar se estava correto. Precisava funcionar off-line, porque não podíamos obrigar o motorista a ter internet durante as corridas pagas em dinheiro. Deu um trabalho monstruoso. O pessoal construiu o sistema de pagamento e todo o entorno em 45 dias. Foi inacreditável. Ao final, um dos consultores da Bain, com quase dez anos de experiência em projetos desse porte, me falou que nunca havia visto uma mudança daquelas em tão pouco tempo. Se tivesse um projeto comparável nas mãos, disse, precisaria de mais gente e de uns seis meses para executá-lo.

Mas ainda não estávamos completamente aliviados. Precisávamos cortar nosso quadro de funcionários. A partir do momento em que a conta encaminhou para equilibrar, precisamos fazer planos mais agressivos. Foi uma fase difícil. No dia 1º de setembro, mandamos cerca de quarenta pessoas embora. Demitimos todos no mesmo dia. Foi um trabalho em conjunto — as conversas eram conduzidas pelo chefe de cada um, apoiadas por alguém do time de RH, e todos os líderes da empresa se envolveram diretamente. Naquele dia, os responsáveis voaram para as respectivas cidades, e fechamos todos os escritórios Brasil afora, simultaneamente, ficando apenas com São Paulo e Rio de Janeiro. Foi uma estratégia de guerra.

Aos que ficaram, avisamos sobre as demissões, explicamos os motivos e garantimos seus empregos. É triste, mas faz parte do negócio. É fundamental tratar quem é desligado com respeito e atenção, por isso fizemos questão de espalhar os líderes pelo país para conversarem pessoalmente com os demitidos. Pedro fechou dois escritórios no mesmo dia. Conseguimos realocar algumas pessoas para a sede em São Paulo. Foi duro, mas bem executado. Sem essa etapa, não conseguiríamos empatar custos e receita.

Essa grande virada é meu maior orgulho, em toda a história. Estávamos todos exaustos. O moral estava abalado. A Uber crescia demais. Ao mesmo tempo, a mídia só falava bem do concorrente. E a 99 estava lá atrás. Talvez tenha sido o ponto mais baixo em termos de ânimo do time — 2016 foi só pancada. Mas todo mundo se entregou de corpo e alma ao novo plano. Em 45 dias, vencemos esse jogo. Seguimos vivos no campeonato.

39
Cadê a cadeira que estava aqui?

EM JUNHO, A CABIFY ESTAVA ORGANIZANDO um evento empresarial fora dos escritórios. Suas lideranças internacionais passariam quatro dias em um hotel de Cartagena, na Colômbia. André e Peter aceitaram o convite para participar. Afinal, naquele momento havia uma chance grande de fecharmos um acordo de fusão, e a ideia era avançar no diálogo. O próximo evento do gênero aconteceria só um ano depois, e o plano era selar a sociedade logo no mês seguinte.

Durante o encontro, André e Peter criaram relacionamentos com diversas pessoas do lado de lá. Houve várias discussões de estratégia, e os planos de ambas as empresas, 99 e Cabify, foram comparados. Optamos pela "política do quimono aberto", como dizem os japoneses: revelamos alguns números e planos um para o outro. Apesar das ótimas intenções, não houve acordo.

Eu ainda estava em tratamento, mas André e Peter não pararam. E só viajavam de classe econômica, sem luxos. A rotina ficou pesada. Nos meses seguintes eles acumulariam bastantes milhas, voando para Estados Unidos, Japão e China. A parada seguinte foi Detroit, nos Estados Unidos, sede global da General Motors, que se interessou em investir estrategicamente caso a gente se juntasse à EasyTaxi. Peter e André foram para lá com Dennis, então CEO da EasyTaxi, e um outro diretor deles. O prazo para a GM nos entregar a carta de intenções assinada era quarta-feira da semana seguinte, mas a EasyTaxi queria se juntar à 99 mesmo sem a gigante americana — a ideia era partirmos juntos para uma rodada de investimentos. Essa temporada parecia a *Corrida maluca*. A cada trecho tudo mudava: parcerias, sócios potenciais, investidores. Precisamos de muita diplomacia para navegar bem por todas essas incertezas.

Na véspera do prazo da GM, a EasyTaxi, inesperadamente, firmou uma carta de intenções para se juntar à Cabify. A GM, como prometido, mandou a carta de intenções assinada na quarta-feira. Ou seja, a EasyTaxi desistiu aos 45 minutos do segundo tempo, deixando a GM boquiaberta. "Como assim? Vocês vieram aqui, nos apresentaram tudo para construir um negócio juntos, enviamos a carta de intenções obedecendo ao prazo e agora uma empresa já saiu da mesa? E ainda falando com outro investidor?" Por causa disso, a GM, claro, desistiu. No fundo, o que queriam mesmo era vender carros para taxistas. Isso também não era o ideal para a 99. Foi uma semana estressante. A música cessou e não tínhamos cadeira para sentar.

40
Lidando com o governo

DESDE O COMEÇO, ASSUMI A FRENTE do departamento que chamávamos de Relações com o Governo, ou RelGov. Mas em 2016 pedi para Pedro, então diretor de operações, me ajudar. Ao navegar nesse meio, nunca nos desviávamos das nossas condutas de trabalho. Em algumas situações nos pediram dinheiro indiretamente, como contribuição para campanha eleitoral ou patrocínio de festas. Mas sempre recusávamos.

O time que formamos para lidar com o governo nos deu uma dica preciosa: "Nas primeiras interações com o poder público, você mostra a seriedade do seu trabalho e constrói a sua reputação. Daí o pessoal já sabe se você faz do jeito certo ou do errado". Quem faz do jeito errado atrai quem faz do jeito errado, entrando naquela ciranda em que não se consegue nada sem pagar alguém. Quando você faz do jeito certo, aquela turma nem fala com você. Eles sabem que ali a banda toca de outra forma. Nossa postura funcionou bem e ajudou a construir nossa reputação rapidamente.

Naquele ano, precisávamos de uma abordagem bem mais agressiva: a Uber navegava de vento em popa, mas a prefeitura dizia que o serviço era irregular e que eles precisavam se regulamentar. Ficava por isso mesmo. Ao iniciar as conversas com a Didi em janeiro, os chineses deixaram claro que a inclusão do carro particular na nossa plataforma era um fator crucial para a continuidade do investimento na 99. Também nos reforçaram algo relevante: precisávamos ter uma ótima relação com o poder público. Sabíamos da importância dessa relação, cuidamos desde sempre, mas então aumentamos a prioridade. A mobilidade urbana é essencial na vida das cidades, por isso é necessário estar alinhado com os governos. Naquele momento, o táxi era uma das categorias do aplicativo, mas no futuro surgiriam outras.

A Didi já estava vivendo o futuro. Na China, passaram a oferecer táxi e carro particular. E mais: eles se integraram à prefeitura e incluíram linhas de ônibus e metrô no portfólio. O aplicativo indicava ao usuário a variedade de transportes da cidade que ele poderia usar no trajeto desejado, incluindo o carro particular da Didi. Eles nos passaram uma versão bem mais ampla do que nós poderíamos fazer.

A gente participava bastante de debates na Câmara dos Vereadores, e Pedro me ajudava nessa área. Os taxistas, na época, eram influentes: faziam oposição efetiva a qualquer regulamentação que ameaçasse flexibilizar as permissões e autorizar carros particulares a prestar serviços de transporte.

Em uma oportunidade mostramos à prefeitura de São Paulo que a Uber Black, a opção mais cara e sofisticada do aplicativo, com carros sedã e banco de couro, tinha sinalizado uma demanda por táxi de qualidade superior. Sugerimos que a própria prefeitura criasse a categoria. Na verdade, já existia um segmento de táxi especial, mas era mais caro do que o táxi comum e com uma frota de apenas cento e poucos carros para servir a cidade de São Paulo inteira. Com estudos e dados asseguramos à prefeitura que valeria a pena criar uma frota de "táxi preto" nas ruas. Bastava criar um alvará para a categoria, e colocar 5 mil novas licenças na praça. A prefeitura concordou, e fez um edital.

Pela primeira vez na história, o alvará não seria gratuito. Os sorteados teriam que comprá-lo da prefeitura por 60 mil reais. O valor poderia ser parcelado em cinco anos — sessenta meses, com o pagamento de mil reais por mês. A medida foi entendida por muitos como uma forma de regularizar o serviço do táxi premium e proibir de vez a Uber.

Só que, poucos meses mais tarde, a prefeitura publicou um decreto que liberou o transporte pago em carro particular, em todas as categorias, sem nenhum custo de licença para os motoristas.

Milhares de taxistas sorteados compraram seus alvarás e carros de alto padrão para se enquadrar na categoria, e foram para a rua com o aplicativo 99, na categoria que batizamos de Top. Avisamos aos passageiros sobre a nova opção, só que não houve adesão inicial. Havia uma percepção de que seria mais caro, pois a prefeitura havia divulgado valores vinte por cento acima da tarifa do táxi comum. Mas as tarifas rapidamente ficaram equivalentes.

A certa altura, a prefeitura decidiu que não tinha mais alternativa para regulamentar os carros particulares, a não ser por ato administrativo. Um belo dia, apareceu no Diário Oficial um decreto do prefeito Fernando Haddad, que sustentava uma regulamentação para carros particulares prestarem serviço na cidade de São Paulo. A Câmara dos Vereadores tentou derrubá-lo, alegando que o assunto deveria ser votado pelos vereadores. A disputa gerou uma situação de incerteza, ainda vigente. Um novo prefeito que tenha uma visão diferente, por exemplo, pode derrubar o decreto.

A 99 teve um papel importante nesse processo. Na sexta-feira antes da publicação do decreto, Pedro chegou a falar comigo e tentou me colocar em contato com Haddad. A ideia era que a gente conversasse, já que a prefeitura havia pedido que déssemos uma entrevista defendendo o modelo, para não parecer que a iniciativa era exclusivamente da prefeitura. Por causa do tratamento, não consegui falar com o prefeito, mas Pedro concedeu a entrevista e conversou com Haddad.

Assim que o decreto do carro particular foi publicado, os taxistas ficaram revoltados. A forma como aconteceu não ajudou. A prefeitura queria liberar rapidamente o serviço, mas quando divulgaram os alvarás do táxi preto, poucos meses antes, já deveriam ter avisado que também estavam trabalhando em uma regulamentação dos carros particulares. Foi injusto para aqueles que compraram carros específicos para o serviço, pagaram alvará, no final das contas desnecessariamente.

A 99 apoiava a criação de uma regulamentação para deixar regras claras e iguais para todos. Mas a condução pelo poder público não foi a ideal. Essa confusão fez com que 90% dos motoristas sorteados desistissem dos pagamentos pelos alvarás (sim, deram o cano nas prestações) e o prefeito seguinte, João Dória, acabou flexibilizando o modelo e estendendo o prazo do financiamento.

41
Habemus Pop

EM 2016, *BRANDING* FOI UM GRANDE desafio para a 99. Enquanto a Uber era a marca descolada e quente, táxi era "o atraso". Não por termos pisado na bola, mas porque o garoto novo do pedaço parecia mais bacana do que nós. Para atacar novos segmentos e diversificar as categorias de mobilidade, eliminamos o "Táxis": a nossa marca passou a se chamar apenas 99. Em junho de 2016, a 99 acordou de cara nova. Mudamos o logo também.

Para preparar o terreno do carro particular, trabalhamos muitas horas com o time interno e junto à África. Os nomes Pop e Top já haviam surgido em discussões do nosso time, entre diversas outras possibilidades. Eram também as preferidas pela equipe da África, então acabaram ficando. Foi árduo reposicionar a 99 como um guarda-chuva mais amplo de mobilidade urbana. Estávamos enraizados no táxi, principalmente porque em 2016 a Uber já havia virado sinônimo da categoria. As pessoas falavam "pegar um Uber" em vez de "pedir um carro particular por aplicativo". Como falar que não éramos só táxi? O único jeito simples era dizer "agora temos a Uber da 99". Buscamos alternativas, mas nenhuma boa. Era difícil explicar. Hoje as pessoas já sabem, até porque a 99 alcançou um volume de uso maior no Pop do que no táxi. Mas foi um desafio imenso comunicar que estávamos lançando um concorrente da Uber sem usar a palavra Uber.

Também era frustrante nos dedicarmos tanto à comunicação e ver os jornalistas idolatrarem a Uber, porque a empresa americana representava "a quebra com o passado". A Uber estava em evidência. Passamos a sair na imprensa como um termo genérico, um "aplicativo de táxi". Como se sabe, repórteres da TV Globo não mencionam nomes de empresas em suas matérias, só se usa nome de companhias em espaços publicitários pagos. Mas a Uber conseguiu algo inédito: todos os jornalistas citavam a Uber, fosse no *Jornal Nacional* ou no *Fantástico*, da TV Globo, ou no *Jornal das Dez*, da GloboNews. Repetiam o nome e ainda faziam apologia à empresa nos horários mais nobres, com a maior audiência. Nas outras empresas de comunicação acontecia o mesmo. A nossa assessoria de imprensa reclamou tanto com a Globo que parece que baixaram uma orientação para evitar o uso da palavra Uber. Por muito tempo, a Uber teve uma imensa publicidade gratuita, mas bastou os casos de irregularidades começarem a aparecer para a lua de mel com a imprensa evaporar.

Enquanto isso nos Estados Unidos, a imprensa já estava divulgando muitas notícias ruins relacionadas à Uber. A maré virou em fevereiro de 2016, quando Susan Fowler, uma engenheira de software, escreveu em seu blog sobre assédio sexual na empresa e a falta de importância dada pelo RH da empresa ao assunto. O post viralizou e, somado a outros incidentes, culminou com a saída do fundador e então CEO, Travis Kalanick. Susan recebeu propostas de livro e filme em Hollywood. Em 2017, ano em que o assédio sexual viria à tona em várias empresas americanas, ela foi considerada uma das "Pessoas do Ano" pela revista *Time* e pelo jornal britânico *Financial Times*. O caso ainda serve de exemplo até hoje em treinamentos corporativos feitos pela plataforma Grovo em inúmeras empresas americanas.

O episódio foi só o começo da cascata de notícias devastadoras sobre a Uber. Usuários criaram campanhas com hashtags para deletar a Uber do celular. Muitos migraram para a Lyft. Quando a imprensa americana mudou de ideia em relação à Uber, boa parte da opinião pública a acompanhou. Os passageiros começaram a questionar: "Como é essa checagem de antecedentes criminais?", "O motorista roubou e só agora se descobriu que ele tinha condenação prévia?", "Quem fiscaliza a Uber?". Mas nada disso chegou com força ao Brasil. Além de lutar contra a falta de caixa, tivemos que batalhar contra a opinião pública por um bom tempo.

Aqui vale uma reflexão: sempre achei ótima a proposta de ter mais concorrência e opções para os passageiros. Uma limitação aos alvarás disponíveis não era boa para a sociedade como um todo, resultava em um serviço restrito e caro. Os alvarás, uma concessão pública gratuita apenas aos sorteados, na verdade eram vendidos ou alugados ilegalmente, criando um mercado paralelo. O poder público limita demais as opções de mobilidade urbana. É muito melhor explorar o livre mercado e deixar as empresas inovarem, oferecendo serviços em diversas categorias, mas sempre cobrei do poder público um posicionamento claro, para garantir as mesmas regras para todos os motoristas e empresas de aplicativo. Essa é uma forma de nivelar o jogo e ficar justo para todo mundo. Ficávamos numa situação bem desconfortável e éramos punidos por seguir a lei, um paradoxo infelizmente comum no Brasil.

Em março de 2016 lançamos o preço reduzido no táxi. Diversos motoristas vinham nos pedindo uma ferramenta de desconto para competir em preço com a Uber. A implementação não era complexa, mas existiam dois grupos: os motoristas que queriam baixar o preço para recuperar clientes e os que se recusavam a baixar. Colocamos como um fator opcional: criamos uma chavinha no aplicativo para que cada um tomasse sua decisão e trabalhasse da maneira que preferisse, sem nenhuma imposição da 99.

Por volta de agosto, quando fomos lançar o Pop, comunicamos primeiramente aos taxistas, antes mesmo de falar com a imprensa ou com os passageiros. Nenhuma empresa faria isso. Pedimos para tomar pancada. Conversamos pessoalmente com as principais lideranças, e falamos que a iniciativa seria melhor para eles. Contamos o caso da China, onde a Didi já havia lançado o modelo e, no final, foi bom para o táxi. Eram dez da manhã quando tivemos a conversa. Uma hora mais tarde, daríamos uma coletiva de imprensa na sede da 99 para lançar o Pop.

Explicamos aos taxistas que, após a regulamentação, tínhamos decidido incluir a opção de carro privado na plataforma, porque era a única forma de continuarmos no setor de mobilidade urbana no Brasil. Por meia hora, eles soltaram o verbo. Pedro saiu da sala sob xingamentos. E foi para a coletiva. Por um mês, ele e mais um funcionário do time tiveram de andar de carro blindado, por causa de uma série de ameaças. Foi um período complicado.

Os taxistas se sentiram traídos. Sem razão, acredito. A batalha era do táxi contra a Uber. Caso a nossa plataforma oferecesse táxi e carro particular e vencesse, a vitória também seria do táxi. Mas se a 99 só oferecesse táxi, e a Uber vencesse, não teria mais volume para sustentar o táxi. Argumentamos com os nossos taxistas: "O Pop não vai aumentar a concorrência de táxi com o carro particular. Esses carros particulares já estão todos na rua, na plataforma da Uber. Queremos trazê-los para a 99 e aumentar o número de clientes na nossa plataforma". Claro que para o taxista seria melhor se não houvesse a opção de carros particulares como um todo, mas o monopólio já estava quebrado, não tinha volta. Àquela altura, era melhor tê-los na 99. Mesmo com toda a explicação, não convencemos quase ninguém naquele momento. Mas o tempo provou que estávamos certos.

Em 1º de agosto de 2016, a Didi anunciou a compra da Uber na China, num negócio envolvendo troca de ações. Dali em diante, Uber e Didi, ferozes competidores até a véspera, passavam a ser sócias. A Uber virou o maior acionista individual da Didi. A chinesa virou acionista relevante na Uber e ficou praticamente com o monopólio na China. Era uma situação inesperada, ninguém sabia o que iria acontecer depois.

Aquele foi o mês no qual equilibramos as contas da 99. Pensei: *A empresa está salva, estou vivo, e agora está na hora de passar o bastão. É preciso ter outra liderança tocando isso aqui diariamente.* Comuniquei ao conselho que eu não conseguiria ficar como CEO da 99. Voltar e tocar a companhia era meu plano original, e executei esse plano em fevereiro, mas não deu certo. Depois da pneumonia, eu tinha que cuidar da minha saúde.

Eliminamos a ameaça de falência, mas ainda tínhamos o desafio de fazer a empresa voltar a crescer rápido e competir com a Uber. Só não sabíamos como. Ou sabíamos, mas não conseguimos o dinheiro. Havia muito trabalho pela frente. Falei a eles que não ia conseguir tocar o próximo ciclo. "Terei que ficar mais no bastidor do que na linha de frente", falei. Não havia condição. Eu ainda tinha um ano e meio de quimioterapia a cumprir, com imunidade baixa. Meu médico até falou: "Paulo você precisa ficar bom para ganhar dessa Uber. Não dá para deixar esses caras por aí. Vou te botar em pé de novo para você voltar para o jogo!". O conselho todo concordou comigo e decidimos fazer um processo de sucessão.

Minha proposta foi conduzir um processo que duraria até três meses, avaliando vários candidatos, internos e externos. De internos, tínhamos Peter, que era o mais sênior na companhia naquele momento, apesar de jovem. Tínhamos um candidato menos óbvio, André, o nosso CFO — era prata da casa e tinha mais conhecimento da parte financeira. Peter já havia navegado pelo Google, obviamente uma grande referência no nosso setor.

Eu queria trazer alguns candidatos externos para a mesa, mas dessa vez não consegui apoio dos investidores. O processo acabou não sendo o ideal, acho que em parte por culpa minha e em parte por pressão do conselho. Quando deixei a posição de diretor-geral na Endeavor, dez anos antes, foi um processo aprofundado e bem conduzido, com forte apoio do conselho de administração. Havia três candidatos, todos internos, que foram entrevistados individualmente por diversos conselheiros. Depois fizemos uma pauta na reunião de conselho para discutir a sucessão e chegar a um consenso, pesando em detalhes os prós e contras de cada um e os planos da organização para o próximo ciclo. Eu queria seguir a mesma linha na 99.

No entanto, um membro do conselho atropelou tudo. Disparou um e-mail para todo o conselho copiando Peter e André e propondo de imediato tornar Peter o CEO da 99. A ideia estava misturada a uma discussão sobre outro assunto. Isso me pegou desprevenido, e fugiu do meu controle. Eu nem havia sequer conversado com Peter e André sobre a sucessão. Os três fundadores ficaram consternados, mas estava feito. O conselho nos pressionou para encurtar o processo de transição. Criou-se ali uma grande expectativa no Peter. Corríamos o risco de perdê-lo se ele não fosse promovido a CEO, o que seria ruim para a 99 naquele momento. Ao mesmo tempo, eu gastaria muita energia se insistisse no processo que considerava ideal, e tínhamos muitas outras batalhas pela frente.

A compra da Uber China pela Didi fez os chineses mudarem o discurso em relação à 99. Eles já haviam resolvido o problema por lá, garantindo monopólio no maior mercado do planeta. Mas almejavam ser uma empresa global, e retomaram a conversa com a 99 com muito mais gás: enviaram algumas pessoas para o Brasil por uma semana para testar o aplicativo e conversar com motoristas. Também encomendaram uma pesquisa de mercado com passageiros. Queriam entender o potencial da empresa de competir com a Uber, antes de investirem. Mas a cada mês víamos o nosso número de corridas cair, e o da Uber crescer. O estresse e a incerteza aumentavam a cada semana.

Dali em diante, Peter e André ficaram na linha de frente dessas conversas, eu nos camarins. Negociar com chineses traz fortes emoções. Não é fácil. A cultura é absolutamente diferente. Somos abertos, eles fechados. Damos autonomia, eles são hierárquicos. Somos informais, eles são totalmente formais. É tudo diferente. Somos tão opostos quanto nosso posicionamento no globo terrestre. Em geral, eles falam mal inglês, mas alguns executivos-chave estudaram ou trabalharam nos Estados Unidos. Já do nosso lado quem estava liderando a conversa eram André, que se vira em inglês, e Peter, que tem inglês nativo, o que facilitava para encantar os gringos com a 99.

Naquele ano, a Uber do Brasil nadou de braçada num oceano azul e límpido. Uma piscina natural gigantesca onde deslizavam sozinhos, tranquilamente, criando um mercado jamais visto. Com corridas trinta por cento mais baratas que o táxi, a empresa cresceu de forma avassaladora, sem concorrência no mercado de carros particulares. Para a Didi, a 99 era sinônimo de uma aposta em um cavalo que estava perdendo a corrida. Era necessário um investimento vultoso para reverter o quadro. Nossa participação no mercado caiu de sessenta por cento para cerca de dez por cento em apenas um ano, enquanto a Uber tinha abocanhado quase 85 por cento. Os chineses analisaram todo o cenário. O abismo colossal entre táxi e carro particular era algo que os decepcionava, e a nós também.

No entanto, eles tinham forte crença no potencial do mercado brasileiro, por uma razão interessante. Após rodarem o mundo, notaram que nos países desenvolvidos, principalmente na Europa, o transporte coletivo é bom, mas relativamente caro. Nos países emergentes o transporte coletivo, em geral, é de péssima qualidade mas é muito barato. (Costumo brincar que o Brasil é a nação mais inovadora do mundo em modelo de negócios para mobilidade. Somos um país onde o transporte coletivo é ruim *e* caro.) Fizemos alguns gráficos, e apontamos que uma família de baixa renda no Brasil chega a gastar quinze por cento de sua receita com transportes. Trata-se de uma população que paga caro e é mal servida. Ao avaliar a situação, eles enxergaram a oportunidade de entrar no Brasil. Mas sabiam que seria difícil ter êxito por conta própria em um país tão diferente. Até eles entenderem o sistema e a cultura e criar um time, gastariam dois anos — e o jogo já poderia ter terminado. A 99 representava um ótimo ativo nesse sentido. Então eles resolveram formalizar uma proposta de sociedade.

Até decidirem se iriam mesmo investir, nos deixaram na berlinda, sem qualquer transparência. Não sabíamos se nos adoravam ou odiavam. No início dessa fase, a EasyTaxi ainda não tinha fechado acordo com a Cabify. Já tínhamos apresentado à Didi um acordo que incluía a EasyTaxi e a 99. Mas acabamos mostrando a eles outra proposta mais interessante: o investimento apenas na 99. Os chineses faziam cara de paisagem. Inescrutáveis. Ainda tinha o fuso horário, com diferença de quase doze horas. Os telefonemas eram feitos entre dez e meia-noite, ou muito cedo pela manhã.

A proposta levou meses para ficar redonda. A primeira carta de intenções incluía condições péssimas para nós. Pedi ao André que ligasse para o interlocutor da Didi e lembrasse que a ideia era que eles investissem para comprar de dez a quinze por cento da 99. Pelos termos contidos naquela carta de intenções, fiquei com a sensação de que a Didi compraria a 99 inteira, pagando apenas por dez por cento dela. A carta dizia que eles teriam o controle de quase tudo. Para nós, não fazia sentido.

Falei para o André: "Se eles quiserem fazer uma oferta para comprar a 99, podemos discutir. Não é o que queremos, mas se forem por essa linha, podemos conversar. Mas se concordarem com a nossa proposta, que é vender apenas dez por cento, então estas cláusulas aqui não podem constar no acordo". Foi uma negociação difícil, mas, nas condições em que estávamos, com pouco dinheiro, perdendo mercado a cada dia, era claramente o melhor caminho a seguir. Traria novo fôlego na briga contra a Uber para retomar a liderança no mercado brasileiro. Então vendemos uma pequena parte do negócio para a Didi.

Chegamos a acreditar na possibilidade da coexistência da Uber e da 99, ambas felizes, ganhando muito dinheiro, mas a Didi não acreditava. Para eles, o único objetivo era a dominação completa do mercado, mas eles só conseguiram isso na China comprando a Uber, e por meio de fusões, quando juntaram a Didi original com a Kuaidi, serviço de carro por aplicativo na China, uma empresa quase tão grande quanto a Didi. Não foi uma vitória pelo mercado, conquistando a preferência da — quase — totalidade dos consumidores. Chegaram a essa posição de forma legítima, mas por caminhos diferentes. Esse mesmo movimento aconteceria mais tarde na Rússia (onde a Yandex comprou a Uber) e no Sudeste Asiático (a Grab incorporou a Uber na região). Ou seja, é uma tendência monopolista por meio de consolidação, possível nos países onde as agências antitruste não funcionam.

Se tivéssemos levantado quantias mais robustas, de alguns bilhões de dólares, como os nossos concorrentes fizeram no exterior, provavelmente seríamos líderes no Brasil. Teríamos oportunidade de comprar a Uber local, criando uma empresa dez vezes maior do que a 99 que vendemos para a Didi. Como isso não ocorreu, o Brasil se tornou o único país do mundo que em 2018 abrigava uma competição direta entre a Didi e a Uber, os dois gigantes globais do setor.

Os mil primeiros motoristas do Pop foram criteriosamente selecionados. Diversos funcionários do escritório desenharam a estratégia para abordá-los e convidá-los a participar do treinamento e dos testes. O time conhecia a dificuldade de lançar um produto que concorria com a Uber, feito inédito no Brasil. No domingo que antecedeu o dia de lançamento do Pop, a 99 marcou uma festa para os primeiros motoristas. Eles iriam para a rua com seus carros na segunda-feira. Mas na sexta--feira anterior à festa, Jack estava atrasado com os afazeres. Passou o fim de semana correndo contra o relógio, e às sete da noite do domingo ele ainda estava enroscado com os últimos detalhes. Ele avisou ao time que, se ele não aparecesse na festa, era sinal de que não haveria Pop no dia seguinte. Seu time era pequeno, mas incansável. No entanto, quando bateu onze horas da noite, a fada madrinha apareceu e transformou a abóbora numa carruagem. Jack chegou para a celebração. A reação da equipe ao vê-lo foi: "Ufa. *Habemus* Pop".

42
Investe, não investe

NO COMEÇO, O NÚMERO DE CORRIDAS do Pop era ínfimo. Lançamos a novidade antes de receber um investimento adequado para tal. Foi um piloto, e não a versão definitiva, mas o crescimento da Uber no Brasil, do ponto de vista dos motoristas, nos ajudou muito. Havia uma base de milhares de motoristas na rua, treinados e com celular. Bastava convencê-los a instalar mais um aplicativo e rodar com os dois. A base de motoristas cresceu numa velocidade impressionante.

Para nós, foi crucial encorajar nossos funcionários a dirigir com o aplicativo do motorista. Todos já tinham experiência como passageiro, mas queríamos que sentissem as dores e delícias de estar ao volante. Era uma forma de estar mais familiarizado com os problemas e propor melhorias ao aplicativo. Colocar o Pop rodando em São Paulo foi um grande desafio, praticamente um mutirão. E mais uma vez o time se superou. Começamos pequenos, e aos poucos crescemos, abrindo o Pop no Rio cinco meses depois. A EasyTaxi não conseguiu o mesmo: descontinuou o carro particular ao se juntar com a Cabify. Cada marca abraçou uma categoria — a EasyTaxi focou no táxi comum e a Cabify, nos carros particulares.

Jogamos todas as nossas fichas na negociação com a Didi. Precisávamos daquilo, e os chineses sabiam. Isso fazia com que tivessem muito mais poder na negociação do que nós. Era duro, ainda mais com a cultura chinesa: combina-se algo no *call*, e dois dias depois volta o contrato, sem as mudanças combinadas. Se você não prestar atenção, engole coisas que já havia negociado.

A Didi mandou um representante para a 99 por uma semana. Era uma pessoa nova, recém-contratada. Ele acabou ficando cerca de duas semanas no nosso escritório. Sua presença ali era para facilitar a conversa, a interlocução entre o Ocidente e o Oriente. Em seguida, mandaram um banqueiro deles. Esse falava inglês com fluência, o que ajudou bastante.

Quando o acordo com a Didi já estava praticamente encaminhado, trouxemos de volta à mesa a Riverwood Capital, o fundo da Califórnia que havia proposto a fusão entre a 99 e a EasyTaxi quase um ano antes. No começo de 2016, eles queriam liderar a terceira rodada de investimentos, mas o diálogo não avançou. A Riverwood tinha uma boa exposição na América do Sul, o que era vantajoso para nós. Também me ajudaria a equilibrar as forças no conselho. Por mais que fosse minoritária, a Didi teria poderes extras, mesmo detendo só uns dez por cento da 99. A chinesa era uma empresa de 50 bilhões de dólares. Isso carregaria um peso desproporcional em tudo que eles fizessem ou falassem. Seríamos a formiguinha dançando com o elefante.

Em dezembro de 2016, apresentamos as nossas condições no acordo que tínhamos costurado com a Didi. Eles queriam melhorar a situação, então um executivo da Riverwood foi para a China sem ter sido convidado. Foi uma iniciativa corajosa. Já que os chineses da Didi desmarcavam os *calls*, nada melhor do que ir para a porta e esperar o momento certo. Achamos que qualquer melhora que ele conseguisse valeria mais do que o dinheiro torrado na passagem, mas no fim a viagem foi um furo n'água. Eles não melhoraram, e a Didi pediu novamente que os tirássemos da mesa.

No fundo, os chineses da Didi ainda não sabiam direito o que queriam. Estavam conversando conosco para entender o Brasil e deixar opções em aberto. Foi confuso, mas aconteceu o seguinte: quando levamos o acordo para a Didi pela primeira vez, com a Riverwood, estávamos em dupla com a EasyTaxi, mas a EasyTaxi deu para trás e começou a negociar uma fusão com a Cabify. Como contar a má notícia para a Didi? Se o acordo com a Cabify não vingasse, talvez desse para trazer a EasyTaxi de volta. Ficamos totalmente no escuro conversando com a Didi, sem saber se eles queriam o acordo da 99 com a EasyTaxi ou se eles preferiam só a 99. Não tínhamos essa leitura. Queriam extrair o máximo possível de informação, de inteligência e de dados, enquanto definiam seus objetivos, mas durante o processo não falavam nada. Perto do Natal, apresentamos a proposta e o contrato para a Didi.

Em menos de 48 horas, os chineses decidiram entrar. Continuaram investindo os mesmos milhões de dólares que colocariam na empresa combinada (99 e EasyTaxi), mas agora o dinheiro seria injetado apenas na 99. Fechamos o negócio entre o Natal e o Ano-Novo, e fizemos o anúncio público em janeiro de 2017. Quando os chineses finalmente abriram o jogo, após virarmos sócios, descobrimos que eles não tinham o menor interesse na EasyTaxi. Só queriam saber do Brasil e da 99.

O crescimento da 99 também nos trouxe outros problemas de empresa grande. Surgiram algumas reclamações de assédio moral e comentários de cunho racista dentro da empresa. Isso feria valores fundamentais da 99, como "somos genuinamente preocupados com as pessoas" e "seja você mesmo". O movimento que se mexeu mais para reagir foi o LGBT. Era um grupo de umas quinze ou vinte pessoas. Fizeram uma cartilha para orientar os demais a lidar com situações como essas. Foi uma iniciativa bacana, que partiu do time e foi abraçada pelo RH e pelos fundadores.

Boa parte da unidade de atendimento, a turma mais jovem na 99, era LGBT. Um dos funcionários me falou que saiu do armário na 99 por termos criado um espaço de respeito e acolhimento. A família e os amigos dele não sabiam. Ele tinha duas vidas. Na 99, sentiu-se confortável para juntar esses dois mundos. Casos assim provavam que os nossos valores não eram da boca para fora.

Imprimimos um livreto com a cartilha e distribuímos cópias para todos. Eu assinei o prefácio para endossar os valores da 99 de preocupação com as pessoas e respeito à individualidade. Homofobia e racismo, assim como todas as formas de discriminação, são atitudes inaceitáveis.

A Didi tem um modelo muito hierárquico. Nesse tipo de empresa o CEO fundador é quase um deus, ninguém o questiona. Ele fala, os demais obedecem. O respeito aos mais velhos e aos superiores faz parte da cultura oriental. É quase uma obsessão. Lá, não se questiona o pai ou o avô. Na cultura ocidental, podemos discordar dos mais velhos, ter e dar uma opinião diferente. Na China, não.

Faz décadas que a China deixou de ser comunista na economia. O respeito à autoridade é um elemento forte e enraizado da cultura chinesa, que se reflete na política, na gestão empresarial e nas famílias. No Brasil e nos países emergentes, as relações são mais confusas. Há desrespeito a tudo, às instituições, às regras. Na China, as coisas andam mais rápido em parte porque questiona-se menos a autoridade. Uma empresa onde tudo está sujeito a debate é também menos ágil.

Já o modelo de gestão de uma start-up preza pela autonomia, o que atrai protagonistas, que querem crescer, e que têm menos medo de errar. Um pouco de insegurança é normal, claro. Tampouco é sábio colocar alguém inexperiente para tomar grandes decisões, isso pode queimá-lo. Mas podemos expô-lo ao erro em questões menores, para que aprenda e desenvolva autoconfiança. É parte da cultura de gestão. Para ter segurança em tomar decisões é preciso aceitar o erro. Ninguém acerta sempre. Não se aprende a andar ou esquiar sem levar tombos.

43
2017 é ano ímpar

COMEÇAMOS 2017 COM DINHEIRO. Entraram na conta 100 milhões de dólares de investimento da Didi e da Riverwood. Em janeiro, o modo de operar a companhia mudou completamente: vínhamos de muita escassez, buscando equilibrar as contas, sem condições de brigar com a Uber. Agora tínhamos dinheiro e um sócio forte. Direcionamos as "novas verdinhas" para dar escala ao Pop, contratamos mais gente, fizemos campanha de marketing e crescemos muito. Isso recuperou o moral do time e destravou um monte de iniciativas e projetos. Ainda saímos na capa da revista *Exame*. Fomos de um ano par para um ímpar.

Na virada de 2015 para 2016 a gente tinha praticamente sessenta por cento do mercado. Já de 2016 para 2017, a Uber cresceu de forma assustadora, sem concorrência nenhuma além do táxi, e ficou bem maior que a 99. O cenário tinha mudado de maneira drástica, e foi muito frustrante. Nosso número de corridas caía cerca de cinco por cento ao mês, enquanto a Uber crescia de trinta a quarenta por cento ao mês, terminando o ano com um mercado bem maior que o nosso. Cresceram umas dez vezes em todas as cidades.

Mas o ano de 2017 seria focado em recuperar a nossa relevância. Com investimento, mais gente e um bom trabalho, começamos o ano com menos de dez por cento de mercado e terminamos com perto de vinte por cento. Parece pouco, mas o mercado todo triplicou, e ainda começamos a recuperar participação de mercado e incomodar a Uber, que já tinha dado a 99 por morta. No final de maio, recebemos um investimento de 100 milhões de dólares do SoftBank, empresa japonesa dona do maior fundo global de tecnologia. A injeção financeira fez parte da mesma rodada do início do ano. O retorno de mídia foi estrondoso porque foi a maior rodada de *venture capital* da história das start-ups do Brasil até então, uma terceira rodada de mais de 200 milhões de dólares.

Um banqueiro da área de investimentos me disse certa vez: "Quando você vende uma participação de sua empresa para um cara estratégico, ele vai querer ter a empresa inteira. Ele está apostando no setor. Ele não pensa em repassar aquela participação para ter lucro. Ele visa crescer em torno do seu negócio". Ou seja, quando o estratégico compra uma cota, você na prática vendeu a empresa toda. Mas é uma venda a prazo. É melhor acertar os termos e as condições ideais para vender o restante no futuro. Focamos em firmar um termo que mantivesse o máximo de portas abertas. Se um dia quiséssemos vender o restante, teríamos condições justas e um preço de mercado.

É quase inviável vender a empresa para um concorrente do investidor estratégico, então as opções ficam restritas dali em diante. É diferente do investidor puramente financeiro, como os fundos de *venture capital*, que entram na sociedade com a expectativa de vender sua participação, em geral por volta de cinco a sete anos depois. Vão trabalhar para aumentar o valor da companhia e conseguir o melhor retorno possível na saída. Pela própria estrutura desses fundos, normalmente são até obrigados a "desinvestir" nesse prazo.

Os termos da Didi nos impunham diversas limitações. Por exemplo: os chineses teriam preferência na hora de comprar ações da 99 de qualquer um dos outros acionistas. Eles também poderiam vetar rodadas de investimento em alguns casos. O ideal é evitar esse tipo de restrição. Às vezes pode ser uma desvantagem ter uma empresa do mesmo setor dentro do nosso negócio, mas precisávamos do dinheiro. Então tivemos que aceitar condições mais duras enquanto tentávamos chegar em termos aceitáveis para todos.

Todos os acionistas estavam cem por cento alinhados no primeiro semestre de 2017. No meio do ano, fizemos um *board meeting* na China. Fomos Ariel, Renato e eu, além de Peter, André, Matheus, o pessoal da Monashees, da Riverwood e da Qualcomm. A Didi foi nossa anfitriã. Ficamos dois dias em Beijing, onde fomos muito bem recebidos. Fomos apresentados a um monte de gente das áreas de tecnologia e de operações. Os chineses explicaram como ganharam da Uber em seu país e quais táticas funcionaram melhor. Foi incrível. Eles foram abertos num grau que não haviam sido até então, nos levaram para jantar em restaurantes de luxo, até em um palácio. Todas as equipes iam juntas.

Antes disso, ainda em março e abril, uma equipe de dez brasileiros da 99 foi à China discutir a integração dos aplicativos. Na verdade, eles planejavam lançar um aplicativo made in China que poderia ser usado em qualquer país. Só esqueceram de nos contar. Em paralelo, trabalhávamos a parte comercial do acordo de venda do restante da empresa. Separamos em duas trilhas: uma voltada à parte contratual e comercial, a outra focada na tecnologia. Quando o comercial se acertasse, o aplicativo precisaria estar pronto. Essa é a mentalidade em start-ups: em vez de fazer as coisas em série, é preciso fazer tudo em paralelo para ganhar tempo.

O moral da equipe da 99 estava elevado, enquanto a Uber apanhava de todos os lados — da imprensa, dos motoristas, dos passageiros. A cada semana, aparecia um novo incêndio para apagarem. Há diversos relatos no Brasil e no exterior de como a equipe da Uber era treinada para fugir das fiscalizações, pois sabiam que o que estavam fazendo era irregular. Criaram até recursos específicos no aplicativo para enganar agentes de fiscalização, como o programa Greyball.

O jornal *The New York Times* deu um furo sobre o assunto em março de 2017, que repercutiu na imprensa mundial. O Greyball é um software que coleta dados da Uber e burla as autoridades que fiscalizam o aplicativo. Por anos, essa estratégia foi usada pela Uber nas cidades onde havia maior resistência das autoridades, incluindo Boston, Paris, Las Vegas e países como Austrália, China e Coreia do Sul. O Greyball faz parte de um programa chamado VTOS, abreviação de *violation of terms of services* [violação dos termos de serviço], que a Uber criou para retirar passageiros que eles achassem que estivessem utilizando seu serviço de forma inadequada. Segundo o jornal, o programa ainda estava em vigor quando a matéria estourou, principalmente fora dos Estados Unidos, com aprovação do time legal da empresa. Tudo isso foi revelado ao repórter Mike Isaac, em São Francisco, por ex-empregados que falaram em condição de anonimato para não sofrerem retaliação da empresa. A extensão do programa se tornou pública em artigos no *New York Times*, no inglês *The Guardian* e em blogs de tecnologia. Mais uma vez a forma como a Uber fazia de tudo para ganhar o jogo foi exposta. No final de 2019, Mike Isaac lançaria o livro *Pumped* sobre a história da Uber.

Por essas e outras, foi fácil para a Uber crescer sem concorrência enquanto operava fora da regulamentação e não prestava contas a ninguém. Há um livro famoso de negócios chamado *A estratégia do oceano azul*, de W. Chang Kim e Renée Mauborgne, que dá dicas para criar e explorar um mercado sem concorrentes. A Uber adaptou essa estratégia: criou um "oceano cinza". Navegava tranquilamente na zona cinzenta regulatória, nunca admitindo ilegalidades no serviço, criando uma cortina de fumaça em torno de suas práticas. Se beneficiaram por terem bilhões de dólares para bancar as brigas, que não eram poucas. Não divulgavam o endereço da sede da empresa e operavam abaixo do radar enquanto desse. Quando já estavam grandes no Brasil, mudaram de estratégia e até tentaram criar uma regulamentação para legitimar o serviço — mas com uma abordagem truculenta, de peitar os reguladores ao invés de trabalhar junto para criar um caminho bom para a sociedade. Quando montaram um time para cuidar das relações com os governos, foi pouco efetivo, porque já haviam conquistado a antipatia geral.

Quem surfou a onda da queda da Uber foi seu maior concorrente nos Estados Unidos. Em 2017, a também californiana Lyft cresceu de forma assustadora: agregaram muitos dos passageiros que apreciavam valores e práticas de negócio mais saudáveis e por isso boicotaram a Uber. Para a 99, a crise da Uber não teve muito impacto. Talvez a opinião pública tenha parado de endeusá-los, mas também não ensejou mudanças.

Começamos a lançar o Pop nas cidades, com um plano bastante agressivo. No mesmo ano, a gente contratou a FutureBrand, uma agência que pensa a marca como um todo. Sua equipe traça toda a jornada do usuário, todos os pontos de contato que ele tem com a sua marca e analisa se está tudo consistente. A agência descobriu que muitos passageiros ainda achavam que a 99 só oferecia a categoria táxi.

Depois das experiências com a África Zero, com a FutureBrand e com outras empresas de pesquisa de mercado, fiquei mais convencido de que uma marca atual é, em sua essência, a expressão dos valores de uma companhia. As pessoas sabiam que sempre nos mantivemos fiéis às nossas crenças e às nossas responsabilidades.

44
Mais dinheiro, mais espaço

EM JULHO DE 2017, FOMOS PARA UMA REUNIÃO de diretoria em Beijing. Todos estavam felizes com a companhia: crescíamos mais que a Uber, recuperando o terreno perdido no ano anterior. Todos os projetos ligados ao investimento em janeiro estavam em andamento. Saímos de lá visando levantar uma rodada grande, de 300 milhões a 500 milhões de dólares, com apoio de todos os acionistas. Já tínhamos atraído o SoftBank poucos meses antes, na mesma rodada da Didi, a terceira. Parecia uma loucura para uma empresa brasileira. Mas outros aplicativos de transporte fora do Brasil estavam levantando bilhões de dólares, incluindo a Uber, a Didi, a Ola, a Grab e outros.

Na hora em que viramos um player global, pelo menos em volume de corridas e aportes relevantes, passamos a ter acesso a esse mercado de capitais, algo que nos descolou da realidade do empreendedor brasileiro. Estávamos entregando o crescimento acelerado prometido, e podíamos crescer ainda mais. Naquela semana na China, a Didi nos apresentou seus principais investidores, que ficaram interessados em apostar no Brasil. Já tínhamos conversado com alguns, mas eles só se animaram quando a Didi entrou no páreo. Alguns são o que se chama de mercadores fenícios, só querem comprar barato e vender caro.

Dissemos que os avisaríamos na rodada seguinte. Estávamos confiantes de que a rodada de 500 milhões de dólares aconteceria em três meses.

Decidimos contratar um banco de investimento para nos ajudar. É um serviço caro, mas se for eficiente, vale a pena. Bancos de investimento têm o poder de melhorar os termos dos acordos e o valor da empresa. No final das contas, paga-se pelo serviço com uma parte do aporte dos compradores. Após uma concorrência simples, contratamos o Lazard. Eles tinham um ótimo time no Brasil, e gente qualificada espalhada pelo mundo.

A 99 começou o ano de 2017 com 170 pessoas no time. Ao longo dos meses, multiplicamos a equipe por cinco. Certo dia o gerente de recrutamento de desenvolvedores de software me disse: "Paulo, eu tinha uma meta de trazer vinte desenvolvedores. Consegui trinta, e agora tenho quarenta vagas. Como isso é possível?". Quando voltamos a crescer em ritmo acelerado, André notou que alguns gestores não estavam dando conta do recrutamento e pediam para o RH tomar a frente.

Era um dos sinais de que a nossa cultura estava sofrendo por causa do crescimento desenfreado. No fundo, um CNPJ nada mais é do que um conjunto de CPFs. À medida que o conjunto cresce, a cultura muda. A cultura de uma empresa não é o que está escrito na plaquinha na parede, mas as crenças, valores e práticas das pessoas que de fato estão lá no cotidiano.

Na 99 o papel do RH era atrair e selecionar candidatos, mas a tarefa de entrevistá-los era dos gerentes das áreas específicas. Essa forma de contratação era parte essencial da nossa cultura e precisávamos continuar fiéis a ela. Também trabalhávamos paralelamente com muitas consultorias de recrutamento especializadas em tecnologia. A meta era que o gestor tivesse ao menos três bons candidatos para cada vaga.

Não demorou muito e o Campus, nosso escritório naquele ano, também ficou pequeno. O espaço comportava umas quinhentas pessoas, mas depois do acordo com a China terminamos o ano de 2017 com novecentos funcionários, a maior parte concentrada no prédio. Mais uma vez, o espaço lembrava um presídio superlotado. A qualidade de vida das pessoas estava ruim: 38 pessoas espremidas a cada metro quadrado. Havia confusão no banheiro, no elevador, nas salas de reunião. Já tínhamos visto esse filme antes, mas levamos a situação até o limite porque não estávamos certos de que podíamos bancar um lugar maior. Falta de espaço, dizem os empreendedores, pode ser um problema bom. É sinal de que o negócio vai bem. Mas era uma situação complicada e nos obrigava a tomar uma decisão difícil. O aluguel de um espaço maior aumentaria demais o nosso custo fixo.

Soma-se a isso um custo altíssimo de mudança. Nessa fase, já havíamos levantado a rodada de 200 milhões de dólares. Fomos capazes de planejar melhor. Encontramos um endereço na avenida Berrini, a cerca de dez quadras de onde estávamos. Era fundamental desenhar o espaço de uma maneira mais flexível para acomodar as constantes mudanças. Ninguém trabalharia em sala fechada: nem fundadores, nem o CEO, nem o diretor financeiro.

Além das salas de reunião, havia pufe, rede, balanço e uma área de descontração com jogos. O clima remetia ao WeWork, a rede de espaços de *coworking* que se alastrava pelo mundo. As salas eram transparentes, sem qualquer espaço opaco. Mesas e cadeiras eram iguais para todos, sem "sala da presidência" ou distinções similares. O pessoal que alugou o prédio sugeriu que colocássemos as salas da liderança na cobertura, onde a vista é melhor. Respondi que sequer teríamos salas. Para nós essa distribuição hierárquica do espaço era obsoleta. A área mais nobre devia ser compartilhada, dedicada à colaboração, todos no mesmo barco.

45
Negócios da China

ESTÁVAMOS EM OUTUBRO DE 2017. Enquanto fazíamos mudanças importantes, vários lobbys atacavam a 99. As empresas de ônibus ficaram sabendo dos nossos estudos para incluir vans no aplicativo, ampliando as opções de transporte. Ao encarar a mobilidade urbana de uma forma mais ampla, começamos a pisar no calo de alguns monopólios. Essas empresas, por sua vez, passaram a pressionar o poder público pela criação de barreiras à operação dos aplicativos. No final do ano, conseguiram aprovar, em regime de urgência, um projeto de lei que atrapalharia a viabilidade de aplicativos de carro particular: todos os motoristas teriam que se registrar na prefeitura, e o carro deveria ser emplacado no município de atuação. Mas pela proposta o serviço ficaria liberado no país, com segurança jurídica, o que representava um avanço. No entanto, diversos motoristas de carro particular trabalhavam com carros alugados. E como várias locadoras são sediadas em Belo Horizonte, milhares de placas mineiras rodavam em São Paulo.

Peter, agora CEO da 99, conseguiu uma audiência com o presidente do Senado, Eunício Oliveira, que lideraria a discussão na casa. Peter disse que estávamos dispostos a colaborar, apontando pontos falhos do projeto e sugerindo alternativas melhores.

Conseguimos mudar bastante o conteúdo. Na semana seguinte, o Senado acabou aprovando um texto justo para motoristas e passageiros de todas as cidades do Brasil, uma regulamentação que deu segurança jurídica para nosso modelo de negócio. Foi removida a possibilidade de municípios proibirem o serviço, garantindo, por outro lado, autonomia para a regulamentação local. Assim assegurou-se a continuidade da operação, com flexibilidade para ajustar detalhes em cada cidade. Também caiu a exigência de placa vermelha (a mesma dos táxis), que criaria mais restrições e burocracias aos motoristas de aplicativos.

Naquele momento, se o resultado fosse outro, correríamos o risco de a lei inviabilizar a Pop e atrapalhar uma nova uma rodada de investimento ou a venda da 99 para a Didi. No fim ficou bom todos: para a sociedade, para os motoristas e para os passageiros.

Quando recebemos o aporte da Didi, a ideia de uma cooperação tecnológica entre as empresas nos parecia ótima, pois eles contavam com recursos que a 99 não tinha, e trabalhavam com uma escala cem vezes maior que a nossa. Os termos do acordo mencionavam uma colaboração nesse sentido, mas sem entrar em detalhes. Do nosso lado, imaginávamos evoluir a plataforma (ou *stack*, como chamamos) que já tínhamos, incorporando avanços que viessem deles. Montamos um grupo de trabalho com líderes de ambos os lados para pensar a melhor forma de integração. Após semanas batendo cabeça, concluímos que eles tinham interesse em substituir tudo, os aplicativos de passageiros e motoristas e toda a espinha dorsal do sistema. Mas não havíamos conversado sobre isso. A determinada altura, condicionaram o apoio à 99 a essa mudança radical, apesar de o investimento ser tão recente.

Aquele foi o início de uma transição ruim. Chineses não têm o jeito inequívoco do americano, que vai direto ao ponto. Para os ocidentais, é difícil lidar com a cultura chinesa — ela tem uma péssima reputação internacional. Por décadas a China copiava tudo e não estava nem aí para propriedade intelectual e direitos autorais. Hoje muita coisa mudou, o país teve uma evolução admirável e lidera em diversas áreas de inovação e tecnologia. Passaram de imitadores a inovadores, criando soluções originais, inclusive nos campos mais modernos, como inteligência artificial, tecnologia de serviços financeiros (as fintechs) e serviços via celular. Recomendo a todos que visitem a China se tiverem a oportunidade, para ver essa revolução de perto, mas as práticas antigas de fazer negócios ainda estão lá. Nós já havíamos sido alertados.

Negociações com chineses parecem não sair da estaca zero. É claro que no mundo empresarial todos querem brigar por vantagens e condições melhores para si. Qualquer empresa competente busca sempre conseguir o melhor resultado em negociações, mas o chinês visa sempre tirar vantagem, e por vezes se dispõe a romper o que foi combinado para chegar lá. O brasileiro não trabalha dessa forma, tampouco o americano. Numa negociação, procuram avançar sempre, passo a passo, construindo um acordo que funcione para ambas as partes. Os chineses, não. Felizmente, hoje em dia os contratos são feitos no Word, que tem ferramentas para comparar documentos e identificar o que foi mudado. Mesmo assim, na China o pessoal ainda não parece muito preocupado com o que foi assinado, tampouco com reputação. A negociação e o acordo de sociedade com os chineses foram uma escola à parte, uma experiência riquíssima em aprendizados.

Ficamos sabendo que a Didi queria desenvolver um aplicativo internacional. Os chineses estavam expandindo para vários países, e precisavam alinhar as empresas nas quais investiam — todas rodariam o mesmo aplicativo. Em suma, viria um rolinho compressor e instalaria o aplicativo deles. O Brasil seria a cobaia, o primeiro mercado a distribuir o novo aplicativo. Eles argumentavam que o aplicativo deles seria muito mais sofisticado do que o da 99. Escalaria melhor, teria mais ferramentas de negócios e de aquisição de usuários, e saberia usar com mais eficiência os incentivos dos motoristas e dos passageiros nas horas certas. Na cabeça deles, só esse aplicativo nos permitiria ganhar da Uber. Para a Didi, quanto antes fizéssemos a transição do nosso aplicativo para o deles, melhor. Nossos investidores concordavam com a teoria. Nós, os três fundadores, não. Pelo menos, não no curto prazo, de forma apressada. Sabíamos que era possível bater as metas de 2017 com a nossa tecnologia, e seria um grande desvio de atenção e recursos trocar tudo ao mesmo tempo. Foi frustrante.

A verdade foi ficando mais clara: os chineses queriam ficar com nossos dados e com o controle total da nossa operação. Na prática, não davam o menor valor às contribuições do time brasileiro. Em nosso escritório havia cerca de 35 chineses transplantados para os trópicos. Alugamos cinco carros para as pessoas da 99 dirigirem a fim de que os chineses pudessem testar o aplicativo. Eles formavam uma filinha de carros na porta da empresa. Era um brasileiro ao volante, um chinês na frente e três chineses atrás. E lá iam eles, com notebook e celular testar o aplicativo. Até mesmo o nosso Jack perdeu a exclusividade. Os chineses escolhem nomes americanos fáceis de pronunciar para o dia a dia — Jack é um deles.

A contragosto, topamos fazer a troca de todo o software naquele momento. Tínhamos um pepino nas mãos. Precisávamos dizer para o time da 99, uma empresa de tecnologia, que jogaríamos no lixo todo o trabalho de desenvolvimento de anos e instalaríamos uma nova versão chinesa, que nunca havia sido testada.

O primeiro teste foi em São José dos Campos. Os chineses queriam uma cidade pequena, relativamente próxima a São Paulo, para deslocar o time com frequência nas primeiras semanas, enquanto estivessem desenvolvendo o aplicativo — e para poderem errar à vontade. Os engenheiros e a equipe de campo iam para lá para dirigir. A escala era pequena, lançamos o produto com algo entre mil e 2 mil motoristas, comparados aos outros 200 mil que já tínhamos no táxi. Fizemos a transição a conta-gotas.

Lançamos o Pop, com versões para motoristas e passageiros. Divulgamos para os passageiros do aplicativo, que usavam a versão brasileira, que eles precisariam fazer o download do novo app. Enquanto isso, fomos negociando o acordo de cooperação tecnológica, cujos termos eram complicadíssimos. Foi o contrato mais difícil que fizemos na história da 99.

Essa negociação árdua levou meses. Combinamos um cronograma para lançar o aplicativo chinês no país todo, enquanto avançávamos no acordo e evoluíamos o produto em pequena escala. O objetivo era virar a chave no Brasil todo, finalizando nos maiores mercados, São Paulo e Rio de Janeiro.

O plano de crescimento previa o lançamento em mais cidades, então partimos com o novo aplicativo para Porto Alegre e Curitiba. Não tivemos que recadastrar os motoristas. Bastava migrar os dados de uma plataforma para outra. Na China, checagem de documentos e antecedentes de motoristas era uma questão que preocupava menos. É um país seguro que não vive a crise de segurança pública em que estamos mergulhados. Aos poucos, eles passaram a reforçar essas medidas. Quando visitou a China por duas semanas, Leila notou as diferenças culturais entre os dois países. Lá os policiais andam desarmados. Os funcionários da Didi que vieram ao Brasil sequer tinham medo de sair da 99 tarde da noite, a pé, ou de voltarem de festas caminhando alegremente às duas horas da manhã.

Chegamos a discutir a possibilidade de expandir para o México, mas sabíamos que a versão chinesa do aplicativo não cobriria bem esse problema de segurança pública. Tudo aquilo que foi construído no cenário de um país emergente, onde há violência, assalto e latrocínio, como o nosso, tem um valor inestimável para países semelhantes. O México é um deles, bem como infelizmente a maior parte da América Latina, onde no nosso setor as maiores vítimas são os motoristas. Para os chineses entenderem melhor, Leila fez uma lista separando o must-have (imprescindível) do nice-to-have (bacana, mas não necessário). Gary, um dos chineses, captou e enviou isso para seu time de tecnologia. Foi um aprendizado grandioso para ela em termos de relacionamento.

46
Freio de mão

O ESTILO CHINÊS AVANÇAVA NA 99, encolhendo o espaço dos brasileiros. Ariel e Renato já não estavam mais conseguindo trabalhar nos antigos moldes. Eles preferem empresas menores, de garagem, com ares de start-up. A 99 já estava muito grande e eles pareciam deslocados. Manter a cultura da empresa tornou-se um desafio — alguma hora alguém vai dar uma escorregada. Certa vez Ariel chegou no escritório e viu três pessoas conversando em uma sala. Ele não conhecia nenhuma delas. Pior: aquilo era uma entrevista de trabalho. Ao abordar o RH, ele descobriu que uma dupla com apenas duas semanas de casa já estava recrutando alguém. Aquilo estava errado.

Nessas situações eu ponderava o equilíbrio ideal entre limitar a quantidade de vagas abertas e contratar em excesso. Acredito que o melhor cenário seja viver bem na fronteira, esticando a corda tanto no lado do número de pessoas quanto no da cultura, sem deixar romper. É preciso observar ambos os lados o tempo todo e corrigir comportamentos e atitudes em tempo real. Se não há nada a consertar, o crescimento não é rápido o suficiente, e a empresa provavelmente está conservadora demais.

Além disso, com os chineses pilotando toda a parte de tecnologia e produto, não sobrava quase nada para os dois. Mesmo com suas contribuições em diversas áreas, ambos deixaram gradualmente de ser influentes. Ariel chegou a ir para a China para ajudar no desenho do novo aplicativo que iria rodar no Brasil, mas claramente estava fora do processo decisório.

Consigo entender os motivos da Didi, embora a falta de transparência tenha causado atritos desnecessários. A turma do Brasil queria participar e ajudar a criar um aplicativo melhor que o antigo, bem adaptado aos problemas brasileiros. Não era uma questão de ego ou de bairrismo, e sim de preocupação com o consumidor. Ariel ficou revoltado e, em certo ponto, disse: "Não podemos publicar uma nova versão do aplicativo que seja pior que a atual!". Ele havia feito tudo ao seu alcance para melhorar o produto, mas entendeu que ia ser do jeito que os chineses queriam, e pronto. Então entregou os pontos. Trocamos um produto estável e confiável por um aplicativo que claramente ainda não estava maduro o suficiente para ir a mercado.

Nós três já estávamos encerrando nosso ciclo na 99. Fazia sentido mudar a liderança e ajustar a base de acionistas. Era o momento de os fundadores permitirem que a nova turma assumisse de vez. No segundo semestre de 2017, Ariel e Renato deixaram a 99 sem avisar a equipe. Eles apareciam na empresa uma vez por semana. André e Peter resolveram esperar a troca do aplicativo ser finalizada para só então dar a notícia aos funcionários. Para eles, os times já estavam abalados demais. Na minha opinião, adiar a comunicação foi uma má decisão. Eu disse aos dois que deveriam comunicar no momento em que os fundadores se afastaram. Mas como eles é que tocariam a empresa dali em diante, preferi não interferir. Quando não estavam lá, Ariel e Renato trabalhavam na criação da Yellow, uma start-up de bicicletas e patinetes compartilhados que eles planejavam lançar.

Eu já não estava tão presente no dia a dia, para correr menos riscos enquanto terminava meu tratamento. Em certo ponto, já tínhamos um terço das corridas da 99 circulando pela plataforma da Didi. Mas, sem o acordo de troca de tecnologia assinado, ainda não tínhamos nenhum dado dos passageiros e motoristas da 99 operando no app chinês. Apesar de sermos os donos do aplicativo, do ponto de vista prático não podíamos acessar essas informações. Mesmo sem o contrato, os chineses continuavam a pressionar para lançarmos o aplicativo deles em mais e mais cidades. Para a Didi, a situação era confortável — eles queriam nos arrastar até o ponto em que toparíamos assinar qualquer proposta que fizessem.

Cheguei então ao limite do desconforto. Puxei o freio de mão. Para discutirmos como prosseguir nessa questão crítica com a Didi, pedi uma conversa com os outros acionistas. Depois de conversar com eles resolvi acabar com o impasse. Mandei um e-mail para o Stephen Zhu, vice-presidente de estratégia e braço direito do fundador e CEO da Didi. Ele também era o representante deles no nosso *board*. Stephen é jovem, fala bem inglês, morou nos Estados Unidos, fez MBA e trabalhou em banco de investimento. Disse: "Stephen, tivemos uma reunião aqui e infelizmente o contrato sobre a cooperação de tecnologia está muito atrasado. Mesmo assim, continuamos investindo, lançando o aplicativo em novas cidades. Mas não dá mais. Vamos parar de usar a tecnologia de vocês e avançar o Pop nas cidades novas com o app brasileiro. Em seguida temos um plano de reverter as cidades já lançadas de volta para o nosso aplicativo. Voltaremos cem por cento à tecnologia da 99".

Eles nunca responderam ao e-mail. Aliás, em todos os doze meses de sociedade, enquanto fui presidente do conselho de administração, raramente recebi uma resposta ou qualquer retorno deles, mesmo quando precisava resolver questões relevantes. Ainda que sem a resposta, dessa vez funcionou. Matheus, nosso advogado, viajou em seguida com André para São Francisco e reuniu o nosso time jurídico com o deles para finalizar as negociações. Assinamos a papelada em uma semana. Resolvi dessa forma uma questão que se arrastava por cinco meses. Às vezes, só funciona no tranco. Tive que ameaçar uma ruptura total para conseguir atenção. E eu estava realmente preparado para cumprir o ultimato. Se fosse blefe, eles saberiam.

Com o acordo de tecnologia assinado, fomos para a estrada levantar uma nova rodada de investimento. Mas aí vazou a notícia de que o SoftBank estava negociando um investimento na Uber, o que deixou o pessoal da Didi preocupado. Todos ficamos, na verdade. O fundo japonês já tinha investido em quase todos os aplicativos de mobilidade, incluindo a 99. Agora partia em direção ao nosso maior rival. Os chineses teriam de mudar o jogo, caso o investimento realmente ocorresse.

Nesse momento, a Didi mudou a conversa: "Não queremos mais levantar dinheiro. Preferimos comprar vocês. Por quanto vocês querem vender a 99?". Respondemos que não estávamos interessados em vender a nossa empresa naquele momento. Mas não fechamos a porta: "Se realmente querem comprar, façam vocês uma proposta", dissemos. A dança para decidir quem estabelece a âncora do preço é delicada. Num belo dia, eles fizeram a proposta inicial, cerca de catorze dólares por ação. Para acelerar o processo, a Didi enviou para São Paulo Haichen Wang, diretor estratégico com perfil de banqueiro de investimento. A missão dele era ficar uma semana negociando a venda em tempo integral, e só voltar com um acordo selado. Haichen parecia boa pessoa, gostávamos dele — ele até saía para tomar cerveja com o André. Mas ele estava prestes a deixar a Didi. A compra da 99 selaria uma saída com chave de ouro.

Nossa equipe conseguiu ajustar o valor em dois dias para mais de dezesseis dólares, só corrigindo as pegadinhas no modelo de valuation, sem mudar as premissas. Havia alguns caminhos para calcular o preço por ação, mas não era uma conta simples e direta. Como alguns fundos tinham opções de comprar mais ações, inclusive a Didi, havia diversas formas de lidar com isso.

Quando o preço passou de dezesseis dólares por ação, marcamos um *call* com os acionistas da 99 e avisamos que tínhamos uma proposta para vender todas as ações da empresa. Com esse valor, começamos a discussão do nosso lado — isso incluía todos os fundos envolvidos e os fundadores. Aquela era a proposta mais firme colocada na mesa até então — a nossa missão era definir como iríamos nos posicionar e formular a melhor resposta.

Naquela semana, cada um de nós estava num canto do mundo. Eu estava em São Francisco, para um evento do h2, um grupo de empreendedores digitais. Eric e Carlo, da Monashees, estavam em Israel, numa viagem exploratória levando empreendedores para conhecer o ecossistema de start-ups e tecnologia por lá. O pessoal da Riverwood estava em Nova York. Qualcomm creio que estava em São Paulo. Quando em São Francisco era manhã, em Israel era noite — conciliamos os fusos e combinamos de nos falar diariamente, pois o negócio tinha esquentado e teríamos atualizações e decisões a tomar em prazos curtos.

Nesse ponto, Ariel e Renato já estavam mergulhados na Yellow. A empresa só seria lançada para o público em 2018 (em 1º de agosto, claro, data em que a dupla sempre inaugura seus empreendimentos), mas a dedicação já era exclusiva. "Paulo, acaba com isso", diziam Ariel e Renato. "Dezesseis dólares por ação tá ótimo. É muito pior correr o risco de não fazer negócio. Não vale brigar para aumentar. A situação já está arrastada e estressante demais. Temos que fechar e tocar o barco", acrescentavam. As reações eram diversas. Muitos acionistas delegaram cem por cento da condução a mim e ao time que negociava, confiavam que tocaríamos o processo da melhor forma. Já outros queriam intervir: "Se é para vender, que seja um valor mais alto". E eu? Eu estava bem no meio do caminho. Certamente, eu não queria perder o negócio, mas não ia abrir mão de cobrar um valor justo por tudo que havíamos construído.

Após alguns telefonemas, a maioria dos investidores resolveu pedir 23,72 dólares, praticamente cinquenta por cento a mais que a oferta recebida. André então sondou o número com o Haichen de maneira informal. Ou seja, não chegamos a oficializar, apenas testávamos a possível reação para definir os passos seguintes.

A resposta do chinês foi clara: "Se vocês pretendem enviar essa contraproposta, é melhor desistirem. Está tão longe da expectativa da Didi que eles vão suspender a negociação e pedir para eu voltar para casa". Nossos investidores acreditavam que a ameaça do Haichen era bravata. Eu e André, não. Claro, sabíamos que dava para melhorar os 16,22 dólares por ação que estavam na mesa. Nesse ponto, eu concordava. Na reta final, era possível e fundamental maximizar o valor do que havíamos construído.

André continuava a comunicação com Haichen. Trocávamos mensagens várias vezes ao dia. Era o Deal Team do nosso lado: eu, André e Marcelo Hein, que liderava pelo Lazard como assessor financeiro. Concluímos que uma contraproposta próxima a 21 dólares não seria o suficiente para fazer o chinês pegar o avião e ir embora, ainda que fosse trinta por cento acima. Estimávamos boas chances de fechar perto de 19,5 dólares, em mais uma ou duas semanas de conversa. Ariel e Renato me deram carta branca: "Paulo, faz o que você achar melhor. A gente venderia agora, porque o valor já está ótimo. Mas te apoiamos no que você decidir. Só não queremos correr o risco de esticar a corda demais e ela acabar rompendo. Seria pior para todos".

No *call* seguinte, ainda para definir o número que voltaríamos formalmente para a Didi, incluí a dupla de fundadores na conversa com os acionistas. Sugeri fortemente a proposta de 21,5 dólares. "Com esse valor, e com boa vontade do outro lado, tenho bastante confiança de que o processo converge rápido a um final feliz", falei. "Se voltarmos com 23,72 dólares, perderemos o controle e a negociação se tornará longa e conflituosa", eu disse.

Alguns investidores bateram o pé. Não queriam abrir mão dos 23,72 dólares de jeito nenhum. Estavam pouco interessados em todos os nossos argumentos. Achavam que nós três venderíamos a 99 por qualquer valor. Durante toda a nossa trajetória, até aquele ponto, todos os investidores nos apoiaram, mas nesta hora crucial, na venda da empresa, alguns queriam tirar as "crianças" da sala. Ficou um clima esquisito, eu tendo que negociar com sócios dentro do bloco vendedor. Já outros investidores me deram apoio total, dizendo: "Paulo, você que está liderando o processo e sentindo o pulso de todos. É o founder e chairman do *board*. Não nos cabe impor nada. Estamos contigo e apoiamos a resposta que você quiser levar pra Didi". Se todos tivessem essa postura, minha vida teria sido mais simples e o processo todo fluiria melhor. Até hoje creio que teríamos conseguido um retorno mais alto no final.

Não cheguei a essa contraproposta de 21,5 dólares sozinho. O banco Lazard nos assessorou, construindo diversos cenários. Nós estávamos seguros e tínhamos argumentos sólidos para defender esse número. Ainda assim, eu disse aos investidores que não apoiavam nosso plano: "Vou propor aos chineses o número que vocês querem. Não é o que os fundadores sugerem, nem o André, que está mais no dia a dia da transação, nem o nosso banco de investimento, que está apoiando o processo em nome de todos os acionistas. Vamos ceder e mandar o número de vocês, mesmo sem concordar. Acredito que isso vai piorar nossa situação, em vez de melhorá-la". Joguei pelo time, mesmo entendendo que estávamos marcando um gol contra. Continuei: "E já aviso que, na próxima fase da negociação, seguiremos com a nossa estratégia mesmo se vocês discordarem. Em vez de atuar em bloco de vendedores, como vocês pregam, estamos seguindo a orientação direta de vocês com a convicção de que vai prejudicar o processo, atrapalhar a venda da empresa e piorar o cenário para todos. Mas quando isto ficar claro, vocês me deixem tocar do meu jeito". Foi uma semana muito difícil.

Passamos então a proposta dos 23,72 dólares. A resposta foi a prevista. "André, desculpa, infelizmente não deu", disse Haichen. "A negociação acabou. Vou voltar para a China e não vou tocar mais no assunto da 99. Também vou deixar a Didi e fazer outra coisa." Naquela noite, André e Haichen foram beber num bar da Vila Olímpia, bairro do nosso escritório. Só restava afogar as mágoas. De fato, Haichen deixou a negociação e a Didi em seguida. Não tinha blefe nem bravata.

47
O *call*

DEPOIS QUE HAICHEN SE RETIROU da mesa de negociação, passamos quase um mês sem ninguém da Didi dirigir a palavra a nós. Foi uma espécie de "inverno nuclear chinês". Nenhuma alma respondia nossos e-mails. Não sabíamos se eles seguiam interessados, ou se sumiriam de vez. Foi um período de muita tensão. Dos 35 chineses que vieram a São Paulo testar o Pop, sobraram dez. De todo modo continuamos lançando o aplicativo com a tecnologia chinesa em outras cidades. Em São Paulo e no Rio de Janeiro, os maiores mercados, resolvemos manter a tecnologia brasileira até solucionar o imbróglio.

Até que, um belo dia, os chineses enviaram um e-mail para o André pedindo um *call* comigo — embora tivessem meu contato direto e eu sempre tenha ficado à disposição. Queriam retomar as negociações. Meu interlocutor seria o Stephen Zhu. Nessa hora, alguns investidores perceberam que suas ações haviam desalinhado o próprio grupo de acionistas vendedores. Ficaram tensos: "Mas o cara quer falar só com o Paulo? Por quê? Será que o Stephen vai convencer o Paulo a fazer qualquer negócio?". A impressão deles provavelmente era que eu faria um acordo sozinho e voltaria dizendo: "Desculpem, vendi a parte dos fundadores. Agora cada um cuida da sua parte como achar melhor".

Pelos superpoderes que o contrato outorgava aos chineses, os outros investidores não podiam se opor. A Didi, inclusive, havia comprado as ações da Tiger na 99 desta forma: acertou direto com eles e apenas comunicou a transação aos demais.

Essa abordagem nunca passou pela minha cabeça. Primeiro, porque insisto em seguir à risca o combinado. Sempre. Se combinamos um preço de venda, eu jamais toparia outro antes de rediscutir com os sócios. Ainda que tivéssemos divergências internas no grupo, eu representava o bloco. Eu já havia passado por poucas e boas na vida. Tenho a casca grossa, essas ameaças não me assustam.

Confesso que fiquei chateado com tanta desconfiança por alguns de nossos próprios investidores. Eu disse a todos que eu não decidiria nada no *call*. Ouviria mais do que falaria. Não se tratava de fechar negócio em um telefonema, apenas retomar a negociação parada desde que Haichen tinha deixado o Brasil. Queria que o diálogo fluísse novamente. Claro que eu defenderia a nossa proposta, que já estava na mesa. Eu estava preparado para recusar propostas menores, sem fazer concessões naquele momento.

Sentia-me no seriado *Game of Thrones*, no papel do negociador que procura evitar a batalha na undécima hora, quando ambos os exércitos já estão posicionados. O nosso lado estava armado, querendo briga. O deles também. Eu tentava mudar o rumo dessa história.

Naquela altura, havia boa chance de que o negócio rumasse para o caminho litigioso. Já os chineses que estavam na linha de frente, esmiuçando os termos, e conversando diretamente com André e com o banco de investimento que nos assessorava, tinham um tom mais ameaçador. Isso aumentava a tensão. André e Haichen Wang se deram muito bem, e fizeram um bom esforço para construir uma ponte entre os continentes. Mas no fim das contas, Haichen só repassava os recados da Didi. Por mais que ele fosse razoável, as mensagens que trazia às vezes não eram. Por isso, fui para o *call* com o Stephen sem saber qual linha ele iria adotar, se optaria pela ameaça ou pela conciliação.

O pessoal do nosso banco de investimento me enviou um roteiro, com os tópicos a serem abordados na conversa, incluindo os próximos passos e outros detalhes. Todos estavam tensos com o que eu ia falar.

Mas o roteiro basicamente dizia: "Ouça, apenas defenda a nossa proposta inicial e não se comprometa com nada".

Logo no início do papo ao telefone, Stephen anunciou sua saída do *board* da 99. A Didi indicaria outra pessoa para ocupar seu lugar. Era um sinal mais diplomático do que prático. Na hora lembrei que, quando um país se desentende com outro, uma das medidas é chamar o embaixador de volta. É uma maneira de mostrar que você não está feliz com o outro lado, mas sem grandes consequências práticas.

O *call* foi civilizado. Stephen foi bastante diplomático e cortês. Falamos de forma calma e alternada. Ninguém interrompeu ninguém. Seguimos roteiros cuidadosamente planejados nos dois lados. Eu já havia conversado com ele por telefone algumas vezes e o conheci pessoalmente quando fui à China. Parecia preocupado em comunicar uma mensagem principal: a de que estávamos colocando um valor mais alto do que eles estavam dispostos a pagar. No fundo, também queria avançar nas negociações e procurava diminuir o preço das ações. A bola voltou a rolar.

A certa altura, Stephen disse que nos exporíamos a um risco alto se não vendêssemos a empresa naquele momento. E se não conseguíssemos mais capital? E se a Uber investisse mais no Brasil? E se a Didi desistisse de comprar a 99? Respondi a ele: "Entendo, mas já corri riscos bem maiores nesta jornada. Coloquei meu apartamento como garantia pelo aluguel da sede da 99, quando ainda nem tínhamos receita". Na época do aluguel, se a empresa desse errado, eu perderia tudo. Poderia quebrar na pessoa física e não ter onde morar nem como sustentar minha família. Agora, se eu não vendesse a 99, a empresa não acabaria, e eu ainda teria um teto. Com a empresa consolidada e robusta, não vender representava um risco bem menor do que já tínhamos enfrentado. Haveria alternativas. Ao fim do telefonema, resumi a conversa para todos os acionistas.

Depois do meu *call*, retomou-se a conversa em tom mais construtivo. Os chineses voltaram a debater com André o modelo de valoração.

Colocamos outra proposta na mesa e convergimos para fechar a venda da empresa. O banco fez o meio de campo entre os dois lados, para chegar ao valor mais justo, e aí o negócio avançou rápido. Assinamos a carta de intenções cerca de duas semanas depois do *call*. Acertamos preços e condições e dentro de seis semanas tínhamos em mãos a documentação final. Os chineses pagariam tudo em dinheiro, à vista, por transferência bancária, no dia em que assinassem o contrato final. Cientes da forma como eles operavam, fizemos essa exigência para fechar a transação sem surpresas.

Nunca saberemos, mas acredito que se tivéssemos voltado com a primeira contraproposta a 21,5 dólares por ação talvez fechássemos em 19,5 dólares em duas semanas. Não teríamos encerrado o diálogo, e Haichen teria ficado no Brasil até a conclusão. No fim, acordamos em torno de 18,5 dólares. Apesar de todo o estresse, foi um excelente retorno para todos, além de uma ótima experiência.

Há diferentes metodologias para calcular o valor de uma empresa, mas nenhuma delas é capaz de definir o quanto vale uma start-up. A teoria básica é que um ativo, uma empresa, um papel de dívida, um empréstimo ou uma ação valem o retorno que vão devolver no futuro. Uma empresa estável é mais previsível: é possível projetar o fluxo de caixa e estimar quanto ela vai gerar de lucro, e então fazer a conta de quanto vale. Em geral, essa fórmula se aplica a empresas maduras, listadas na bolsa de valores.

A conta é mais complexa quando aumenta a incerteza. Depende de outras variáveis, e o valor começa a ficar mais subjetivo. Nesses casos, é preciso criar hipóteses sobre como as variáveis vão evoluir para estimar um valor para o negócio. Não existe valor "correto" de uma start-up. Se ambas as partes chegarem a um consenso que funcione para os dois lados, fecha-se o negócio. Mas cada empresa é única, e cada transação é particular. Não é uma commodity no mercado.

A valoração de start-ups é baseada na expectativa de crescimento. Considere um negócio como a 99, que cresce cinco vezes ao ano. O valor hoje é apenas vinte por cento do que será dali a um ano, se o ritmo de crescimento se mantiver. Em dois anos, seu valor se multiplicará por 25. O valor atual representa apenas quatro por cento do que será em meros 24 meses. Só que ninguém sabe com segurança qual será a taxa de crescimento da empresa. Modelos mais tradicionais requerem mais previsibilidade de fluxo de caixa, Ebtida, lucro líquido. Mas uma empresa promissora em estágio inicial ainda não chegou nessa fase, e ainda investe para crescer com rapidez.

Certa vez, no Vale do Silício, conversei com o primeiro investidor do Skype, um operador de fundo de investimento bem tradicional, com muita história. Ele me disse: "Paulo, a cada dez empresas em que investimos, sabe quantas entregam o crescimento que projetaram?". "Uma ou duas...", chutei. "Zero", afirmou. Mas completou: "Nove entre dez ficam bem abaixo do plano que venderam para nós. No entanto, uma vai muito além, como foi o caso do Skype. Cresceram bem mais do que a mais otimista das projeções. Caso eles tivessem apresentado a projeção do que realmente conseguiriam entregar, a gente acharia que são malucos, e talvez não investisse neles. São casos como esse que dão retorno para os investidores".

A 99 acabou se tornando um caso parecido com esse exemplo do Skype, fundada em 2003 por dois escandinavos. Nossa empresa cresceu bem mais do que nós fundadores achávamos possível quando criamos a empresa.

Na China o foco é volume, e não qualidade. É o jeito deles de trabalhar, até pelo tamanho da população. Colocam escala e rodam logo para atender mais gente. Eles tiraram opcionais que tínhamos incluído no aplicativo, como pedir motorista mulher, por exemplo, algo que a clientela adorava. Ou carro que aceitasse cachorro: quase cinco por cento dos usuários escolhiam esses opcionais. Isso ajudava na fidelização, pois eram recursos exclusivos, alinhados aos nossos valores e marca. Mas os chineses queriam ir atrás de um mercado maior, com preços substancialmente mais baixos, então não se importavam em perder aqueles clientes. Nós acreditávamos que dava para conciliar os dois objetivos.

Isso nos estimulou a vender a empresa. Discordávamos de pontos importantes, e eles começaram a impor a agenda deles. A virada para o aplicativo chinês gerou um forte retrocesso em curto prazo. Perdi a conta de quantos conhecidos comentaram que pararam de usar a 99 logo que o aplicativo passou para o modelo chinês. A experiência dos usuários ficou muito pior, até para tarefas básicas como colocar o endereço da casa, que já havíamos solucionado anos atrás. Com esse conflito potencial e com o desalinhamento dos sócios, os gerentes estavam sofrendo, e acabamos jogando a toalha. Era melhor vender a 99 e deixá-los fazer do jeito que quisessem.

Em qualquer transação desse tamanho, você tem um período entre a assinatura e o fechamento da operação, para passar pela aprovação dos *boards*, reguladores e outros trâmites dos dois lados. Nosso caso foi incomum porque o comprador já conhecia bem o negócio e acordamos em pagamento integral em dinheiro, à vista, sem nenhum tipo de restrição.

Não podíamos contar ao time sobre a possível venda da 99 para a Didi até que a transação estivesse concluída e o pagamento recebido. Havia um risco real de o negócio não sair. Seria péssimo passar essa ansiedade para um time que já estava lidando com mudanças profundas, e com os tropeços da nova tecnologia. Havia ressentimento entre os times. Caso revelássemos a provável venda, a informação vazaria para o mercado e para concorrentes como a Uber. E como diz o sábio ditado, "quando duas pessoas sabem, não é mais segredo".

O impacto do atraso da transição para o aplicativo chinês na área de tecnologia foi enorme. Os chineses estabeleceram uma data para tirar do ar toda a plataforma brasileira e ter todas as corridas baseadas no código chinês. Então, sabendo que a base de código seria descontinuada, o time parou de investir em novidades na plataforma original. Só manteve o aplicativo para ele não cair. Mas quando perceberam os atrasos e a hesitação dos chineses, foram sensacionais. Decidiram não desistir das metas que haviam estabelecido antes das confusões e formaram o Time Esparta, uma alusão à cidade grega da Antiguidade clássica conhecida por seu poderio militar.

Saíram da sala de desenvolvimento, foram até a de operações e bolaram uma agenda completamente paralela à de integração. Com isso, passaram a bater as metas de novembro criando opções que o aplicativo chinês não oferecia. A cada semana, apareciam com uma novidade, deixando o pessoal de produto maluco.

Os espartas também organizaram uma festa para o encerramento do aplicativo brasileiro. A lista de convidados incluía os desenvolvedores e algumas pessoas de operação, além de Renato e Ariel. Foi uma bagunça. Alugaram uma casa, e, em meio a muita cerveja, não faltaram gente nadando de cueca na piscina e discursos de agradecimento no mesmo "traje de gala".

Seria o encerramento das atividades do aplicativo brasileiro, mas no final, com o atraso da mudança de tecnologia, o time continuou na ativa por mais alguns meses. Quando a migração por fim aconteceu, Jack pegou o violão que Renato sempre deixava na empresa e cantaram "João e Maria", de Chico Buarque e Sivuca: "Agora eu era o herói, e o meu cavalo só falava inglês". Era uma canção emblemática. Antes de o Jack ser gestor, quando se dedicava integralmente a escrever código, ele tinha o hábito de pegar o violão do Renato e cantar essa música sempre que atualizavam o aplicativo. Ou seja, se você escutasse a música no escritório, era sinal de que o software havia sido atualizado.

No último dia do software brasileiro, eles "apertaram o botão" ao som dessa música e fizeram até foto. Depois de "João e Maria", cantaram "My Way", de Frank Sinatra, e saíram para beber.

48
Vendemos

SAÍMOS DE FÉRIAS PARA O NATAL E ANO-NOVO, com aquela tensão, cobrando dos chineses uma posição concreta. Havíamos previsto fechar o negócio no meio de dezembro, mas eles não diziam nada. O nosso pessoal disse para colocarmos um deadline, um prazo-limite para completar a transação. Ficamos todos do nosso lado no escuro, não sabíamos se ia rolar. Um fundo disse que se passasse do réveillon não teria mais acordo, que começaria a conversa do zero em 2018. Não fizemos isso, acalmamos os ânimos mais exaltados e tentamos segurar as pontas nessa reta final.

Para nós, estava tudo pronto. Nosso advogado já tinha no Docusign, site de assinaturas eletrônicas, as versões finais da transação com o o.k. de todos os acionistas do nosso lado. Estavam à espera das assinaturas pelos chineses, e o comprovante de transferência do pagamento. Uma vez recebido, ele retornaria a eles com os nossos documentos e consolidaria tudo. Tudo isso era feito eletronicamente. Mas era 22 de dezembro, e nada. Os chineses enrolavam. O combinado era para todos assinarem tudo em 2017 e fechar a transação antes do final do ano. Achamos que estouraríamos o champanhe no dia 23 ou 24 de dezembro, mas o tempo foi passando e eles permaneciam em silêncio.

Minha família até ficou brava comigo, porque durante o Natal fiquei ali na minha, na moita. Afinal, a venda poderia nem acontecer. Fato é que nós vendemos a 99 em 2017, antes do Natal, mas os chineses só compraram, oficialmente, em 2018.

O acordo foi fechado no dia 2 de janeiro, terça-feira, primeiro dia útil do ano. Fiquei sabendo às 9h47 da manhã. Recebi um e-mail dos advogados, sempre usando códigos para não vazar a informação: "*We have now closed Project Jewel*". A joia da coroa tinha um novo dono. Os chineses assinaram tudo, passaram para os advogados e fizeram as transferências bancárias.

Vendemos a 99 como se vende aquele seu carro que você adora, mas está na hora de passar para a frente. O comprador chega com um cheque, os dois assinam o documento de transferência, e ele sai com a chave, dirigindo. Conseguimos feitos pouco comuns numa negociação dessa dimensão — foi uma transação à vista, em dinheiro, sem nenhum "*escrow*" (ou seja, sem garantia de uma terceira parte segurar o pagamento até a conclusão definitiva) e até com liquidez aos funcionários com stock options que ainda nem estavam disponíveis. Aceleramos o *vesting* para pessoas com mais tempo de casa.

O Peter estava de férias e voltaria apenas em 10 de janeiro. Por isso planejaram esperar para contar a novidade aos funcionários da 99, e só depois sairia o press release para o público. Mas não dá para segurar um segredo desse tamanho. No dia seguinte, 3 de janeiro, logo depois das sete da manhã, a coluna on-line do Lauro Jardim deu o furo no jornal carioca *O Globo*. Ele soltou uma nota anunciando a compra da 99 pela Didi. Não sabemos quem vazou a informação, mas aquilo bagunçou completamente o plano de divulgação. O Peter estava do outro lado do mundo, na Austrália. O Ariel e o Renato já estavam na Yellow, e eu trabalhando fora do escritório. Ou seja, os funcionários da 99 leram a novidade na imprensa e nenhum de nós estava lá. Por sinal, inicialmente a nota citou incorretamente o valor da venda em reais, não em dólares. O "delator" deve ter telefonado novamente para o Lauro, que corrigiu depois. Claramente foi uma pessoa com bastante informação e interesse. Tínhamos pouca gente a par dos detalhes da transação. Acho difícil ter sido alguém da 99. O combinado era esperar o Peter voltar das férias. Para a Didi também não era bom vazar a notícia, porque eles queriam dominar a comunicação interna e externa. Quando a nota saiu, eles perderam o controle da narrativa. E nós também, que sempre tivemos um cuidado grande em falar qualquer coisa importante primeiro para o nosso time.

Normalmente, tínhamos uma estratégia para divulgar temas confidenciais à equipe. Por exemplo, contávamos alguma novidade relevante às seis da tarde de terça-feira, logo antes de sair na imprensa na manhã seguinte. Algumas informações vazaram de dentro da 99, como quando fizemos algumas rodadas. Avisamos a todos na 99, dessa mesma forma, na noite anterior à divulgação, mas antes de sair na imprensa já tinha concorrente me ligando para dar os parabéns.

Na venda da 99, assumo um erro: eu deveria ter insistido para que o time preparasse um material de divulgação com antecedência, tanto para o público interno quanto para o externo. Deveria estar cem por cento pronto no momento em que assinamos a venda. Antes de assinar também seria útil ter alguma declaração preparada caso vazasse. Ficou o aprendizado.

O Peter teve de voltar imediatamente ao Brasil. No dia 4, fizemos a comemoração com todo mundo, além de uma apresentação na 99. Juntamos todos e explicamos o acordo, detalhamos as perspectivas e ressaltamos as razões para a equipe. Essa foi a última vez que o Ariel, o Renato e eu falamos ao time todo da 99. E foi em tom de despedida, um momento bem emocionante. Tratava-se da maior venda de uma start-up de tecnologia no Brasil. As pessoas tinham a dimensão da importância do ciclo que construímos juntos.

Nessa reunião, o Peter falou da transação em si, que a ideia era manter todos os funcionários e contratar mais gente. Ele tentou passar segurança para as pessoas, mas ainda não havia um plano de execução claro, era tudo muito recente. O objetivo ali era comunicar a passada de bastão e tentar tranquilizar o time. Ele disse que os chineses tinham comprado o time e o know-how da 99 e que ninguém seria demitido. Anunciou ainda que ficaria como ceo e que manteria o plano de crescimento. As pessoas continuaram com dúvidas, claro, mas não tinha como ele dar um plano detalhado naquele momento. Era preciso se reunir com os chineses para traçar um novo caminho.

Depois, eu, Ariel e Renato falamos, para nos despedir. Escrevi ainda um texto no LinkedIn como despedida geral. Foi um momento público, porque envolvia muita gente. Para mim, foi especial porque participo do ecossistema de tech start-ups do Brasil desde antes da bolha da internet, nos anos 1990. De fato, foi o fechamento do ciclo para os fundadores. Mas a 99 seguiria firme.

Meu texto no LinkedIn dizia o seguinte:

Fechando um Ciclo Incrível na 99!

Depois de cinco anos incríveis, bastante desafiadores e muito intensos, concretizamos a venda da 99 para a Didi Chuxing da China.

Foi uma jornada e tanto. Começamos em três cofundadores com muito trabalho e pouco dinheiro. Muito foco nos clientes, motoristas e passageiros. Um compromisso inabalável com nosso time e valores, tratando todas as pessoas sempre com respeito e ética. Ganhamos o jogo no Brasil, contra concorrentes muito mais poderosos e capitalizados. Empresas que receberam muitos milhões de dólares, enquanto nós contávamos cada centavo, foram ficando para trás.

E que pessoas fizeram a 99! Vieram em grande parte para trabalhar mais e ganhar menos. Trocaram posições em empresas maiores e estáveis, e embarcaram conosco neste sonho louco de criar uma das empresas mais inovadoras e humanas da história deste país. Concorrentes endinheirados tentaram recrutar nossa turma a peso de ouro. Nunca conseguiram. Até mesmo quando nosso time abraçou a causa de chegar no break-even em 45 dias para garantir a sobrevivência da 99. Ninguém arredou o pé. Esse é o maior orgulho da vida de empreendedor: um time megatalentoso e dedicado trabalhando junto, compartilhando o sonho, mesmo nas maiores adversidades.

Nos deram por mortos diversas vezes. E chegamos perto mesmo em algumas ocasiões, como qualquer empreendedor que esteja no jogo por tempo suficiente sabe bem. Mas sempre mantivemos o foco no trabalho. Fomos roubados, literalmente, diversas vezes. Enfrentamos bandidos, estelionatários, fraudadores. Vencemos um sistema que faz de tudo para impedir o sucesso de quem ousa empreender, que acha que o que vem de fora é mais bacana do que o feito no Brasil. Ainda que aqui sempre respeitamos as leis, pagamos impostos, geramos empregos, construímos nossa evolução junto com a sociedade e não contra ela.

Enfim, fecho este ciclo. Quantas lições e aprendizados! Muito feliz pelo que fizemos. Mais feliz ainda por como fizemos.

Gostaria de agradecer a cada um que construiu a 99 junto com a gente, em especial Ariel e Renato. É gratificante demais ver o que conseguimos criar em tão pouco tempo.

Desejo muito sucesso ao time que continua a jornada na 99. #Go99

Há um mito de que todo empreendedor de sucesso é um Mark Zuckerberg. Mas em 2017 saiu um estudo que mostra que as start-ups americanas de tecnologia de maior sucesso são fundadas por pessoas de 45 anos. Ou seja, é incorreto pensar que quem fica bilionário é apenas quem começa na empresa com vinte e poucos anos. O que se deve ressaltar são as experiências que alguém acumula ao longo dos anos. Basta comparar o nível de preparo que nós três, Ariel, Renato e eu, carregamos hoje com a nossa carreira pré-99. Ou toda a liderança que passou esses anos na 99. É um abismo.

O Brasil ainda não tinha visto uma história dessa velocidade e dimensão de perto. Por anos, o único *case* que o pessoal levava em conta era o da Buscapé, admirado com fundamento pelo mercado. Um grande trabalho do Romero Rodrigues e da turma que construiu com ele. Ele começou o negócio em 2001, aos 21 anos, com mais três sócios, amigos da USP. Ralaram no pós-bolha da internet, superaram inúmeras dificuldades e venderam para a Naspers, dos sul-africanos, em 2009 por 342 milhões de dólares.

Então por quase dez anos era uma história raríssima de sucesso entre tech start-ups no Brasil. Precisávamos mudar esse quadro. Na 99, conseguimos fazer um ciclo perfeito, em que todo mundo que ajudou a construir a jornada teve muito retorno. Eu via o exemplo do Peixe Urbano e, apesar de eu ter sido concorrente deles, torcia para dar certo pelo impacto que teria no país. No fim, não se tornou o grande *case* que a gente tanto esperava. Quem acompanha o mercado de tecnologia sabe que foi um fracasso dolorido, em que se perderam montanhas de dinheiro e que reforçou o paradigma de que não havia final feliz para tech start-ups brasileiras, mesmo se ganhassem escala rápido.

Na 99, vivemos um período mágico. As risadas, os desesperos, as vitórias, as derrotas. E, de repente, aquele ciclo fechou e não vai mais acontecer nada disso. Pelo menos, não daquele jeito, com aquelas pessoas. É triste saber que aqueles momentos incríveis não se repetirão, cada um está tocando a sua vida. Durante os quatro anos em que fui CEO, ninguém em cargos-chave, reportando-se a mim, pediu demissão. Logo depois da venda, várias pessoas vieram conversar comigo, pedir orientação. Falei para todos que, ao avaliar opções para o futuro, tentassem não comparar com o que haviam vivido na 99. Foi uma experiência única, que não se repete. Marcou a vida de quem esteve ali, nas trincheiras, construindo essa história. No fim da transação, conseguimos premiar as pessoas que receberam stock options antes da entrada da Didi. Negociamos, junto com a venda da empresa, para que a Didi comprasse as ações dessas pessoas pelo mesmo valor que estava pagando nas nossas.

A compra das ações do time não era uma obrigação dos chineses. Os funcionários não poderiam exigir isso. Muitos nem tinham o direito de vender suas ações naquele momento. Mas negociamos isso junto com o pacote todo. Quisemos que todo o esforço tivesse uma bela recompensa. Dessa forma, distribuímos milhões de reais para 25 pessoas. No Brasil, não há tantos casos de funcionários remunerados com ações da start-up em que trabalham que ganham dinheiro de verdade. Isso funciona bem nos Estados Unidos, e conseguimos replicar na 99. Foi um grande motivo de orgulho para nós e todo o ecossistema de tecnologia brasileiro.

Chamamos um por um dessa turma, explicamos a transação e dissemos quanto eles iriam receber. Pegamos todos de surpresa. Eles não faziam ideia sobre a nossa negociação. O André preparou kits, com uma carta de agradecimento e um memorial para detalhar o valor a receber. Os três fundadores acolhiam um por vez numa sala, por quinze minutos.

A gente conversava, agradecia a dedicação e os anos lado a lado na luta, lembrava histórias divertidas e dava essa boa notícia. Eles assinaram os termos de venda das suas ações, formalizando a operação. A maior parte deles deixou a 99 logo após a venda, algo que já esperávamos. Vários estão empreendendo, o que é ótimo, buscando aplicar seus aprendizados e repetir um ciclo de sucesso. Peter trabalhou na transição para a gestão da Didi e deixaria a empresa seis meses mais tarde.

No fim, ficou uma sensação de realização pessoal e profissional, além de um imenso alívio. Após o fechamento, veio um momento de muita paz e tranquilidade. Uma sensação de dever cumprido, imensas conquistas, e de que a gente cuidou das pessoas da melhor maneira possível. Uma jornada bem-feita, um ótimo *case* tupiniquim. Para mim, isso era importante por todo engajamento que sempre tive com o empreendedorismo e para melhorar o ecossistema de start-ups do Brasil. Faltava um ciclo perfeitinho neste nosso país. Além desse, finalizei outro: meu tratamento quimioterápico também se encerrou no comecinho de 2018. Abri um champanhe em casa com a Fernanda, acompanhados pelas meninas.

49
Futuro

DEPOIS DA NOSSA HISTÓRIA, a porteira se abriu. Ainda em 2018, aconteceram IPOs do PagSeguro, da Stone e da Arco Educação, em Nova York. Nubank, Gympass e outras start-ups brazucas foram avaliadas em mais de 1 bilhão de dólares em novos aportes. Só em 2019 estima-se mais de 2,7 bilhões de dólares injetados em 260 investimentos. Desde a venda da 99 surgiram diversas rodadas de dezenas de milhões em start-ups como ContaAzul, Loggi, CargoX, Creditas, Loft e daí em diante. É claro que não foi por causa da 99, mas certamente nosso êxito ajudou a atrair mais investimento para o Brasil e a mostrar que era possível dar ótimos retornos por aqui. Em março de 2019, o Softbank anunciou a criação de um fundo de 5 bilhões de dólares focado em América Latina. O primeiro grande aporte, de 1 bilhão, foi na colombiana Rappi, principalmente de olho na expansão no mercado brasileiro. Nunca se viu tanto volume de moeda norte-americana apostando em start-ups brasileiras. Acredito que essa mudança de patamar do nosso país no cenário internacional de empreendedorismo e *venture capital* chegou para ficar. Veremos grandes sucessos nos próximos anos, e certamente enormes fracassos também. Faz parte. Finalmente estamos jogando no tabuleiro global de start-ups de tecnologia.

FUTURO

* * *

A revolução digital continua sua caminhada a passos largos. E os impactos na mobilidade urbana estão só começando. Certamente os caminhos serão tortuosos: diversos modelos serão testados, muitas novidades não vão sobreviver. Outras vão vingar e facilitar a vida das pessoas. A única certeza é que muita coisa vai mudar.

Ao escrever o final deste livro, em junho de 2020, em meio à pandemia causada pelo novo coronavírus, a Uber completava pouco mais de um ano desde seu IPO na Bolsa de Valores de Nova York. Tanto o lançamento quanto os meses seguintes viram um ajuste para baixo no preço, como já havia acontecido com a Lyft. O *New York Times* analisou a situação de perto e apontou que uma das razões do declínio foi justamente a aposta da Didi e do SoftBank no mercado latino, incluindo a aquisição da 99, que engarrafou o crescimento da Uber na região. As empresas do setor de mobilidade terão que demonstrar a um mercado impaciente uma forma de virar o jogo e provar que conseguem ser lucrativas. Start-ups de bicicletas compartilhadas faliram aos montes na China, depois de torrarem bilhões de dólares. Os modelos de negócio com patinete, grande moda em 2018, já demonstram profundo desgaste e deixaram de ser vistos como solução em larga escala. Enfrentam falta de estrutura adequada nas cidades, riscos de acidentes, além de altos custos em veículos: cada um pode valer cerca de 3 mil reais, além da manutenção e da operação.

Ainda que a Didi, a Uber e a Lyft estejam apostando nos carros autônomos, para finalmente conseguir fechar a conta e gerar caixa, pode ser que outras empresas ocupem esse espaço antes. A Waymo, empresa controlada pela Google, está bem adiantada nessa tecnologia e desponta como forte competidora potencial no mundo dos robotáxis. Ainda não vendeu um carro sequer, mas já captou mais de 3 bilhões de dólares de investidores. Também os testes com modelos diferentes de negócio, como entrega de comida ou transporte de cargas, não deixam claro se conseguirão fazer dinheiro nesses segmentos, onde enfrentam outros concorrentes especializados e bem capitalizados.

Por ora, quem está colhendo os benefícios de usufruir de novas alternativas de locomoção a preços mais baixos é o consumidor. Acredito que essa seja uma tendência. Enquanto diversas empresas oferecerem novos meios ou modelos de locomoção, investidores vão bancar essas aventuras, com a promessa de melhorar a vida das pessoas nas cidades e atacar o mercado trilionário da mobilidade urbana. O espaço dos carros vai encolher inevitavelmente, criando alternativas e imensas oportunidades.

A crise do Covid-19 acelerou transformações radicais nas empresas e na sociedade como um todo. Seus impactos, ainda imprevisíveis a longo prazo, serão profundos e permanentes. A chacoalhada vai inevitavelmente aumentar a adoção de tecnologia, impulsionar o e-commerce e o trabalho remoto. O home office veio para ficar, embora não funcione para cem por cento dos profissionais. Certamente haverá redução de viagens a trabalho. Até os roadshows em IPOs, embora voltem com uma parcela presencial, devem manter daqui em diante uma rotina de videoconferências. Ensino à distância também deve se estabilizar numa adesão muito superior a 2019. Enfim, em diversas áreas, não voltaremos ao patamar anterior à crise de saúde. Vejo inúmeras start-ups se preparando para diminuir permanentemente seus espaços de escritório e adotando plataformas digitais de videoconferência e gestão de projetos na nuvem para aumentar sua produtividade.

O segmento de mobilidade sofreu muito e pode voltar com outros formatos e estratégias. Para se ter uma ideia, no dia 30 de julho de 2020, quando este livro estava na última fase de fechamento, fui "agraciado" com uma notícia divulgada no site da Uber. Com seis anos de atraso, a empresa anunciava a inclusão da categoria "táxi" na plataforma deles em São Paulo. De acordo com a diretora geral, aquele era um "pedido recorrente dos clientes corporativos", alegando vantagens como compartilhamento de viagens e autorização de usar as faixas de ônibus. Quem diria que, no final, até a Uber apostaria na nossa tese. O direito fundamental de ir e vir terá ainda mais valor depois de tanto tempo com limitações de quarentena mundo afora. Essas incertezas em relação ao futuro costumam criar terreno fértil para o surgimento de novos modelos.

Bora empreender?

CRÉDITOS DAS IMAGENS

p. 111 (acima): Raul Junior/ Revista Exame
p. 111 (abaixo): Acervo pessoal
p. 112 (acima): Marco Antonio Teixeira/ Agência O Globo
p. 112 (abaixo): Zanone Fraissat/ Folhapress
p. 113: Ilustração de Mário César
p. 114 (acima): Acervo pessoal
p. 114 (abaixo): Felipe Gombossy/ Revista Gol/ Trip Editora
pp. 115-8: Acervo pessoal

TIPOLOGIA Miller e Akzidenz
DIAGRAMAÇÃO Osmane Garcia Filho
PAPEL Pólen Soft, Suzano S.A.
IMPRESSÃO Gráfica Paym, dezembro de 2020

A marca FSC® é a garantia de que a madeira utilizada na fabricação do papel deste livro provém de florestas que foram gerenciadas de maneira ambientalmente correta, socialmente justa e economicamente viável, além de outras fontes de origem controlada.